COLLECTION ENTRACTE

DIRIGÉE PAR JACQUES LE BODO

Déjà paru :

Jean-Pierre DARRAS, *Pourquoi dites-vous ça en riant ?*
Micheline DAX, *Je suis Gugusse, voilà ma gloire.*
Henri TISOT, *Le Fils du pâtissier.*

A paraître :

Jacques FABBRI

JACKIE SARDOU

Hé, la p'tite grosse !

PLON
8, rue Garancière
PARIS

ISBN 2-259-01609-X

A mes petits-enfants.

Une grand-mère pas comme les autres.

1

Quand je suis née, je pesais deux livres. Ne souriez pas, c'est la pure vérité. Ah non, elle n'était vraiment pas grosse en naissant, la petite Jackie ! Ma chère maman avait décrété qu'elle ne mangerait que des oranges pendant sa grossesse. « Pour garder la ligne », disait-elle. Moi, je crois plutôt qu'elle n'avait guère les moyens de s'offrir autre chose, vu que sa situation était plus que modeste.

Mais si, ce jour-là, on avait dit à ma mère que sa fille aurait des problèmes de poids et passerait une partie de sa vie à reluquer sa balance, elle ne l'aurait sûrement pas cru.

C'est malheureusement une vérité difficile à cacher. Je n'avais pas encore vingt ans que mes formes rebondies me donnaient déjà droit à cette cavalière interpellation qui allait me suivre toute ma vie :

— Hé, la p'tite grosse, comment ça va ?

Mais si j'ai les formes rondes, j'ai heureusement la langue pointue et la réplique rapide. Ça, ma langue, je ne la retourne pas sept fois avant de parler. Chez moi, ça part aussi sec dès qu'on m'attaque. Aux réflexions gracieuses du genre : « Hé, la p'tite grosse, il y a du monde au balcon ! » je lance aussitôt de ma voix de canard : « Et des cons à la fenêtre ! » Mais il me faudra quelques années pour que ce genre de gentillesses me glissent dessus comme de l'eau sur les plumes du volatile dont j'ai la jolie voix.

Mais n'allons pas trop vite. On n'est encore qu'à l'aube

du 7 avril 1919, à 4 heures exactement, dans une mansarde du Concert Mayol. C'est là que je fais ma première apparition, toute petite chose à peine plus volumineuse qu'un kilo d'oranges.

Quelques heures plus tôt, ma mère était encore en train de lever la jambe, quelques étages plus bas, sur la scène du Concert Mayol où elle était danseuse. J'ai même failli naître sur les planches, car ma mère, heureux présage, y a ressenti ses premières douleurs.

— T'inquiète donc pas, lui disaient les copines entre deux pirouettes. T'as encore mangé trop d'oranges ! C'est bien trop tôt pour que ce soit le bébé.

Eh bien non, c'était moi. J'arrivais deux mois avant la date prévue. J'étais vraiment très en avance. J'ai d'ailleurs gardé cette habitude. Je suis toujours à mes rendez-vous bien avant l'heure et si, un jour, vous ne me voyez pas arriver, c'est que je serai passée sous l'autobus.

Née sous le signe de l'orange, pour ainsi dire, j'ai été déclarée à la mairie sous le nom de Jacqueline Labbé, celui de ma mère, car, naturellement, le monsieur qui m'avait fabriquée avait disparu depuis longtemps. A mon avis, il devait être allergique aux oranges.

Me voilà donc au monde au sein d'une toute petite famille, composée tout simplement de ma mère et de ma grand-mère. J'avais bien un oncle et une tante, le frère et la sœur de ma mère, mais ils travaillaient chacun de leur côté et on ne les voyait guère.

Mais ma petite grand-mère, quelle femme merveilleuse ! Elle faisait des ménages pour deux francs par jour et quels ménages ! Chez des « bourgeois », comme on disait alors. Ils avaient un immense appartement : six grandes pièces au sixième étage, chauffées avec de grosses salamandres. Vous savez, ces gros poêles à feu continu. Alors il fallait monter de la cave les seaux à charbon, vider les cendres et les descendre dans la cour. Et ce remue-ménage ne se faisait pas en une seule fois. A la fin de la journée, ce n'est pas six étages qu'elle avait dans les jambes, ma pauvre mémé, mais trente à quarante. Et puis, c'était pas tout. Il fallait faire les sols. Pas de moquette où on promène un aspirateur. Non, tout était en parquets. Et je te les passe à la paille de fer et je te les cire et te les frotte pour les faire briller. Quant aux fenêtres, elles étaient d'une telle hauteur qu'il fallait la grande échelle pour les nettoyer au risque de se rompre le cou.

Évidemment jamais un jour, que dis-je, jamais une heure de repos ! Des vacances ? Jamais ma petite mémé n'a entendu ce mot-là. J'oubliais, il faut être juste, elle était quand même nourrie le midi. Mais surmenée comme elle était, elle n'avait pas grand appétit. Alors elle emportait pour notre dîner le repas qu'elle avait à peine entamé.

Mon Dieu ! Comment une aussi petite bonne femme, ayant déjà élevé trois enfants, en charge maintenant d'une petite fille, a-t-elle pu résister à tout cela ? Mon grand-père, bien sûr, l'avait depuis longtemps laissée seule avec ses gosses. Une chose m'a toujours étonnée : pourquoi les hommes attendent-ils d'avoir des mômes pour se faire la valise ? Ce serait tellement plus facile, s'ils faisaient ça avant !

Donc ma mère était danseuse au Concert Mayol, rue de l'Échiquier. Le célèbre chanteur Félix Mayol avait créé ce café-concert en 1910, puis l'avait revendu à M. Oscar Dufresne. Trois Toulonnais y avaient débuté : Raimu, Tramel et Valentin Sardou, mon futur beau-père. Sketches, chansons, revues et danses, les soirées au Concert Mayol étaient très gaies. En reprenant l'établissement, Oscar Dufresne avait gardé la même formule et ça marchait très bien. La guerre venait de finir et les gens ne pensaient qu'à s'amuser. Enfin ceux qui le pouvaient, parce que nous...

M. Dufresne, qui avait un cœur gros comme ça, nous prêtait une mansarde sous les toits de son théâtre. On était bien contentes de l'avoir, mais, pour vivre à trois dedans, c'était pas Byzance. On avait réussi à caser un lit en fer, un poêle, une chaise et un petit banc. J'oubliais la penderie : une tringle sous une étagère cachée par un rideau. Elle suffisait car notre garde-robe se composait pratiquement de ce que nous avions sur le dos. Ce qui obligeait ma grand-mère à laver notre linge tous les jours. Elle me lavait en même temps et en même temps que nos chaussettes, chemises et culottes, je séchais devant le poêle, enveloppée dans l'unique couverture du lit. Quand on se retrouvait à trois dans notre mansarde, cela devenait un problème pour s'y retourner. On m'installait alors sur le lit avec interdiction d'en descendre tant que ma mère et ma mémé s'affairaient. Le lit n'était pas bien large, mais on était bien obligées d'y dormir toutes les trois ensemble. Quand on voulait avoir une nuit plus à l'aise, ma mère allait dormir chez une copine.

Mais de toute façon, on ne regagnait jamais très tôt notre mansarde. Car pour arrondir ses fins de mois plutôt maigres, ma mère allait faire « des tableaux vivants », rue Montmartre, dans un endroit qui s'appelait « l'Abri ». C'était une grande cave, appelée ainsi parce que, pendant la guerre, les gens allaient s'y réfugier au moment des alertes.

Un homme astucieux y avait installé une petite scène et une vingtaine de fauteuils, avec un bar dans le fond. Là, quelques jeunes femmes et jeunes gens formaient « des tableaux vivants ». C'étaient des sortes de cartes postales, représentant des scènes du genre : le retour du soldat. Pas le repos du guerrier, non ! Mais des scènes de la vie, gaies, tendres ou, parfois, tristes.

La clientèle n'était plus toute fraîche. On y voyait beaucoup de messieurs sur le retour. Quand je dis retour, je suis gentille car ils étaient plutôt au terminus.

Les « bourgeois » de ma grand-mère ne voulant pas de moi dans leur six-pièces, ma mère me traînait avec elle les jours de matinées, du Concert Mayol à l'Abri. Je dormais sur les panières de costume et au fur et à mesure des entrées en scène des artistes, je passais de genoux en genoux ou de loge en loge. Mon grand copain, à l'Abri, c'était un chien gentil comme tout. Je passais mon temps à vouloir le maquiller. Je l'aspergeais de poudre de riz que je prenais sur les tables à maquillage. Je le saupoudrais de bleu, de rouge, enfin de tout ce qui me passait par la main. Naturellement, avec ce traitement, la pauvre bête a fini par attraper de l'eczéma et, à mon grand désespoir, on me l'a enlevée.

Ma santé, à moi, ne valait guère mieux. A passer mon temps des coulisses du café-concert à la cave de l'Abri, je ne voyais pas souvent le jour et comme, en plus, j'accompagnais souvent ma mère dans ses exhibitions de la soirée, je menais déjà à quatre, cinq ans une vie de noctambule. Privée d'air, dormant peu, je manquais de couleurs et totalement d'appétit. Pour me faire avaler un œuf à la coque, c'était la croix et la bannière. J'étais vraiment très maigre, un vrai sac d'os!

Pourtant tout le monde était très gentil pour moi. La blanchisseuse, la femme du libraire, le bistrot, tout le monde avait toujours quelque chose à nous donner. Ces bonnes dames remettaient à ma mère leurs restes de laine, car, pour elle, l'achat d'une pelote entière était une dépense impensable. Mais grâce à leur générosité, je n'ai jamais pu avoir un pull-over avec les deux manches de la même couleur et où le devant était comme le derrière. Des couleurs aux joues, je n'en avais guère, mais sur le dos, ça ne manquait pas. Je ne voulais jamais les porter parce que, bien sûr, les copines se moquaient de moi. Mais j'avais beau râler comme une perdue (déjà), quand il faisait froid, je n'avais rien d'autre pour me tenir chaud.

M. Dufresne, quand il me croisait ainsi dans l'escalier, me consolait. C'était un homme extraordinaire. Chaque fois qu'il me voyait, il me donnait une pièce de deux francs, parfois même de cinq. Vous ne vous rendez pas compte, mais cinq francs à cette époque, c'était énorme. Et moi, la pièce bien serrée dans la main, je dévalais l'escalier, tout heureuse, et j'allais la jeter dans la bouche d'égout. Eh oui!

Un jour, j'avais demandé à un grand ce qu'était ce grand trou noir qui m'intriguait au bord du trottoir et cet imbécile m'avait répondu que c'était une tirelire. Quand ma grand-mère s'en est aperçue, j'ai cru qu'elle allait tomber raide.

Et la vie continuait, toujours un peu pareille. Pour ma mère, répétitions tous les matins, puis spectacle l'après-midi — à cette époque, il y avait matinée tous les jours — et le soir au Concert Mayol. Entre les spectacles au Concert Mayol, c'étaient les « tableaux vivants » à l'Abri. Naturellement tout cela sans un jour de relâche! Heureusement d'ailleurs, car pas de spectacle, pas de cachet et, pour nous, un jour sans paie, c'était dramatique.

Parmi les clients plus tout frais de l'Abri, il y en avait un qui venait presque tous les jours. C'était un monsieur, petit, les cheveux plus que grisonnants, qui pouvait avoir dans les soixante ans, peut-être même plus, et toujours le sourire aux lèvres. Il était différent des autres clients. Il n'avait rien d'un voyeur ou d'un ivrogne, spécimens assez fréquents à l'Abri. Non, il venait tout simplement pour voir la jeunesse. En général, il s'asseyait au premier rang et bout d'un moment, crac, il piquait du nez et s'endormait pour une demi-heure. Après, il se levait et quittait l'Abri pour aller en face, au Palace, rue Montmartre, piquer un autre petit somme.

Mais, certains jours, il n'avait pas sommeil et il engageait alors la conversation avec les demoiselles du spectacle. Il voulait tout savoir d'elles et elles riaient de ses questions. Alors lui, sans se démonter, leur racontait sa vie. Il leur expliquait que, tout jeune, il avait attrapé la grippe espagnole et qu'il en était resté paralysé du côté droit. Son corps penchait d'ailleurs nettement à droite quand il marchait et les filles en pouffant lui disaient : « Dis donc pépère, tu penches du côté où tu vas tomber ! » Il se trimbalait toujours un bout de planche avec lui. Aux filles intriguées, il avait révélé qu'il souffrait d'eczéma et que le feutre des fauteuils lui était très désagréable. Alors, pour être plus à l'aise, il se glissait son bout de planche sous les fesses.

A part ce désagrément, il ne semblait guère avoir de problèmes dans la vie. Il était propriétaire de deux usines. La première fabriquait des meubles en fer, imitation bois. On y retrouvait les nœuds et les veines du bois remarquablement bien peints. L'autre usine produisait des cuisinières et des salamandres, du très beau matériel, très bien fait. Pour les faire connaître, il avait été l'un des premiers à faire de la publicité sur les tramways et les omnibus.

Pour être un personnage, c'en était un. Comme il avait manifestement passé l'âge d'avoir des aventures, il avait trouvé un truc pas bête du tout pour s'offrir la compagnie des jeunes femmes qui lui plaisaient. Tous les mardis, il donnait un grand déjeuner au Louis XIV, un restaurant très connu à la porte Saint-Martin. Il y conviait toutes celles qu'il avait remarquées au cours de la semaine. Les plus sympathiques, bien sûr, mais surtout celles qui lui paraissaient des travailleuses. Pour lui, le travail, c'était sacré !

Plusieurs fois, il s'est occupé de placer les plus méritantes et même de leur faire connaître un garçon, de les marier et de les aider à monter un petit commerce.

Ma mère faisait souvent partie de la vingtaine d'invitées de ces déjeuners du mardi, bien qu'il ne la considérât pas du tout comme une travailleuse. Pour lui, faire l'artiste, ça n'était pas du travail, même pas un métier. Mais il aimait bien l'esprit enjoué de ma mère et se montrait toujours très gentil avec elle. Par exemple, quand il a appris que je n'étais pas baptisée, il s'est aussitôt proposé pour être mon parrain. Dans sa tête, il a dû se dire qu'un baptême serait l'occasion d'un merveilleux déjeuner avec toutes ses amies.

J'avais six ans et ce fut un baptême extraordinaire. Mon parrain connaissait un établissement à Robinson où, quelquefois, il donnait des déjeuners d'affaires, surtout à la belle saison. Avec ses salons particuliers, ses salles pour noces et banquets, ses pistes de danse, l'endroit m'a paru gigantesque. La cuisine était remarquable. C'était la patronne elle-même qui était aux fourneaux. Mon parrain décida qu'elle serait ma marraine, sans même lui demander si cela lui faisait ou non plaisir. De toute façon, on ne discutait pas avec mon parrain et il n'était pas non plus question de contrarier un si bon client.

Ce qui fut dit fut fait. Le cortège pour se rendre à l'église fut mémorable. A Robinson, on pouvait louer des ânes pour se promener. Mon parrain les avait tous réquisitionnés pour ses invités : une cinquantaine de personnes. Et c'est une véritable caravane de bourricots qui s'est mise en route pour l'église. Même ma mémé avait son âne. Mon parrain, ma marraine et moi-même avions droit à une calèche. Ce fut une grande fête. Mais, pendant que je jouais, après le déjeuner, dans les bosquets du jardin, mon parrain, qui prenait son rôle très au sérieux, décidait de mon sort avec ma mère.

Il n'était plus question que je continue à vivre ainsi dans une cave ou dans les coulisses d'un café-concert. Il fallait trouver une solution et mon parrain n'en voyait qu'une : la pension. Justement ma marraine en connaissait une dans les environs, à Châtenay-Malabry, tenue par les sœurs de Saint-Vincent-de-Paul.

Ma grand-mère non plus ne pouvait continuer comme cela à se tuer au travail. Elle était à bout de forces et avait droit au repos. Ma marraine connaissait aussi une maison de retraite, tout à côté, à Châtillon. Mon parrain décida sur-le-champ qu'il payait tout : maison de retraite, pension et même mon trousseau. Toutes les fins de semaine, ma marraine viendrait me chercher pour passer le dimanche à Robinson et, en passant, on prendrait la grand-mère pour qu'elle voie sa petite-fille. En compensation de l'hébergement du week-end, on lui demanderait simplement d'effectuer de menus travaux de raccommodage. Ils n'allaient pas être si menus que cela, mais ma mémé les ferait sans broncher, prétendant qu'elle n'aimait pas rester les doigts inoccupés.

Moi, j'ignorais tout de la pension et des bonnes sœurs... J'ai appris vite, très vite. Tout d'abord mon adoption s'est révélée très difficile. Pensez donc! Une fille de danseuse, qui plus est, fille mère! Il a fallu que mon parrain se montre très généreux envers leurs bonnes œuvres pour que ces dames acceptent cet enfant du péché. Mais, moi, d'entrer dans ce nouveau monde me terrifiait. Pensez, j'avais six ans!

J'y suis restée trois ans. Une chance! Certaines orphelines n'en sortaient pas avant leur majorité. Vingt et un ans à l'époque! J'aime autant vous dire que parmi les plus grandes, il y avait de drôles de lots et quand je suis sortie de là, à neuf ans, je n'avais plus grand-chose à apprendre. Mon éducation était complète... sur tous les points et les bonnes sœurs n'y étaient pas pour grand-chose.

Je n'ai pas l'habitude de dire du mal des religieuses, car, par la suite, j'en ai connu de remarquables. Mais, là, il m'est impossible de me taire. Ce que j'ai enduré est à peine croyable.

Dès mon arrivée, on m'a tout de suite collée à la vaisselle. A six ans, je ne l'avais encore jamais faite. Remarquez, je n'avais qu'à essuyer. Mais essuyer la vaisselle de deux cents personnes avec un seul torchon pour toute la semaine, ce n'est pas une sinécure. Quant à la fille qui lavait, il fallait voir. Dans la grande salle baptisée cuisine, il y avait deux grands récipients très hauts. L'un contenait de la graisse pour faire la cuisine, l'autre du savon pour la vaisselle. Comme ils étaient pareils de l'extérieur et placés côte à côte, ma copine n'arrêtait pas de se tromper de récipient. C'est vous dire si la cuisine avait parfois un goût bizarre. D'ailleurs, la plupart du temps, je refusais d'y toucher.

Le matin, comme petit déjeuner, on nous servait dans des quarts en fer-blanc, comme à l'armée, du pain moisi ou rassis trempant dans de l'eau. Incapable d'avaler cette mixture, je me retrouvais, par punition, à genoux au milieu du réfectoire. Je crois d'ailleurs que j'y ai passé plus de temps à genoux qu'assise et toujours pour le même motif : refus de manger ce qui se trouvait dans mon assiette. Tenez, même encore maintenant, je suis incapable d'avaler un bout de roquefort parce que celui qu'on nous forçait à manger grouillait d'asticots. Soixante ans après, rien que d'y penser, j'en ai encore la nausée.

Naturellement, à ce régime, je dépérissais à vue d'œil. Voyant ça, ma grand-mère m'apportait le café au lait de son petit déjeuner dans une bouteille et, pratiquement un jour sur deux, tout son déjeuner. En cachette des bonnes sœurs. Car celles-ci me le confisquaient sous prétexte qu'il fallait faire des sacrifices. Ah, les bourriques !

Et l'esprit mal tourné avec ça ! Deux ou trois fois par nuit, une sœur passait dans le dortoir et nous tirait brusquement les draps pour voir où nous mettions les mains. Ah, si c'était maintenant, ma main, elle l'aurait sur la gueule vite fait ! De toute façon, elle en était pour ses frais, car les grandes, qui connaissaient le truc, se méfiaient et se réveillaient mutuellement avant la ronde. Heureusement, car si la sœur était arrivée à l'improviste, elle aurait parfois eu de drôles de surprises.

Quant à moi, j'avais toutes les grâces du curé. Chaque fois qu'il le pouvait, il n'arrêtait pas de me faire sauter sur ses genoux, le brave homme... Le boucher aussi s'intéressait à moi. Quand on m'envoyait chercher la viande, un paquet de rognures plutôt, il voulait toujours me ramener sur son vélo sous prétexte que le paquet était beaucoup trop lourd pour moi. D'office, il m'installait sur le cadre et, sautant en selle, il me serrait sans vergogne. Coincée entre lui et le guidon, je ne pouvais pas bouger. Vous pensez, une fille de danseuse, on n'allait pas se gêner.

L'hiver, on grelottait et c'était à croire que ces femmes étaient vraiment sadiques. Au moment des grands froids, un pauvre petit poêle essayait péniblement de chauffer un peu le préau. A l'heure de la récréation, au lieu de nous laisser nous en approcher pour nous réchauffer un peu, non, on nous ordonnait d'aller tourner en rond dans la cour ou de ramasser les feuilles qui jonchaient le sol. On avait vite les doigts complètement gelés. Après cela, pour un oui ou pour un non, les coups de règle pleuvaient dessus. Pour nous les réchauffer peut-être ! Des coups de règle, j'en ai eu plus que ma part, car, bien sûr, je n'arrêtais pas de râler.

Je ne vous parle pas des levers à 5 heures du matin dans le dortoir glacé, ni de l'eau froide, mais alors là, vraiment très froide, pour se laver. Heureusement, pour ces dames, la toilette se résumait à peu de chose : un peu d'eau sur les mains et le bout du nez. En trois ans, je n'ai eu droit qu'à un seul bain et quel bain ! Habillée d'une longue chemise, on m'a trempée dans une baignoire, ressortie aussitôt et... hop à la suivante !

Tous les matins, après la « toilette », il fallait sortir pour aller à l'église prier le Seigneur. Comment, avec une vie pareille, pouvait-on avoir envie de faire appel à lui ? Mais si j'ai pu résister à un tel régime, c'est peut-être qu'après tout il me protégeait quand même. Car je n'étais vraiment pas armée, ni physiquement ni moralement, pour subir une telle existence. Dans mes prières, je le suppliais de me rendre mon paradis : ma minuscule mansarde, rue de l'Échiquier.

Il a dû finir par m'entendre, car, brusquement, mon cauchemar a pris fin. Je suis tombée malade et on m'a envoyée à l'hôpital, aux Enfants Malades. J'avais attrapé un impétigo des doigts. C'était très contagieux et je m'en collais partout. La mauvaise nourriture et la saleté devaient y être pour quelque chose. Comme j'étais fragile du ventre, on me faisait porter une ceinture de flanelle. Seulement, il aurait fallu la changer de temps en temps. Quand on m'a déshabillée à l'hôpital, on a découvert que j'étais pleine de poux de corps.

Dieu merci, une fois guérie, ma mère m'a aussitôt retirée de cette ignoble pension dont, soixante ans après, je garde encore un épouvantable souvenir.

Ma mère avait déménagé. Elle partageait, rue de la Rochefoucauld, la location d'un meublé avec une camarade anglaise. Celle-ci ne travaillant pas au théâtre pouvait me garder le soir et s'occupait très bien de moi. Mais mon séjour à la pension m'avait beaucoup affaiblie et je me suis mise à attraper, en cascade, toutes les maladies infantiles. Je sortais d'une rougeole pour entrer dans une varicelle et enchaîner sur une scarlatine.

Celle-ci eut une conséquence dramatique. Ma grand-mère se trouvait à mon chevet lors de la visite du docteur et elle lui demanda si c'était grave. Le brave homme, sans se douter qu'il allait déclencher un drame, répondit :

— Non, sauf si des taches marron apparaissent sur le corps.

Peu de temps après, en faisant ma toilette, ma grand-mère aperçut, en haut de ma cuisse droite, trois taches marron que j'ai d'ailleurs toujours. Elle ne dit rien à personne et rentra dans sa maison de retraite. Là, elle prit son mouchoir, mit dedans son chapelet et les quatre sous qu'elle avait, laissa un mot demandant au prêtre de dire des messes pour elle et pour sa petite-fille et, du sixième étage, se jeta par la fenêtre.

Ma mère dansait au Casino de Paris quand on est venu la prévenir. Moi, je n'ai pas compris tout de suite. Je sentais qu'il se passait quelque chose d'anormal. Les gens entraient, sortaient. Mon oncle, ma tante parlaient à voix basse avec des gens en noir. Je n'entendais que des bouts de phrases : « Sixième étage... fenêtre... »

Quand j'ai enfin compris, ça a été affreux. J'étais anéantie. Je venais de perdre mon bon ange, celle qui veillait sur moi avec ses faibles moyens mais avec un tel amour. C'était mon premier grand chagrin et il m'a poursuivie une grande partie de ma vie. Jusqu'à seize ans précisément. Je vous expliquerai pourquoi plus tard.

Après ce drame, il fallut me trouver une autre école. Ma mère dansant au Casino de Paris, on lui en indiqua une à proximité, rue de Milan, chez les sœurs de l'Immaculée-Conception. Quel changement avec la pension! Le rêve! Ces sœurs-là étaient tout simplement formidables. Le soir, je rentrais tout heureuse à la maison où m'attendait notre amie anglaise.

Cela dura à peu près deux ans. Malheureusement, notre amie finit par rencontrer l'âme sœur et partit vivre avec « lui ». Nous revoilà donc à nouveau seules, ma mère et moi. Mais mon parrain, loin de nous avoir abandonnées, veillait toujours sur nous et décida de nous faire à nouveau déménager. Il avait mis au point une nouvelle invention et avait besoin de notre aide pour la lancer. Il trouvait plus pratique de nous avoir sous la main et, ayant horreur de perdre son temps à se déplacer dans Paris, il nous installa près de chez lui, à Neuilly, dans un immeuble neuf. On avait un deux-pièces-cuisine, avec salle de bains. C'était la première fois de ma vie que j'en voyais une.

Mais qu'avait donc encore inventé mon parrain ? A l'époque, les femmes cuisinaient sur un réchaud à gaz à deux feux. Mon parrain, qui observait tout, trouvait que cela n'était pas pratique du tout. Alors il avait imaginé une grande plaque, en fonte, je crois, assez épaisse qui, posée sur un feu, devenait très chaude — je dois dire que ça prenait du temps — et permettait de cuisiner à l'aise avec plusieurs casseroles. En somme, c'était l'ancêtre de la plaque chauffante pour mijoter les bons ragoûts.

Maintenant qu'elle était au point, il fallait faire connaître cette remarquable invention et c'est là où, ma mère et moi, nous entrions en jeu.

Il fallait relever sur tous les Bottin de l'Hexagone les noms de tous les quincailliers de France et de Navarre et leur envoyer toute la documentation. Elle en a rédigé des adresses et collé des enveloppes, ma mère ! Moi, je m'y mettais aussi quand je rentrais de l'école.

Quand il y eut je ne sais plus quelle exposition, du genre « Le joyeux bricoleur », nous sommes allées faire une démonstration sur place, avec réchaud, plaques et casseroles à l'appui. Pour appâter la clientèle, je commençais à haranguer les curieux, leur débitant je ne sais plus quel baratin. Mais ça marchait car je les faisais rire. C'est sans doute là que j'ai compris le goût du public.

Mon parrain lui, était heureux comme un roi. C'était incroyable ! Cet homme qui était « millionnaire », qui aurait pu se reposer tranquillement, trouvait encore le moyen de s'amuser comme un fou en vendant ses plaques. Cela l'amusait tellement que, pendant les vacances scolaires, il nous emmenait en tournée à travers la France. C'était très agréable. Il avait une superbe voiture, une Packard, avec chauffeur s'il vous plaît, et nous partions visiter les gros quincailliers de province qui vendaient déjà les salamandres et les réchauds à gaz de mon parrain et qui écoutaient, bouche bée, celui-ci leur vanter les vertus de sa nouvelle plaque. Ces quincailliers étaient toujours médusés de voir le grand patron jouer au représentant.

A propos de ces voyages, il me revient un souvenir cocasse. Mon parrain devait prendre des médicaments diurétiques sinon il souffrait de la vessie. Toujours est-il qu'il avait souvent un petit besoin pressant à satisfaire, mais comme il avait horreur d'arrêter tout le temps la voiture, il avait trouvé une idée originale — encore une — pour remédier à cet inconvénient.

Il nous avait fait acheter un bidon de lait. Vous savez, ces petits pots en fer-blanc avec un couvercle au bout d'une chaînette. Quand j'étais petite, j'en avais un pour aller chercher le lait chez la crémière qui, alors, le servait à la louche.

Mon parrain, bien sûr vous avez deviné, n'y mettait pas du lait. Il s'en servait tout simplement comme d'un pot de chambre, puis, très dignement, il passait le récipient à son chauffeur qui devait le vider par la vitre ouverte. Si, assise derrière, la vôtre était ouverte, vous aviez intérêt à la remonter vite fait pour ne pas être éclaboussée. Mais il fallait voir la tête du chauffeur. Scandalisé, le pauvre homme! Cette moue dégoûtée avait le don de mettre mon parrain hors de lui. Il traitait alors son chauffeur de tous les noms, lui criant qu'il n'arriverait à rien dans la vie avec ses airs constipés. Avec un tel traitement, les chauffeurs de maître ne mettaient pas longtemps à rendre leur casquette.

Il faut dire que l'éducation de mon parrain laissait un peu à désirer, mais il avait des excuses. Il avait tout fait dans sa vie, commençant à travailler en usine à l'âge de treize ans, puis s'essayant à tous les métiers, touchant à tout avec la volonté farouche de réussir et un sens inouï des affaires. Un vrai don du ciel ! Toujours à l'affût d'un mot, d'une phrase, d'un renseignement susceptible de lui permettre d'arriver là où il voulait, jamais il ne laissait passer sa chance. C'était là le secret de sa réussite, mais il avait tout appris par lui-même et forcément son instruction et son éducation plutôt sommaires s'en ressentaient.

Tenez, voilà un exemple, entre mille, de son sans-gêne. Un jour, mon parrain décide de nous emmener au Havre visiter le célèbre paquebot *Normandie* et d'y aller en train. Choupette, une amie de ma mère, danseuse comme elle, est du voyage. Nous voilà donc installés dans un compartiment de première classe, moi assise à côté de ma mère, dans le sens de la marche, car dans l'autre, j'avais mal au cœur. Mon parrain et Choupette partagent l'autre banquette avec un voyageur. Malheureusement, les banquettes sont en tissu feutré et chaud et mon parrain commence à se trémousser en regrettant de ne pas avoir emporté sa planche. Au bout de cinq minutes, il se dresse d'un bond et ordonne au voyageur et à Choupette de se lever. C'est dit sur un tel ton que le voyageur inconnu obéit aussitôt. Mon parrain ordonne alors à ma mère et à Choupette de retourner la banquette. Cela fait sous l'œil médusé de l'autre, il le prie alors de se rasseoir, lui expliquant, avec le sourire, que l'envers en cuir est beaucoup plus confortable que le dessus en feutre. Subjugué, le voyageur s'est rassis sans même ouvrir la bouche.

Arrivés au Havre, on s'installe dans un café et mon parrain sort de sa serviette l'annuaire des chemins de fer :

— Tenez, nous dit-il en nous le tendant, regardez là-dedans pour connaître les horaires du retour.

Un Chaix, de ma vie, je n'en avais jamais vu. Ma mère et Choupette non plus. Quant à y trouver l'horaire des trains, même maintenant, j'en suis incapable. On feuillette quand même les pages, histoire de ne pas avoir l'air trop gourdes, mais devant nos mines affolées, mon parrain commence à s'énerver. Il s'énerve si bien qu'il nous arrache le Chaix des mains et le met sous le nez du consommateur de la table voisine :

— Tenez, vous, ordonne-t-il, cherchez-moi les trains pour Paris. Ces gourdes ne sont bonnes à rien !

Eh bien, sans un mot de protestation, le bonhomme lui a lu les horaires pour Paris.

Cette question réglée, nous voilà partis pour voir le *Normandie.* De la cale au pont supérieur, on a tout visité. Mon parrain, ma mère et Choupette n'arrêtaient pas de s'extasier. Moi, j'avançais prudemment, la main toujours accrochée quelque part. Il faut vous dire que la simple vue d'un bateau sur une carte postale me met déjà mal à l'aise. Alors là, je guettais avec angoisse le moindre coup de roulis. Pensez donc, amarré au quai comme il était, il ne devait pas bouger d'un pouce, le *Normandie.*

Mais la visite terminée, horreur! mon parrain décide d'aller faire un saut en face, à Trouville :

— L'air du large te fera du bien, me dit-il. Tu n'as pas bonne mine.

Et nous voilà embarqués sur un petit bateau qui faisait la navette entre Le Havre et Trouville. J'ai cru mourir. Pour avoir des couleurs, ça, j'en avais. J'étais verte et, derrière moi, les poissons devaient se régaler. Le supplice a duré une heure. Quand on est enfin revenus sur la terre ferme, tout tanguait autour de moi. Cette fois, je souffrais du mal de terre. Une fois à l'hôtel, on m'a aussitôt couchée, mais, même dans le lit, c'était encore la tempête. On a dû faire venir un médecin qui m'a donné un calmant et j'ai enfin sombré dans le sommeil.

Pour me consoler de ma mésaventure, mon parrain m'a acheté une ou deux robes et des jolies chaussures, avant de regagner Paris. Mais, jamais, je n'ai pu oublier le *Normandie.* J'avais d'ailleurs rapporté une carte postale du bateau. J'ai mis longtemps à pouvoir la regarder sans me sentir pâlir.

Mon parrain était un homme à éclipses. Il disparaissait sans prévenir et on restait des semaines sans le voir. Ma mère devait alors se débrouiller toute seule et pour gagner un peu d'argent, elle décrochait quelques contrats dans un ou deux cabarets. Quant à moi, j'appréciais beaucoup ma nouvelle école. Quand on avait emménagé à Neuilly, ma mère m'avait inscrite dans une institution très chic, mais beaucoup trop onéreuse pour nous et je n'y suis pas restée bien longtemps, malheureusement.

C'était le rêve! Chambre particulière pour deux élèves,

salle à manger où l'on prenait ses repas par petites tables, salon où nous écoutions les grandes jouer du Chopin. Moi, qui étais bien incapable de jouer du piano, j'écoutais bouche bée. Mon truc à moi, c'étaient les cartes. L'amie anglaise de ma mère, rue de la Rochefoucauld, m'avait appris à les tripoter pour y lire l'avenir. Alors je m'amusais à prédire plein de belles choses à mes camarades. Le bruit de ma renommée parvint aux oreilles de la directrice qui m'invita à venir boire une tasse de chocolat dans son bureau et, la tasse bue, me demanda de lui tirer les cartes. Comme dans cette pension tout se savait, je n'eus aucun mal à lui prédire des difficultés financières énormes qui l'obligeraient même à quitter l'établissement. Ce qui est d'ailleurs arrivé. Quand j'ai eu fini mon baratin, la directrice m'a laissée partir, l'air très impressionnée.

C'est dans cette pension très chic et très bien fréquentée que j'ai pu accroître certaines connaissances. A Châtenay, il y avait eu les tendresses du curé et les appétits du boucher, à Neuilly, ça allait être plus pittoresque.

Chaque jeudi et dimanche, nous allions nous promener dans le Bois de Boulogne et je m'étonnais d'apercevoir des messieurs toujours en imperméable, voire en ciré, même sous un soleil radieux. Comme je faisais part de mon étonnement à une amie, celle-ci, en éclatant de rire, me traita d'andouille et, en guise d'explication, m'entraîna aussitôt derrière les fourrés où je me suis retrouvée nez à nez avec un monsieur en imperméable. Celui-ci l'ouvrit aussitôt pour me montrer, comme aurait dit ma grand-mère, sa « boîte à outils ».

J'en suis restée estomaquée et, sans doute vexée d'avoir été prise pour une andouille, j'ai lancé avec dégoût :

— Eh bien ! Elle est pas belle !

Et c'est curieux, cette réplique est devenue un réflexe. Chaque fois que je vois quelque chose de désagréable ou qu'on est en train de me prendre pour une andouille, c'est plus fort que moi, ça part tout seul, je lance :

— Ah ! Elle est pas belle !

Mon initiation aux mystères du Bois de Boulogne s'arrêta là, car mon parrain, disparu depuis quelque temps, était brusquement réapparu pour décréter qu'on ne pouvait plus rester dans notre appartement de Neuilly et qu'il allait nous installer ailleurs.

Propriétaire de plusieurs immeubles dans Paris et sur la Côte d'Azur, il avait choisi de nous héberger au 29 de la rue de Miromesnil : un immeuble cossu, en pierre de taille. On accédait, par un escalier de service, aux chambres de domestiques au sixième étage, sous les toits. L'une d'elles était libre. C'est là que nous allions habiter. Elle était, ma foi, assez grande, avec une fenêtre donnant sur une cour fort triste, mais cela n'avait rien à voir avec l'appartement de Neuilly. Il n'y avait ni cuisine ni salle de bains.

— Qu'à cela ne tienne! décréta mon parrain. On va arranger cela.

Un monte-charge desservait tous les étages et s'arrêtait juste dans cette pièce. Mon parrain le fit stopper à l'étage en dessous et, dans le renfoncement ainsi libéré, il fit installer un évier et au-dessus quelques planches pour mettre les provisions. Tout fut repeint et les meubles livrés : un cosy, deux commodes et une armoire, tous en bois peint gris et rose, plus une table ronde et quatre chaises.

— Ici, déclara mon parrain, vous n'aurez plus jamais de loyer à payer.

Et sur ce, il disparut, nous laissant plantées là, au milieu de la pièce. On a commencé à essayer de ranger nos affaires tant bien que mal. Tout cela avait été si rapide qu'on avait l'impression de rêver. La pension si agréable que, bien sûr, je quittais... l'appartement tout ensoleillé de Neuilly... et maintenant cette chambre sous les toits au sixième étage! Je trouvais n'importe quel prétexte pour aller faire des courses et pleurer tranquillement dans la rue pour ne pas attrister ma mère.

Et la vie continua. Ma mère reprit du boulot. Pour une danseuse, c'était toujours pareil. On trouvait facilement une petite place dans une revue au Moulin-Rouge, à Bataclan ou au Casino de Paris. Tous les jours, c'était répétition le matin, puis spectacle en matinée et soirée, et ensuite un cabaret pour gagner trois sous de plus.

Mon oncle venait de se marier et habitait rue des Acacias, dans un hôtel meublé avec un coin cuisine. Ma mère m'inscrivit à l'école de la rue Saint-Ferdinand qui était à côté et j'allais prendre mes repas chez mon oncle avant de rentrer le soir rue de Miromesnil. Je devais avoir dans les treize ans et ma vie n'était pas très gaie. Je n'avais pas d'amie car on ne recevait personne dans notre mansarde, sauf deux amies de ma mère qui étaient formidables et qui, quelquefois, m'emmenaient en promenade. Mais tous mes jeudis et dimanches, je les passais dans les coulisses du Moulin-Rouge où ma mère, à cette époque, dansait dans le fameux quadrille du French-Cancan. Ce n'était plus la cave de l'Abri, rue Montmartre, mais ça ne valait guère mieux. Privée de grand air et d'exercice, je restais une enfant chétive, à la mine épouvantable.

Et un jour mon parrain réapparaît :

— Je vous emmène à la mer, au Tréport !

Lui, avec sa famille, allait tout à côté, à Mers. C'était un ordre et il était inutile de discuter. Ma mère se trouva facilement une remplaçante et nous voilà parties pour la mer !

Lors de notre expédition au Havre, j'étais si malade que, la mer, je ne l'avais même pas regardée. Je n'en gardais aucun souvenir. Dans mes rêves, je m'imaginais une immense cuvette avec de l'eau verte toute plate, comme dans un gigantesque bassin des Tuileries. Aussi quand je suis arrivée au Tréport et que j'ai vu, pour la première fois, la mer avec ses vagues toutes blanches d'écume qui se brisaient sur les galets de la plage, j'ai été éblouie. Je suffoquais de joie et je me suis mise à courir comme une folle sur la plage. J'étais si énervée qu'il a fallu me donner un calmant, le soir, pour m'endormir.

Nous sommes restées un mois au Tréport. Un mois de griserie totale ! Je passais mon temps à me baigner, à plonger dans les vagues, à courir sur les galets, à respirer à pleins poumons l'odeur salée du large. A mon arrivée, j'avais encore un corps sous-développé de gamine. A ma grande honte, ma mère me déshabillait sur la plage devant tout le monde. Elle me voyait toujours petite fille. Un mois après, ce n'était plus possible. Ma poitrine avait poussé, je m'étais transformée de façon extraordinaire. On aurait dit une poupée gonflable. J'étais méconnaissable.

Quand je pense qu'un brave docteur m'avait interdit la mer ! C'était à l'époque où ma mère travaillait à l'Abri. Je devais avoir quatre ans. Prise soudain d'une très forte fièvre, on m'avait fait consulter un très grand professeur dans un hôpital pour enfants. Celui-ci avait décrété que j'étais tuberculeuse, qu'il fallait me mettre au sanatorium et surtout ne jamais aller à la mer. Ma mère était effondrée et, le soir, de retour dans cette maudite cave, elle pleurait toutes les larmes de son corps.

Il y avait dans cette cave, comme je vous l'ai dit, pas mal d'ivrognes et, parmi eux, un Américain gigantesque, une vraie force de la nature. Ayant compati aux lamentations de ma mère, il me dit, entre deux verres :

— Fais voir, petite.

Et le voilà qui me retourne, me palpe les côtes, m'ausculte et finit par me faire ouvrir la bouche toute grande :

— Ton professeur est un con, dit-il à ma mère. Ta fille n'est pas du tout tuberculeuse. Elle a un superbe abcès dû à une dent qui pousse de travers sous la mâchoire. Retourne voir ton professeur et explique-lui ce que je t'ai dit.

Le lendemain, on retourne à la consultation du professeur. Celui-ci, très honnête, a réuni tous ses internes autour de moi et leur a dit :

— Messieurs, hier je me suis trompé. Cette petite n'est pas tuberculeuse. Elle n'a en effet qu'un abcès dentaire.

On m'a enlevé cette vilaine dent — j'en ai encore la cicatrice sous la mâchoire — et tout est rentré dans l'ordre. S'il avait pu me voir, dix ans plus tard, moi l'interdite de mer, en train de sauter dans les vagues, ce brave professeur aurait sûrement été bien surpris.

Les vacances finies, il a fallu hélas rentrer à Paris, ma mère au Moulin-Rouge, moi à l'école de la rue Saint-Ferdinand. J'avais passé mon certificat d'études et j'entrais en première année de cours complémentaire.

Mais pour ma mère qui allait bientôt avoir trente-quatre ans, il était temps de songer sérieusement à quitter la danse, sinon ce serait la danse qui la quitterait sans crier gare. L'ennui, c'est qu'elle ne savait rien faire d'autre. Heureusement, son amie Choupette était au mieux avec le directeur du Moulin-Rouge. Celui-ci venait d'ouvrir un musée de cire, une sorte de musée Grévin. On n'y représentait pas des scènes historiques ou des personnages célèbres, mais des scènes de la vie courante d'autrefois. Comme cela avait beaucoup de succès, les gens faisaient la queue pour entrer. Alors pour les faire patienter, on avait aménagé une petite salle avec bar, tables, tabourets de bois, dans le genre bouge d'autrefois. Le gars qui filtrait les entrées était habillé dans le style voyou, avec pantalon à pont et gapette sur la tête. Ma mère, vêtue en « gigolette », robe courte, tablier rouge et foulard de la même couleur autour du cou, servait les consommations. Elle se faisait pas mal de pourboires en plus de son fixe. Cela ne lui était encore jamais arrivé. Au lieu de gagner trente francs par jour, la voilà avec deux cents francs, chaque soir, dans la poche. Tout à coup, c'était le Pérou !

Mais, dans la famille, on n'a jamais su mettre un sou de côté. Au lieu de se dire que ce pactole pouvait ne pas durer, que le musée pouvait, un jour, fermer ses portes, ma mère s'est mis en tête de vivre joyeusement. Et tous les soirs, c'étaient des sorties dans les cabarets avec de soi-disant copains et copines qui profitaient d'elle au maximum. Une telle vie ne lui arrangeait pas la santé et ma mère devenait de plus en plus nerveuse et irascible. Je me faisais enguirlander pour un oui ou un non. Certes, ce ne devait pas être facile de diriger une gamine comme moi, plutôt râleuse et indépendante, mais, manifestement, elle n'était pas de taille pour jouer son rôle de mère.

Vaille que vaille, je termine ma première année de cours complémentaire, mais, en même temps, arrive le problème de mes vacances. Ma mère se demandait ce qu'elle allait pouvoir faire de moi. Mon parrain ayant à nouveau disparu, elle ne savait à quel saint me vouer. Mais grâce à un autre personnage extraordinaire, j'allais bientôt, après la mer, découvrir la montagne.

Cette personne, la mère Louise, tenait un restaurant au coin de la rue Lepic et de la place Blanche. Tous les artistes de la Butte, peintres et écrivains, Francis Carco notamment, venaient prendre leur repas chez Louise qui mitonnait une cuisine du tonnerre. Son restaurant ne fermait jamais. Ouvert toute la nuit, on voyait arriver à l'aube, après le départ des derniers noctambules, les commerçants de la rue Lepic venus casser une petite croûte et boire leur café matinal. C'était un incessant va-et-vient.

Ma mère, comme tous les artistes du Moulin-Rouge, venait souvent chez « La Mère Louise ». La patronne la connaissait bien et n'ignorait rien de tous nos problèmes. Elle décida de régler promptement celui de mes vacances et écrivit à des amis à elle, des fermiers qui habitaient à Chaudron par Malbuisson dans le Doubs. Moyennant une somme très raisonnable, il fut convenu que j'irais passer l'été chez eux.

Me voilà donc partie pour la montagne. Inoubliable! Je vois encore ces monts, noyés de brume le matin, qui s'éclairaient lentement quand le soleil se levait et venait bientôt briller sur la surface, lisse comme un miroir, du lac de Saint-Point. Et ce silence! Pas un bruit pour troubler ce décor, le plus beau de ma vie. Et dans ce silence, comme dans une église, on entendait bientôt un tintement de gros grelots. C'étaient les vaches montant au pâturage en faisant sonner la grosse cloche qu'elles portaient au cou.

Je descendais alors pour le petit déjeuner que tout le monde prenait ensemble, réuni autour de la grande table de ferme. On me servait un grand bol de café au lait bouillant avec d'énormes tartines où s'étalaient beurre et confiture. Pain, beurre et confiture, tout était fait à la maison. Je mourais de faim et, pour la première fois de ma vie, je dévorais mon petit déjeuner. Quant aux autres repas, c'était phénoménal. Ces gens-là se levaient à 5 heures du matin pour s'occuper des bêtes, travailler la terre, transformer le lait en petit-lait, beurre ou fromage — ils fabriquaient des roues de gruyère — aussi pour les repas, il ne fallait pas leur en promettre. Quand la famille se mettait à table, il fallait que les assiettes soient pleines.

La famille! Ça aussi, c'était une découverte pour moi. La grand-mère qui lisait sans lunettes à quatre-vingt-sept ans. Le père, la mère, les fils et les filles! Tous ces gens se parlaient et se regardaient avec tendresse. Jamais un mot plus haut que l'autre et un immense respect pour le père, fantastique avec sa grande barbe blanche! Quand il parlait, tout le monde écoutait. Pas de cris, jamais de mots grossiers. Pour la première fois de ma vie, je découvrais ce qu'était une vraie famille.

Tout le monde était très gentil avec moi. Ils avaient

compris que j'avais besoin d'affection et c'était à celui qui m'emmènerait sur le lac pêcher les tanches, ou dans la forêt cueillir les framboises ou ramasser les champignons. Tout m'était émerveillement. J'étais sidérée de voir les femmes tout faire : vider les poissons, laver les champignons, préparer les tartes. Jamais je n'avais vu ma mère faire une tarte. Tout ce que la pauvre savait faire cuire, c'étaient des nouilles et une côte de mouton. D'ailleurs, à Paris, je ne voulais jamais manger rien d'autre. Mais là, je dévorais tout ce qu'on me donnait.

J'aime autant vous dire qu'à ce régime-là, je n'étais plus du tout la même. J'étais devenue une jeune fille bien roulée, avec seins et hanches à l'appui. Je ne savais plus comment m'habiller, surtout que ma mère avait déjà la déplorable habitude de me vêtir avec des robes qui s'arrêtaient au ras des fesses. J'étais terriblement gênée quand je surprenais certains regards.

Venue pour un mois, j'y suis restée deux car je ne voulais plus partir. Mais, les vacances finies, il fallait bien rentrer à Paris. Le jour du départ, je n'arrêtais pas de pleurer. J'avais tout appris chez mes amis. J'avais même appris à rire. Jamais, de toute ma vie, je n'oublierai M. et Mme Meunier. Ils m'ont donné les plus beaux moments de ma vie de petite fille.

Je séchais à peine mes larmes quand le train arriva à Paris. Ma mère, venue me chercher à la gare, passa à côté de moi sans me reconnaître. J'ai dû la tirer par la manche en disant :

— Maman, je suis là.

J'ai cru qu'elle allait tomber de surprise. Elle me regardait des pieds à la tête sans comprendre. Elle se refusait à croire que la gamine qu'elle avait quittée, deux mois plus tôt, avec un gros nœud dans les cheveux, n'existait plus. Ma mère avait maintenant devant elle une jeune fille inconnue.

2

Les vacances étant finies, il a bien fallu reprendre le chemin de l'école rue Saint-Ferdinand. J'y allais en traînant les pieds et en rêvant de mes montagnes. L'école, ça ne me plaisait qu'à moitié et je n'écoutais que d'une oreille. Heureusement, j'ai toujours eu une mémoire d'acier. Ce n'est pas comme maintenant où il m'arrive de me retrouver dans la pièce à côté en me demandant ce que j'y suis venue chercher. Enfin, ça, c'est l'âge ! Mais à l'école, j'apprenais très vite, ça me laissait le temps de rêvasser à l'avenir. Je riais aux anges, comme on dit dans le Midi. Je suis allée comme ça, menant ma petite vie d'écolière pas très gaie, jusqu'à la troisième année du cours complémentaire.

Je prenais toujours mes repas chez mon oncle, rue des Acacias. Mon oncle m'impressionnait beaucoup. Je le voyais toujours en casquette, livrée et gants blancs, au volant de somptueuses voitures qui étaient rarement les mêmes. Il était chauffeur de maître chez Elie Volterra, le frère du fameux Léon Volterra, propriétaire du Casino de Paris et du cabaret l'Abbaye de Thélème. Ma mère dansait au Casino et ma tante tenait les vestiaires du cabaret. C'est vous dire si dans ma famille, le monde du music-hall, on connaissait.

Arrive donc la troisième année de cours complémentaire. Je devais passer mon bac. Non, excusez-moi, pas mon bac, je n'étais pas assez savante pour ça ! Non, je devais passer mon brevet, au mois de juin. Mais, en mars, surviennent les vacances de Mardi gras. Au même moment, ma mère décroche un contrat pour aller jouer à Nice une opérette intitulée *En plein pastis.* Comme elle ne voulait pas me laisser seule à traîner dans la rue, elle m'a emmenée avec elle à la répétition.

C'était dans une grande salle, au premier, au-dessus du Batifol. Le Batifol était une énorme brasserie-bureau de tabac. Au fond de la salle meublée de tables et de banquettes de moleskine, on trouvait plusieurs billards et d'autres tables où se disputaient des parties de poker enragées.

Je n'ai jamais vu cet établissement vide. C'était ouvert jour et nuit et ça n'arrêtait pas d'entrer, de sortir, de s'interpeller. Aux heures d'affluence, si je puis dire, c'était un vacarme infernal et il fallait hurler pour se faire comprendre, mais on en avait tellement l'habitude que personne n'y faisait plus attention.

La clientèle était très mélangée. On y trouvait de tout. D'abord les artistes, petits et grands, les compositeurs, les metteurs en scène, les chorégraphes. Bref, tout ce qui concernait le monde du spectacle, sans oublier les directeurs de tournée qui démarraient leur saison au Batifol, l'établissement faisant en quelque sorte office de bureau de placement pour les artistes à la recherche d'un contrat. De grandes vedettes y faisaient aussi leur apparition, Chevalier, Damia, Fréhel... Elles venaient rencontrer les compositeurs capables de leur fournir une « bonne salade », comme on disait.

Aux heures plus creuses, apparaissaient les gens du quartier et surtout les anciennes et anciens du métier qui se racontaient leurs souvenirs devant un modeste café-crème qu'ils faisaient durer le plus longtemps possible car ils n'étaient pas bien riches. On devinait une pauvre vie bien seule. En passant une heure ou deux dans cet endroit, ces oubliés du spectacle se faisaient une petite provision de joie pour la soirée.

Dans le faubourg, il y avait énormément de maisons d'édition que les artistes fréquentaient à la recherche d'un nouveau sketch ou d'une nouvelle chanson. Le plus étonnant était le bureau de Vincent Scotto. Tout le monde le connaissait, car il avait son appartement au-dessus du

Batifol. Une plaque sur la façade le rappelle encore. Son bureau était un peu plus loin, dans le passage de l'Industrie. C'était dans un recoin, sous une arcade, et on y accédait par un escalier noir comme il était pas permis. Je me suis toujours demandé comment on ne s'y est pas tordu le cou plus souvent en l'empruntant. Ensuite, on entrait dans une pièce pratiquement aussi sombre que l'escalier et, là, il y avait Scotto avec sa guitare, entouré de ses partitions écrites sur des feuilles de musique d'un petit format, le tout dans un désordre indescriptible. C'était vraiment insensé de penser que l'un des plus grands compositeurs du moment, gagnant énormément d'argent avec ses succès, continuait à travailler dans un trou pareil, en compagnie de sa fidèle secrétaire, Paulette Zevaco. Jamais il n'a voulu déménager. Par superstition, peut-être!

Mais revenons à la répétition de l'opérette. Me voilà donc dans la salle au-dessus du Batifol, sagement assise sur un banc et regardant les danseuses s'entraîner à lever la patte en mesure. La distribution comprenait six danseuses, mais la sixième n'arrivait pas et M. Rollin, directeur de la troupe et comédien assez connu à l'époque, s'impatientait.

Tout à coup il me découvre sur mon banc.

— Et celle-là, qu'est-ce qu'elle fait?

— C'est ma fille, explique ma mère.

— Eh bien, il n'y a qu'à essayer avec elle!

— Pas question, c'est ma fille! s'insurge ma mère.

— Raison de plus! réplique Rollin.

— Mais elle va encore à l'école, s'entête ma mère.

Alors, moi, timidement, je fais remarquer qu'on est en vacances et que le temps des vacances, je peux très bien le passer à Nice. Rollin, voyant que j'en meurs d'envie, tranche :

— Allez, mets-toi là, à côté de ta mère et tu fais comme elle. Tu vas voir, je suis sûr que ça va très bien marcher.

Et ça a très bien marché. A croire que j'avais fait ça toute ma vie. D'accord, lever la patte en mesure, ce n'est pas bien sorcier, mais quand même, il faut avoir un petit don. Si vous ne l'avez pas, vous ne saurez jamais. Il faut dire aussi que, depuis que j'étais gamine, passant tous mes loisirs dans les coulisses, les pas de danse, j'en connaissais un bout. D'ailleurs, tous les soirs, dans notre mansarde, je m'amusais à les répéter.

Répétitions terminées, on prit le train pour Nice où nous attendaient le jeune premier et la jeune première, déjà sur place. En général, dans les tournées, par souci d'économie, les danseuses s'arrangent pour partager la chambre d'hôtel avec une copine. Dans le train, je demandai donc à l'une d'elles qui me paraissait sympathique si elle voulait bien partager avec moi. Elle me déclara que c'était totalement impossible car on l'attendait déjà à Nice et, me mettant dans la confidence, elle m'avoua que cette personne n'était autre que le jeune premier de l'opérette qui lui avait promis de venir la chercher à la gare :

— Tu verras, me dit-elle. Il est superbe !

Et en effet, sur le quai de la gare de Nice, je vis un très beau garçon, au regard de velours et au sourire plein de charme. Malheureusement, il avait l'air de s'occuper beaucoup moins de ma copine que de la jeune première qui ne lui lâchait pas le bras. Rien qu'à voir la tronche de ma camarade, je me disais que j'allais sûrement la récupérer dans ma chambre. Parfaitement à l'aise, le jeune premier fit la bise à tout le monde, une bise très tendre pour les danseuses qu'il semblait toutes connaître aussi bien que ma copine, mais pour la petite nouvelle que j'étais, ce fut une bise plutôt paternelle, presque timide. Moi, j'étais un peu triste pour mon amie parce qu'il était vraiment très beau, Fernand Sardou.

Les représentations commencèrent. Quand je n'étais pas sur scène à faire mes entrechats, j'étais en coulisses ne perdant pas une miette du spectacle. A force de l'écouter, au bout de trois soirées, je connaissais l'opérette par cœur. Le lendemain, grâce à ma mémoire, j'allais faire un grand pas dans ma carrière.

Le lendemain, en effet, la jeune première tombe malade. Le médecin la déclare incapable de monter sur scène. Rollin se désespère :

— Mes enfants, c'est affreux ! Il n'y a personne pour la remplacer et puis, qui peut apprendre son rôle d'ici ce soir !

— Moi, monsieur. Moi, je sais.

En entendant ma voix, Rollin s'est retourné d'une pièce :

— Comment ça, tu sais ! Tu sais quoi ?

— Ben, je sais le rôle et les chansons.

Rollin m'a regardée avec des yeux grands comme des soucoupes, totalement incrédule.

— Je peux essayer, si vous voulez, ai-je murmuré. Ce ne sera peut-être pas merveilleux, mais je peux essayer.

— Chante-moi la première chanson, a déclaré Rollin, pas très convaincu.

Je n'avais jamais chanté de ma vie. J'ai aspiré un bon coup et j'ai attaqué le premier couplet. Il y a eu comme un miracle. Moi qui ne savais même pas ce qu'était une note, je me suis mise à chanter juste. Rollin n'en revenait pas et, le soir même, je faisais mes débuts de jeune première sur scène. J'étais parfaitement à l'aise, mais c'est l'inconscience des mômes. On m'aurait demandé d'aller chanter *la Traviata* à l'Opéra, j'y serais allée. Je me souviens très bien que ce soir-là a été pour moi une révélation, car, en plus des chansons, j'avais bien sûr des répliques à dire et à la première que j'ai lancée, toute la salle a ri. C'est merveilleux d'entendre rire une salle. A ce moment précis, je me suis dit : « Ma petite, tu t'es gourée ! Ta vocation, c'est pas d'être danseuse. La danse, c'est bien joli, mais ça ne peut pas durer longtemps. Ce qu'il faut faire, c'est chanter, jouer et faire rire. »

Mais si je me sentais parfaitement à l'aise avec mon inconscience de gamine, le jeune premier, ce soir-là, semblait, lui, l'être beaucoup moins. Je remarquai qu'il osait à peine me prendre dans ses bras comme le voulait le scénario. J'avais seize ans, mais n'en paraissais que quatorze. Pour le beau Fernand, qui en avait vingt-cinq, je n'étais qu'une enfant et ça devait le gêner de jouer les amoureux avec une gamine qu'il aurait plutôt vue jouer à la marelle. C'est tout juste s'il me regardait en me donnant la réplique. Cela me faisait enrager parce que son attitude ne me facilitait pas le travail. N'allez pas croire que le beau Fernand m'avait déjà mis le cœur à l'envers. Non, moi, je ne pensais qu'à bien jouer mon rôle. Et puis, avec ma mère sur le dos et toutes les danseuses qui s'arrachaient ses faveurs, je n'avais aucune chance d'attirer l'attention de mon futur mari.

Après huit jours à Nice, on est remontés à Paris. Moi, vous pensez, je ne voulais plus retourner à l'école. Maintenant que j'avais trouvé ma vocation, le brevet, qu'est-ce que j'en avais à foutre ! J'ai donc réussi, difficilement, à convaincre ma mère de repartir avec eux en tournée jusqu'en novembre.

Comme je n'avais pas de nom d'artiste, Rollin m'a dit :

— Tu n'as qu'à prendre le mien. Tu t'appelleras Jackie Rollin. Essaye de te dépatouiller pour en faire quelque chose.

J'en ai pas fait grand-chose, remarquez, mais enfin... c'est la vie ! Ce nom, je l'ai gardé jusqu'à la mort de mon mari.

Le père Rollin qui avait trente ans de plus que moi, pas fou, me cavalait après, ce qui mettait ma mère en fureur. Et, ce qui devait arriver arriva. C'est à Lyon que j'ai perdu ma vertu, comme on dit. Ça ne m'a pas laissé un souvenir inoubliable, car, j'étais perturbée par un problème beaucoup plus grave : celui de mon avenir.

Ma mère rêvait de me voir entrer aux PTT. Dans sa tête, quand on était fonctionnaire, on était à l'abri de tout. Pour elle qui avait toujours été à l'abri de rien, la Poste, c'était le Paradis ! Mais vous me voyez, moi, derrière un guichet, avec ma tête de lard !

La guerre a commencé entre nous dès notre retour à Paris. Ma mère exigeait que je rentre avec elle, rue de Miromesnil. Moi, j'avais décidé d'aller vivre avec Rollin puisqu'elle refusait de me laisser jouer et chanter. Ce n'est pas que j'étais tombée amoureuse de Rollin, non, pour moi, me réfugier chez lui était la seule solution. A cette époque, à seize ans, on ne pouvait pas se débiner comme ça. Ma mère, d'ailleurs, le savait et, plusieurs fois, me menaça :

— Si tu vas chez Rollin, je le ferai arrêter pour détournement de mineure.

Elle me menaça aussi de m'envoyer en maison de correction si je ne cédais pas. Mais pour cela, il fallait une raison valable et il n'y en avait pas. Car, finalement, à part la péripétie de Lyon, j'étais très sage. Têtue, mais très sage.

Ce fut une semaine d'enfer. Ballottée entre les fureurs de ma mère et ce pauvre Rollin menacé d'arrestation, je ne savais plus à quel saint me vouer. J'essayais de convaincre ma mère que ma vie, c'était maintenant jouer et chanter. Peine perdue! Comme elle n'avait pas vraiment réussi dans sa profession, elle ne pouvait imaginer que je suive la même voie. Beaucoup de parents sont malheureusement comme ça! Et puis, ayant toujours vécu comme un oiseau sur la branche, avec personne dans sa vie sur qui elle pouvait vraiment compter, elle devait avoir peur de se retrouver toute seule. C'est aussi sans doute pour cela qu'elle se cramponnait désespérément à moi.

Épuisée par ces discussions sans fin, torturée par l'impossibilité de trouver une solution à mon problème, je ne mangeais plus, dormais encore moins et ça commençait franchement à ne plus tourner bien rond dans ma pauvre petite tête de gamine de seize ans. Je ne vois pas d'autre explication à la plus belle connerie de ma vie, que j'allais commettre quelques jours après.

C'était le 9 novembre 1935. Je m'en souviens comme si c'était hier. Il paraît que je suis allée ce jour-là chez mon oncle et que je me suis enfermée un bon bout de temps dans les toilettes du sixième étage. On me l'a dit, mais moi, je ne m'en souviens plus. En revanche, je me revois très bien, comme dans un film au ralenti, entrer au 29, rue de Miromesnil et commencer à gravir les marches de l'escalier qui menait à notre mansarde du sixième étage. Et à chaque marche, une voix criait dans ma tête :

— Tu vas te tuer... tu vas te tuer.

Comme une somnambule, j'ai poussé la porte de notre mansarde. J'ai commencé à ôter mon chandail corail, puis, lentement, mes bottes rouges. Ma mère tournait autour de moi, vociférant ses reproches. Ça me cognait dans la tête. Tout à coup, j'ai vu la fenêtre et j'ai pensé à ma grand-mère. J'ai poussé notre petit fauteuil contre le mur, je suis montée dessus, j'ai ouvert la fenêtre, j'ai croisé les bras devant ma figure et j'ai sauté.

J'ai eu ce geste idiot de me croiser les bras parce que j'avais peur de me crever les yeux sur les piques en fer d'une grille qui coupait la cour en deux. Les piques n'ont pas touché mes yeux, mais accroché le tendon de ma cheville et cela m'a renvoyée, comme un arc, sur le grillage de protection d'une verrière, d'où j'ai rebondi pour atterrir sur le pavé de la cour.

Le miracle, c'est que je n'ai rien senti du tout. Ni la pique qui me déchirait le tendon, ni la verrière qui me lacérait l'épaule, ni le pavé qui me brisait le crâne. Rien, absolument rien ! Le bon Dieu a vraiment été gentil pour moi.

Dans mon inconscience, j'entendais seulement les gens qui disaient :

— Faut pas la toucher... faut pas la toucher.

Un flic m'a mise sur une civière. Le pauvre ! Sa pèlerine était pleine de sang. On m'a emmenée à l'ancien hôpital Beaujon. Il y avait deux salles communes : une à droite, l'autre à gauche. On m'a mise à gauche. C'est le cas de le dire, parce que le médecin qui opérait à droite, n'était pas, paraît-il, un crack. En revanche, le mien, le Dr Chatain, m'a merveilleusement soignée.

On m'avait collée à côté d'une petite môme de dix-sept ans qui venait de se tirer une balle dans le cœur, en pleine place de l'Opéra, par désespoir d'amour. Quand j'ai vu arriver le pharmacien qui avait involontairement provoqué ce drame, j'ai jamais pu croire qu'elle s'était flinguée pour un monstre pareil. Il avait la tête de Frankenstein. Vraiment, l'amour est aveugle.

Avec quelle patience on m'a soignée ! Je revois encore mon infirmière, une énorme nounou. Elle m'a tenue serrée contre elle, pendant quatre heures, comme un bébé, me retirant avec une impatience infinie, en se servant d'une pince à épiler, les débris de verre incrustés dans mon épaule. Ayant été endormie au chloroforme, je mourais toujours de soif. Au début, il était interdit de me faire boire et on m'humectait simplement les lèvres avec un coton imbibé d'eau. Après, j'ai eu droit à un peu de tilleul froid. J'avais horreur de ça. Maintenant j'adore. Mais à une copine qui venait me voir à mon réveil, je commandais trois Perrier, trois citrons, trois oranges. Je multipliais tout par trois, tellement j'avais soif.

Je suis restée cinquante jours à l'hôpital. A ma sortie, je pesais trente-quatre kilos tout habillée, et encore, avec parapluie, chapeau et chaussures. Un poids que, malheureusement, je n'allais pas garder longtemps. Le bras en écharpe, le pied de travers, je suis allée, clopin-clopant, directement chez Rollin. Ma mère, je ne voulais plus la voir, pour le moment.

Une fois complètement rétablie, il a bien fallu que je me trouve du travail. Rollin ne roulait pas sur l'or. Sa femme l'avait plaqué en lui piquant tout son pognon. C'était un bon comédien, assez connu. Il était tête d'affiche au Petit Casino et avait joué avec Raimu dans les premiers *Marius*. C'était sûrement une connerie sans nom de se mettre avec un monsieur qui avait trente ans de plus que moi. Mais je me disais qu'avec un homme plus âgé, je serais plus en sécurité. De toute façon, je n'avais pas le choix, je ne connaissais pas de jeune homme.

Refusant de me laisser entretenir par un monsieur qui n'en avait pas beaucoup les moyens, je me disais :

— Ma fille, il faut que tu travailles, dans n'importe quoi, mais il faut travailler!

Une relation de Rollin m'avertit alors qu'on cherche une petite danseuse pour un stand de Luna Park. Ah! Luna Park!

C'était un grand parc d'attractions, comme la Foire du Trône, situé à la porte Maillot, là où on a construit le Palais des Congrès. J'y cours aussitôt pour poser ma candidature. Le patron me reçoit dans son stand, juge d'un coup d'œil ma silhouette et sans se soucier de mes références que, d'ailleurs, je n'avais pas, me dit :

— Tu regardes et tu fais pareil.

Alors je regarde de tous mes yeux le spectacle auquel je vais participer. Cela commençait par la parade. Le patron, juché sur une petite estrade, à l'entrée de sa baraque de foire, présentait, micro en main, ses artistes aux badauds :

— Allez, mesdames et messieurs, tout un spectacle gratuit pendant deux heures! Entrez, mesdames et messieurs, vous ne le regretterez pas... De la jeunesse, de la beauté, du rire, de la danse et tout cela pour pas un sou...

Et il continuait sa harangue jusqu'à ce que le dernier badaud soit entré dans la salle. Une petite scène minable y était dressée et, au son d'un phonographe nasillard, chacun présentait son numéro de danse qui durait trois minutes, le temps du morceau de musique. Ce n'était vraiment pas sorcier. Le patron me demanda si j'avais un costume. Naturellement, je n'en avais pas, mais, vu sa simplicité, ce ne fut pas compliqué de le réaliser avec deux bouts de chiffon et un peu de marabout. Me voilà donc sur scène, en jupette qui s'arrêtait au ras des fesses, le dos nu et avec deux pointes nouées autour du cou, essayant tant bien que mal de cacher ma poitrine déjà fort avantageuse.

Entre chaque numéro, il fallait passer dans la salle pour faire la quête que l'on remettait consciencieusement au patron qui, lui, nous donnait vingt-cinq francs pour la journée. En semaine, ça pouvait être acceptable car il n'y avait pas beaucoup de monde, mais pour les jours de grande affluence comme les jeudis, samedis et dimanches, ça devenait de la véritable exploitation. Ces jours-là, il nous arrivait de passer cinquante-deux fois notre numéro dans la journée.

Pour attirer plus de monde, le patron eut l'idée de transformer une danseuse en charmeuse de serpent. La pauvre fille choisie devait, pendant la parade, se contorsionner avec un bébé boa sur les épaules, contorsions qui, je dois dire, la faisaient beaucoup plus remarquer que nous par les badauds.

Malheureusement, notre charmeuse de serpent s'engueule un jour avec le patron et le plante là, lui et son boa. Naturellement, les autres refusent toutes de prendre sa succession. Comme j'étais la dernière arrivée, le patron m'a mis le marché en main. Je prenais le boa ou la porte. J'ai pris le boa, mais c'était vraiment très désagréable de se contorsionner avec cette bestiole froide autour du cou et sa petite tête que je maintenais loin de la mienne avec ma main droite. Je n'étais pas rassurée du tout. Mais le comble, ce fut quand le patron me retint froidement la moitié de mon cachet pour payer le boa qu'il avait acheté 250 francs à la Samaritaine. J'ai râlé tout ce que j'ai pu, mais le patron ne connaissait qu'un argument :

— C'est ça ou la porte.

Je ne pouvais que céder, mais très vite, je décidai de récupérer ce qu'on me volait. Ce n'était guère difficile les jours de grande affluence. Quand je faisais la quête, les gens payaient surtout avec des pièces de deux ou cinq francs, en argent. Il me suffisait d'en garder plusieurs pour moi que je planquais dans ma chaussure et le tour était joué.

J'admets bien des choses dans la vie. Je suis, je crois, très généreuse, mais je ne supporte pas qu'on me vole. Si on me prend pour une conne et qu'on me pique cinquante centimes, je deviens mauvaise comme une teigne.

Me voilà donc, pendant plusieurs semaines, avec ce serpent autour du cou. Le patron voulait en plus que je le baigne pour le débarrasser des poux qu'il avait, paraît-il, sous ses écailles. Pensez bien que ses poux, il se les est gardés et que je ne l'ai jamais baigné.

Heureusement que pour me calmer les nerfs, je pouvais me balader dans Luna Park pendant la pause entre les spectacles de la matinée et ceux de la soirée. On se promenait entre les stands dont on connaissait tous les propriétaires. Il y en avait de drôles, comme ce dompteur qui se promenait avec un gorille en laisse. Chaque fois qu'il me voyait, il me reluquait avec des yeux de Dracula et me disait :

— T'as de belles cuisses, tu sais.

Mais il avait vraiment une trop sale gueule et puis son singe était terrifiant. En revanche, j'adorais les deux petites guenons, deux chimpanzés, qui faisaient aussi partie de sa ménagerie. Elles s'appelaient Micheline et Pierrette et, vêtues d'une jupette tahitienne en raphia, elles faisaient un numéro de patinette. Elles me sautaient au cou dès qu'elles me voyaient, m'embrassaient et, passant leurs doigts sur mes lèvres, m'essuyaient mon rouge pour se le mettre sur la bouche en poussant des « Hi, hi » de joie. Alors, elles ne me lâchaient plus et me raccompagnaient à ce qui me servait de loge, se mettaient à fouiller ma table de maquillage, retournant tout de fond en comble ou mangeant le sandwich que je m'étais préparé. Mais j'étais folle de ces merveilles. Malheureusement, comme cela arrive souvent aux chimpanzés, m'a-t-on dit, elles ont pris froid et l'une d'elles est morte. J'en ai eu beaucoup de peine car j'ai toujours eu la passion des animaux.

Quand je me promenais dans Luna Park, beaucoup de propriétaires de stand me disaient :

— Ton patron est un voleur. Quand tu voudras, viens nous voir.

J'hésitai devant leur proposition, car ils ne m'offraient que trente francs par jour et moi, finalement, en me payant moi-même en cachette, je gagnais très bien ma vie, récoltant parfois jusqu'à 75 francs par jour. C'était le Pérou et j'étais très fière de rapporter cette somme à la maison. Ce qui m'a décidée, c'est quand j'ai vu le patron donner à manger au serpent. Je ne l'avais encore jamais vu faire. Un jour, il me dit :

— Viens voir, après c'est toi qui le feras.

Il sortit d'une cage un petit cochon d'Inde et le mit dans le panier du serpent. Mon Dieu ! La terreur de ce petit cochon, je ne l'oublierai jamais ! Il était comme hypnotisé. Paralysé, il ne bougeait pas devant le serpent qui rampait vers lui. J'étais glacée et, ne pouvant regarder, j'ai fermé les yeux. Quand j'ai eu le courage de les rouvrir, c'était affreux. Le serpent avait avalé le petit cochon et on voyait la forme de la pauvre bête qui glissait, glissait dans le corps du reptile. J'ai tout laissé, le panier, le serpent, le patron et je me suis sauvée, sans même me faire payer.

J'étais verte en courant entre les stands et les gens me croyaient malade. La directrice du tir à la carabine m'a fait asseoir, m'a consolée et m'a engagée. Elle tenait plusieurs stands. L'un d'eux s'appelait : « Les filles qui tombent du lit ».

Imaginez-vous une grande cage en cordage bien solide et dans celle-ci deux lits face à face que le public voyait de côté. De vrais lits avec draps, oreillers et duvets et avec, par terre, juste sous le nez des curieux, une carpette comme descente de lit. Dans les draps, une jeune fille, très jeune de préférence, vêtue d'une chemise ultra-courte. Surmontant cette chambre à coucher en cage, deux cibles, chacune au-dessus d'un lit. Le tout, cibles, cage et demoiselle, installé sur une petite estrade pour dominer le public. Au pied de l'estrade, une vendeuse avec des paniers pleins de boules de bois. Quand un joueur faisait mouche sur la cible, le lit basculait, vidant sur la carpette la demoiselle en petite tenue qui regrimpait aussitôt sur sa couche, sous les rires égrillards du public. J'aime autant vous dire qu'en plein mois de janvier, c'était pas la joie.

J'ai rarement vu les gens se défouler comme ils le faisaient à ce stand. Pas tellement pour le plaisir d'entrevoir nos rondeurs, mais beaucoup plus pour celui de taper sur quelque chose. C'était la même frénésie sur un autre stand où l'on pouvait s'acharner, à coups de boule, sur des assiettes. A croire que les gens, s'ils le pouvaient, casseraient tout dans leur baraque. Ma nouvelle patronne avait aussi un tir à la carabine, avec toutes sortes d'autres armes : des revolvers et même des fusils de guerre, des Lebel. Pendant la fermeture, j'apprenais à tirer et à nettoyer les armes.

Je tombais donc du lit pour trente francs par jour et la plus grande joie des badauds. Or, un après-midi, me relevant pour la centième fois, je remarque dans la foule un monsieur qui ne riait pas du tout. Il était même rouge d'indignation et, horreur, je reconnais mon parrain.

— Qu'est-ce que tu fais là ? Tu n'as pas honte ? hurle-t-il.

— Faut bien que je gagne ma vie, dis-je pour me défendre.

— Si tu as besoin d'argent, tiens, prends toujours ça ! Mais je vais m'occuper de toi.

Et mon parrain fouille dans ses poches, à la recherche de son portefeuille. Pas de portefeuille. Il l'avait perdu, oublié ou on le lui avait volé.

— Ne bouge pas, m'ordonne-t-il. J'habite tout à côté, je te rapporte de l'argent tout de suite.

Il est parti et je ne l'ai jamais revu.

J'en ai connu la raison bien plus tard. Mon parrain est mort ce jour-là, juste en rentrant chez lui, d'une crise cardiaque.

J'ai quitté Luna Park pour des raisons politiques. C'était en 1936, en pleine campagne du Front populaire. Léon Blum avait eu l'idée de faire un meeting à Luna Park. Ce jour-là, tout était gratuit et c'était plein à craquer depuis le matin. Hommes, femmes, enfants, tout le monde était habillé de chemises rouges et levait le poing en chantant *l'Internationale.* Et, au fur et à mesure que les heures passaient, les canettes de bière et les litres de rouge se vidaient et les supporters de M. Blum s'échauffaient. Moi, la politique me laissait froide. C'est tout juste si j'avais entendu parler de Blum, des socialos et des cocos.

Naturellement, il y avait foule devant notre stand et

chacune de nos chutes sur la carpette était accompagnée de moqueries, de sifflets et de « hou, hou » réprobateurs, venant surtout des bonnes femmes et cela ne me plaisait pas du tout. Enfin le discours de Léon Blum commence et, naturellement, tous les stands s'arrêtent. Pratique, je me dis que c'est le moment d'en profiter pour aller m'offrir un sandwich et je tente de me faufiler dans la foule. Je pousse un peu, car elle est vraiment dense et, vlan, un balèze me balance une tarte en pleine figure.

— On ne bouge pas quand Blum parle ! me gueule-t-il.

Là-dessus sa femme s'en mêle et commence à m'injurier :

— Espèce de salope, tout le monde gagne pas sa vie à montrer son cul !

Alors là, je lui ai sauté dessus en hurlant. Quelle empoignade ! On nous a aussitôt séparées et, moi, on m'a sortie de force, que dis-je sortie ? on m'a foutue à la porte, tout simplement. Croyez-moi, depuis ce jour-là, je n'ai jamais réussi à avoir le cœur à gauche. Aujourd'hui, quand je vois mon fils, Michel, affiché en vedette au Palais des Congrès, là où existait Luna Park, les souvenirs me reviennent, mais, maintenant, j'en rigole.

Me voilà donc au chômage et je vais pointer au Batifol, le quartier général des artistes en quête d'un engagement, toujours éblouie par le spectacle du quartier. Ah, la vie n'était pas triste entre le faubourg Saint-Denis et le faubourg Saint-Martin. On n'était pas riches, toujours à la recherche de quatre sous, mais ça nous empêchait pas de rigoler. Il y avait toujours un copain ou une copine pour nous prêter ce qui nous manquait. Par exemple, il y avait Charlot.

On l'avait vu un jour débarquer sur les boulevards, venant de Marseille et ce bon gros Méridional voulait faire découvrir aux Parisiens le plaisir de déguster les fruits de mer, comme sur la Canebière. Avant son arrivée, on ne mangeait, à Paris, que des huîtres, plutôt rarement et seulement en hiver. Charlot, lui, proposait, dans son restaurant « Chez Marius », praires, palourdes, violets, oursins, crevettes présentés sur de la glace pilée au milieu des algues. Rollin, qui l'avait connu à Marseille et qui adorait les huîtres, venait souvent l'aider à les ouvrir, histoire d'en déguster quelques-unes au passage. Mais personne ne maniait le couteau d'écailler comme Charlot. Là-dessus, il était imbattable.

Il adorait la compagnie des jeunes et sachant qu'on n'avait pas toujours de quoi se payer un bon repas, il nous faisait inviter par son patron ou nous donnait tout un petit assortiment de fruits de mer à déguster à la maison et nous, à l'occasion, on lui amenait des clients pour le remercier. Quand il est devenu son propre patron, on avait pratiquement table ouverte chez lui. Il allait jouer un grand rôle dans ma vie, ce Charlot. Pour le meilleur, mais aussi, malheureusement, pour le pire !

Les restaurants ne manquaient pas dans le quartier. Il y avait les bons et les autres. J'aimais beaucoup aller à celui qui s'appelait « Au bœuf à la ficelle. » C'était un restaurant rustique mais très propre, avec le menu inscrit sur une ardoise. On choisissait son morceau de viande qu'on vous donnait accroché à une ficelle et on allait le tremper dans une énorme marmite où mijotait un bouillon de pot-au-feu. On pouvait ainsi le faire cuire à son goût. C'était très bon et pas cher. Ce qui n'était pas le cas d'une autre gargote qui pour 3,50 francs vin et service compris, vous offrait un repas pantagruélique. On m'y a emmenée une fois. Je n'ai rien pu avaler. J'avais l'impression que ce qui restait dans les assiettes des clients revenait sous forme de boulettes ou de hachis. Rien qu'à l'odeur, je me serais crue revenue à la pension.

On croisait aussi de drôles de phénomènes autour du Batifol. Il y avait un chanteur très connu, petit, maigre mais avec une voix de stentor et qui avait créé, entre autres, la fameuse chanson *le Rêve passe.* Un triomphe, car on la chante encore. Il s'appelait Bérar et je l'ai connu vers les dernières années de sa vie. Il vivait seul et, évidemment, cavalait après les petites danseuses. N'étant pas dans le besoin, il avait une méthode très personnelle pour arriver à ses fins. En dehors de son portefeuille toujours bien garni, Bérar portait sur lui une toute petite sacoche de cuir bourrée de diamants, très purs et très beaux, paraît-il. Alors pour amadouer ces demoiselles, il faisait scintiller devant leurs yeux émerveillés les brillants de sa sacoche. Éblouies par les pierres, elles sentaient souvent leur cœur fondre et ne trouvaient plus le courage de refuser quoi que ce soit au propriétaire de la petite sacoche. Que voulez-vous, dans la vie, chacun se défend comme il peut !

Naturellement, à moi aussi, il a fait le coup de la sacoche. Mais moi, pas folle, je lui ai dit tout de suite :

— D'accord, mais tu me donnes le brillant d'abord.

Il s'est contenté de refermer sa sacoche en riant, mais comme il avait de la suite dans les idées, il a remis ça un peu plus tard et moi, j'ai tout simplement fait monter les prix :

— D'accord, je fais tout ce que tu veux, mais alors tu me donnes tout ce qu'il y a dans la sacoche.

Bien sûr, il a refusé le marché, mais mon culot l'amusait beaucoup et on devint très copains. Je n'ai jamais compris, en revanche, comment, avec tous ses brillants qu'il agitait partout, il n'a pas fini par se faire étrangler.

D'autres artistes n'arrêtaient pas de faire des blagues et parfois de taille. L'un d'eux, ayant une dent contre la tenancière de l'hôtel de l'Industrie — j'allais m'y faire plus tard de charmants souvenirs avec Fernand — lui joua, une nuit, une énorme farce. Découvrant, dans la rue, un cheval attelé à une charrette — on en voyait encore dans Paris, à cette époque — il le dételle et le pousse dans l'entrée de l'hôtel. Voilà la pauvre bête coincée entre la rampe de l'escalier et le mur du couloir. Stupeur des clients qui, en rentrant se coucher, cognent à la porte de la logeuse qui couchait à l'entresol :

— Madame Guimard, il y a un cheval dans l'entrée.

— Merde ! Foutez-moi la paix avec vos conneries et laissez-moi dormir !

Et un quart d'heure plus tard, un autre client affolé cognait :

— Madame Guimard, il y a un cheval dans l'entrée !

— Bande d'ivrognes, allez vous faire foutre !

Mais comme ça continuait de cogner, la logeuse, en furie, a fini par se lever et a cru se trouver mal en découvrant le cheval en bas de son escalier. Le cirque que ça a été pour le faire sortir, je vous dis pas, surtout que son propriétaire ameutait tout le quartier pour savoir où était passée sa bête.

On voyait aussi parfois de drôles de curés qui, soutane retroussée, buvaient le pastis à la terrasse d'un café. C'étaient, en fait, de joyeux escrocs qui se déguisaient ainsi pour aller quêter quelques sous chez les braves gens. Question déguisement, il y avait aussi les dames habillées en homme. Elles se retrouvaient entre elles dans un établissement à côté du Batifol. Les vrais messieurs n'y étaient pas interdits, mais on les regardait d'un sale œil. J'ai d'ailleurs eu l'occasion de constater que chez les dames qui n'aiment pas les hommes, c'est rarement la gaieté. Pourtant chez les messieurs qui s'aiment entre eux, ce n'est que blagues insensées et crises de fou rire perpétuelles. Je l'ai bien vu au « Liberty's », chez Tonton, où j'ai travaillé près de dix-sept ans. Non, chez les couples « dame-dame », c'est pas drôle du tout. Ce ne sont que scènes de jalousie et crêpages de chignon. Les pauvres, elles n'ont pas l'air de baiser dans la joie. Mais, comme on dit, chacun ses goûts !

Côtoyer ainsi toutes sortes de gens n'était pas sans risques pour une gamine de seize ans. La drogue faisait déjà des victimes, beaucoup moins nombreuses que maintenant bien sûr, mais j'en croisais quelques-unes, comme le fils de la libraire de la rue de l'Échiquier. Je le connaissais bien car sa mère donnait à la mienne ces bouts de laine qu'on retrouvait sur mon dos en chandails multicolores. Il était d'une adorable gentillesse, mais je ne comprenais pas pourquoi, à chaque rencontre, je le trouvais plus maigre et mal en point. Quand j'ai appris qu'il venait de mourir, victime de la drogue, j'ai été terriblement frappée.

Moi, ma naïveté, finalement, me protégeait. Un soir, une amie danseuse m'a invitée à dîner avec des copains. Après le repas, elle m'a glissé dans la main un petit sachet bien plié et m'a dit :

— Tiens, prends ça. Tu verras, c'est formidable !

Moi, croyant que c'était du sucre en poudre, je m'apprêtais à le mettre dans mon café.

— Mais non, idiote, m'a expliqué la copine. Tu le mets dans la main et tu le respires un bon coup par le nez.

Moi, mes enfants, me mettre quelque chose dans le nez, ou ailleurs du reste, je déteste. J'ai dit à ma copine qu'elle pouvait garder sa mixture et que je n'allais pas me boucher le nez avec. Ce n'est que bien plus tard que, mise au parfum par des amies plus sûres, j'ai compris à quoi j'avais échappé. Cette charmante camarade se servait de son poison pour vaincre les réticences des jeunes filles à ses désirs.

Telle était la faune pittoresque du faubourg que je découvrais en commençant ma vie d'artiste. Je me rends compte maintenant que j'ai frôlé bien des dangers. Mais, heureusement, ma petite tête de gamine fonctionnait parfaitement avec une lucidité qui ne m'a jamais quittée. Cela ne m'a pas empêchée de faire plus tard quelques conneries, mais d'un tout autre genre.

3

En 1937, Rollin est engagé dans la compagnie Alibert pour remplacer, au pied levé, Rellys dans l'opérette qui se jouait à Bruxelles *Un de la Canebière.* Rellys était bon comme le pain, et l'est toujours d'ailleurs. Mais ses copains avaient un peu trop tendance à abuser de sa gentillesse. Un beau jour, il en a eu marre d'être la poire de tout le monde et, comme le cinéma commençait à lui faire les yeux doux, il a dit bonsoir la compagnie. Alibert se doutait du coup depuis quelque temps et avait demandé à Rollin de se tenir prêt. Rollin en avait profité pour me faire engager avec lui.

Alibert était un pionnier. Tous ses comédiens étaient du Midi. Sa compagnie, c'était le soleil dans la grisaille de Paris et, à Bruxelles, le goût de la bouillabaisse au pays de la chicorée. Elle avait commencé, petitement, dans un cinéma à Paris, « Le Moulin de la chanson », mais, très vite, avait connu le succès. Ravis, les Parisiens découvraient les histoires marseillaises, l'accent qui chante et la joie de vivre des gens du Midi. Avec le succès, la troupe s'était étoffée, avait monté des opérettes et effectuait maintenant des tournées.

Mais on n'entrait pas comme ça dans la compagnie Alibert. Ce n'était pas la Comédie-Française, mais, toutes proportions gardées, ça y ressemblait beaucoup. On n'engageait en général que des couples, car ça coûtait moins cher. Les rôles étaient taillés sur mesure pour les vedettes et chacune avait son emploi. On se tenait les coudes chez Alibert, en essayant de ne pas trop se marcher sur les pieds. Ce qui arrivait malgré tout quelquefois, provoquant de belles colères chez la personne aux orteils blessés. Les Méridionaux, faut pas trop s'y fier. En ayant épousé un, je peux en parler. Ce sont des gens merveilleux, drôles et généreux, mais il ne faut pas les asticoter. Ils sont comme leur mer, la belle bleue. Elle est toute calme, toute brillante de paillettes de lumière et puis, d'un seul coup, c'est la tempête. Et là, vous avez intérêt à vous mettre vite à l'abri.

Alors, moi, vous pensez, acceptée par eux du bout des lèvres, je faisais attention où je mettais les pieds, surtout que je détonnais nettement dans le tableau. Le grand chic pour les femmes chez Alibert, c'était de porter deux renards argentés autour du cou et une broche de brillants au revers du col. Moi, c'est tout juste si j'avais une paire de bas à me mettre.

Naturellement, Mme Alibert, qui était la fille de Vincent Scotto, avait refusé de me voir confier le moindre petit rôle sur scène. Je vendais modestement les programmes dans la salle. Mais un jour, une fille venant encore à manquer, Rollin réussit à convaincre Alibert de la remplacer par moi. Je suis donc remontée sur les planches, mais pratiquement pour faire de la figuration.

Pour fêter ça, je me suis laissé entraîner par des amis belges dans un café et ils m'ont fait boire de l'absinthe. Au bout du premier verre, j'étais complètement partie. Ça a été la première cuite de ma vie.

Celle-ci n'était pas vraiment gaie, mais elle a tourné au cauchemar quand Rollin a commencé à cracher du sang. Affolée, je fais venir un médecin qui diagnostique une pleurésie et ordonne la pose de ventouses. Il paraît que c'est justement ce qu'il ne faut pas faire. Mais, moi, obéissante, je mettais tous les jours, consciencieusement, les ventouses sur le dos de ce pauvre Rollin qui allait de plus en plus mal. Il continuait à jouer, mais, bien sûr, il ne pouvait plus tenir le premier rôle. Au fur et à mesure que sa maladie empirait, on le rétrogradait dans la distribution. C'est tout juste si, à la fin, il n'était plus que figurant, comme moi. J'étais effondrée. C'était la première fois de ma vie que je voyais quelqu'un cracher du sang et s'affaiblir ainsi.

Rollin a tenu jusqu'à la fin des représentations à Bruxelles, puis on est rentrés à Paris. On a aussitôt vu un docteur qui l'a envoyé en sanatorium, à Saint-Martin-du-Tertre, près de Paris. Naturellement, chez Alibert, on m'a fait comprendre qu'on n'avait plus besoin de mes services et, à nouveau, me voilà sur le pavé.

Une copine — quand on est dans la mouise, les copines, c'est une bénédiction — une copine, donc, me proposa un boulot à Orléans. Il s'agissait d'aller chanter dans un cabaret. Le patron était si gentil qu'il poussait l'amabilité jusqu'à venir nous chercher en voiture à Paris. A cette époque, mon répertoire se limitait à quatre chansons : *la Révolte des joujoux, Petit homme, c'est l'heure de faire dodo, le Tango pour mon papa* et *le Fruit défendu.*

N'ayant rien d'autre à me mettre sous la dent, je donne mon accord à ma copine pour Orléans. Une vraie gueule de jules, le patron ! Quand je l'ai vu arriver au volant de sa traction avant noire, j'ai hésité à y monter. Mais, ma copine, qui n'en était pas à son premier voyage, m'a demandé ce que j'attendais. Alors, je suis montée derrière en me disant :

— Toi, ma petite, t'as intérêt à être sur tes gardes, parce que ce mec-là, il est sûrement pas président d'une société de bonnes œuvres.

On arrive à Orléans dans une charmante petite boîte qui s'appelle le Novelty. La patronne, une femme superbe, me fait répéter mes quatre chansons, tout en m'inspectant des pieds à la tête. En fait, elle se moquait pas mal de mon répertoire, comme de mon talent. C'était pas cela qui intéressait sa clientèle. Celle-ci était surtout composée de gros maquignons de la région qui, après un jour de marché ou un jour de chasse, venaient terminer là leur journée, avec de gros portefeuilles bourrés de billets de banque.

Naturellement, ces messieurs s'intéressaient beaucoup plus à la silhouette de l'artiste qu'à son talent et quand une nouvelle tête arrivait, c'était la ruée. J'ai vite compris dans quel piège je m'étais fourrée. Ma copine avait beau me dire que je n'étais pas obligée de dire oui aux invites de la clientèle, je me tenais sur mes gardes, dès le premier soir.

D'abord, en m'entendant entonner *la Révolte des joujoux,* ils ont fait une drôle de tête. Ils ont dû me prendre pour une demeurée d'aller chanter ça dans un endroit pareil. J'en voyais qui, déjà, se pourléchaient les babines en se disant qu'avec une telle conne, ils n'allaient pas s'embêter. Une fois mes quatre chansons terminées, voilà les musiciens qui me mettent une assiette dans la main et me disent d'aller faire la quête. Là, j'ai cru mourir, car je n'avais jamais fait ça. Je rapporte l'assiette débordante de billets et ces salauds me raflent presque tout. J'ai cru m'étrangler de fureur, mais, à ce moment-là, un pécore m'a invitée à venir boire le champagne à sa table et, comme la patronne me faisait signe d'obéir, bravement, j'y suis allée.

Le champagne, je suis incapable d'en boire un verre sans être malade. Alors j'ai fait comme toutes les entraîneuses qui étaient à table, j'ai vidé mon verre discrètement dans le seau à champagne. Mon client était déjà bien trop parti pour pouvoir s'en rendre compte. Il était même tellement dans les vapes qu'il a payé, sans sourciller, une facture de quarante-cinq bouteilles, alors qu'il n'en avait descendu que cinq de toute la soirée. Le pigeon rêvé !

Ce soir-là, j'ai pu m'éclipser sans dommage avec ma copine. On était logées dans un hôtel, à deux cents mètres du cabaret. Mais à peine dehors, une voiture nous a suivies, son chauffeur nous proposant de nous raccompagner. Je l'envoyai aux pelotes. Plus tard, j'ai appris que c'était le commissaire de police qui se livrait à ce petit manège pour piéger le patron du Novelty et l'accuser de détournement de mineure. Arrivée à l'hôtel, j'ai tout de suite compris que les clients du cabaret venaient y finir la nuit en bonne compagnie. Aussi, une fois dans notre chambre, avec ma copine, on a poussé l'armoire derrière la porte pour pouvoir dormir tranquilles. Bien nous en a pris. Pendant une heure, ce fut un défilé derrière la porte de gens qui voulaient nous apporter un dernier verre au lit.

Le lendemain, j'ai aussitôt dit au patron que ça ne pouvait pas continuer. Il avait l'air de m'avoir à la bonne. Au lieu de se fâcher, il m'a rassurée comme il a pu, me disant de ne pas m'inquiéter, qu'il ne m'arriverait rien de mal. En fait, il avait une trouille bleue de sa femme qui était une vraie terreur. Elle, elle ne voulait pas me lâcher et espérait bien m'avoir à l'usure. J'ai tenu huit jours, vidant mon champagne dans les seaux et me barricadant tous les soirs avec mon armoire. Chaque fois que je voyais le patron seul, j'allais le supplier de me laisser partir :

— Je ne suis pas une sainte, mais ce boulot, ce n'est pas pour moi. Je vous paierai un dédit.

Il a fini par se laisser fléchir :

— Bon, m'a-t-il dit. Demain matin, tu fais ta valise sans rien dire à personne et je te ramène à Paris.

Il a tenu parole et, le lendemain, je retrouvais le pavé de la capitale, tout heureuse de m'en tirer à si bon compte, grâce à la gentillesse de ce « jules ». Des macs qui ont parfois du cœur, ça existe. J'allais bientôt d'ailleurs en croiser d'autres.

Après de longues semaines de repos dans son sanatorium, Rollin allait mieux. On lui accorda l'autorisation de rentrer chez lui, à condition qu'il se ménage. Vous pensez, demander ça à un comédien qui ne vit que pour son métier et qui n'a que lui pour vivre ! Rollin n'était pas plutôt rentré chez lui qu'il cherchait du travail. Alibert accepta de le reprendre dans sa compagnie, avec moi pardessus le marché. Et nous voilà repartis en tournée avec *Un de la Canebière.*

On a commencé à jouer à Paris au théâtre des Variétés. Là, je ne vendais plus les grogrammes, comme à Bruxelles, non, j'avais un tout petit rôle et je distribuais des sardines à la sortie. C'était une idée d'Alibert. L'histoire d'*Un de la Canebière* est celle d'un monsieur qui monte une affaire de sardines. Alors, pour faire couleur locale et remercier les spectateurs de leurs applaudissements, Alibert, avec deux accordéonistes et deux jeunes comédiennes, les raccompagnait jusqu'à la sortie en leur offrant des sardines. Les gens étaient ravis.

A Alger où la tournée s'arrêtait, on a voulu faire le même cérémonial. Mais aux Variétés, le hall d'entrée est très large ; au Casino d'Alger, c'est plutôt un couloir étroit. Et puis les Algérois avaient le sang plus chaud que les

Parisiens. Quand, à la sortie de la salle, ils nous ont vus avec nos paniers pleins de sardines, ce fut la ruée. On s'est retrouvées écrasées contre le mur, près d'étouffer. Et croyez-moi, il y en avait beaucoup qui se fichaient pas mal de nos sardines. Il n'y avait qu'à voir où ils mettaient les mains. De ma vie, on ne m'a pelotée comme ce jour-là. Ils s'accrochaient à tout ce qu'ils pouvaient attraper !

Mais j'ai un autre mauvais souvenir de cette tournée. J'étais tombée sous la coupe de Mme Alibert. Elle avait une marotte : faire maigrir les gens — oh ! pour mon bien, bien sûr. Le pauvre Tintin, son mari, en savait quelque chose. Il travaillait comme un cheval, mais n'avait le droit de rien manger. Sa femme ne le lâchait pas de l'œil quand il était à table. Il était si maigre qu'il n'aurait pas fallu lui souffler dessus, il serait tombé par terre. Du premier coup d'œil, en ma ronde personne, Mme Alibert vit une proie toute trouvée. Depuis quelque temps, je m'étais mise en effet à grossir anormalement. La fille de Vincent Scotto prit aussitôt les choses en main :

— Moi, mon petit, je vais vous faire maigrir !

Et du jour au lendemain, sur son ordre, j'étais au régime. Et quel régime ! Une biscotte et tasse de thé pour le petit déjeuner. Le repas de midi était en général un pique-nique dans l'autocar qui roulait vers une nouvelle étape. Mais tandis que mes copines se régalaient de poulet froid ou de sandwich au jambon, arrosé de canettes de bière, moi, c'était rebiscotte et tasse de thé. Le soir, j'avais droit à un légume bouilli.

Pensez, à dix-huit ans, on a de l'appétit et besoin de forces, surtout quand on relevait comme moi d'un accident grave. Je mourais de faim à en avoir des vertiges et le pire, c'est que je continuais à grossir, sous l'œil furieux de Mme Alibert qui devait me soupçonner de dévorer des camemberts en cachette. Hélas non !

Mais, de retour à Paris, intriguée par ma prise de poids, je suis allée voir le Dr Chatain, celui qui m'avait si bien soignée à l'hôpital Beaujon. Il m'a examinée et son diagnostic n'était guère réjouissant. A la suite de mon accident, tout mon métabolisme s'était trouvé perturbé, ce qui expliquait mes kilos superflus. Je pouvais renoncer aux biscottes, cela ne changerait rien. Mais je devais quand même faire très attention à ma nourriture sans quoi je risquais de dépasser rapidement les cent kilos. C'était gai! De ce jour, j'allais commencer à me battre avec ma balance et suivre les régimes les plus variés, sans obtenir de résultats enthousiasmants. Nous aurons l'occasion d'en reparler, malheureusement.

Sans, malgré tout, y attacher trop d'importance, je repris ma vie d'artiste et retournai, avec une autre troupe de danseuses, en Algérie. Pratiquement toutes les tournées y allaient. Dame, c'était encore des départements français. A l'époque de mon beau-père, le circuit des tournées était encore plus vaste, passant souvent par la Russie et l'Europe centrale où les artistes français étaient très appréciés.

C'est au cours de ce second voyage en Algérie, avec Rollin dont la santé ne s'améliorait pas, que je pris la seconde cuite de ma vie. Un souvenir mémorable! On m'avait fait boire de l'anis gras. Cela avait le goût du pastis, mais ça me semblait rudement plus fort. Comme on me le servait dans des tout petits verres, des momies, je ne me rendais absolument pas compte de l'effet dévastateur. Quand j'ai voulu me lever, après en avoir bu quelques verres, tout s'est mis à tourner et je me suis retrouvée le cul par terre. On a essayé de me dessaouler en me faisant boire force cafés. Il fallait à tout prix que je sois au moins capable de tenir sur mes jambes pour monter sur scène.

Je faisais partie du french cancan. Comme j'étais la plus petite, on me mettait toujours au milieu pour ne pas rompre l'harmonie des tailles. Me voilà donc sur scène, me lançant dans les figures du french cancan. Le pied à la main, le grand écart, je les réussis sans trop de problèmes, mais, quand vient le moment de faire la roue, alors là, pas moyen! Impossible de lever mon cul. Balançant les mains vers le sol, j'essayais désespérément. On a voulu me sortir de scène, mais ronde comme j'étais, je refusais et, têtue comme une ivrogne, je m'acharnais à vouloir faire s'envoler mon postérieur.

Avec le sens du spectacle qui le caractérisait, Rollin a dit de me laisser tranquille et qu'on allait en faire un gag. Et le spectacle a continué, pendant une heure et demie, autour de moi tentant en vain de faire la roue. J'y étais encore quand le rideau s'est abaissé et j'y étais toujours quand on l'a relevé plusieurs fois pour les rappels. Mon numéro de clown involontaire avait déchaîné les rires et les applaudissements.

Au retour de cette tournée, Rollin se mit à aller de plus en plus mal et le docteur le renvoya au sanatorium de Saint-Martin-du-Tertre. Le malheureux ne devait plus en sortir. Moi, comme il fallait bien vivre, j'ai continué, le cœur pas très gai, à courir le cacheton et je suis retournée plusieurs fois en Algérie.

C'était pas toujours de la rigolade, les tournées ! Je me souviens d'une petite danseuse, morte de la typhoïde, pendant la traversée. Elle avait mangé des moules dans une gargote à Marseille avant d'embarquer sur le bateau. Cela avait refroidi toute la troupe et la suite du voyage n'allait pas arranger notre humeur. Arrivés à Alger, on monte en autocar et on roule vers Constantine, Djidjelli et Bougie. Quand on a traversé les montagnes de Kabylie, quelle terreur ! Le chauffeur menait son car comme une formule 1, prenant ses virages à la corde, des virages où il n'y a même pas un pot de fleurs pour indiquer le bord du ravin. Moi, qui suis pétocharde comme pas deux en voiture, là, je mourais de peur. Surtout que, en plus, la route était parfois verglacée. Et ça, ça a été la surprise la plus désagréable. Moi, je m'étais imaginé que l'Algérie était un pays toujours chaud. A Oran ou à Alger, c'est vrai, mais en Kabylie ou dans les Aurès, il peut faire bigrement froid. A Djidjelli, les gens dans la salle de spectacle portaient des manteaux et nous, on était à poil sur la scène, au milieu de courants d'air glacés que laissaient passer joyeusement les carreaux cassés... On se gelait !

De l'Algérie, j'ai aussi d'autres souvenirs. Je me rappelle avoir beaucoup pleuré à un départ de Marseille, mais, cette fois, pas vraiment de tristesse.

Un militaire, un général sans doute, car il avait plein d'étoiles sur sa manche, embarquait avec nous sur le même bateau. Ce devait être un personnage important car une fanfare militaire saluait sa montée à bord. Moi, la musique militaire, ça me remue. C'est idiot, mais c'est comme ça ! Je pleure pour les chiens, je pleure pour les chats et je pleure pour la musique militaire. Alors, sur le quai de Marseille, j'y suis allée de ma larme. Et à l'arrivée d'Alger, j'ai remis ça, mais alors là de vrais sanglots, parce que, naturellement, il y avait une autre fanfare militaire venue accueillir mon général.

Cette fois-là, je faisais partie d'une troupe comportant une douzaine de filles de revue. On était bonnes à tout faire. On dansotait, avec de nombreux changements de costume pour faire croire qu'on était plus nombreuses et, entre deux entrechats, on présentait des sketches. Une vraie volière! Cela plaisait naturellement beaucoup au public d'Alger et, un jour, on reçoit une invitation générale. Toute la troupe est invitée par un pacha à souper dans son palais.

Tout le monde met sa belle robe. Moi, je reste comme j'étais, car de belle robe, je n'en avais point. Dans ma tête, le palais d'un pacha, cela devait être quelque chose d'extraordinaire. Mais quand on nous a déposés devant la porte, j'ai été horriblement déçue.

— Qu'est-ce que c'est encore que ce palais à la noix? râlai-je avec ma voix de canard.

En guise d'entrée, on se trouvait devant une toute petite porte, perdue dans un haut mur aveugle. Ça n'avait même pas l'air d'une porte de service. Mais quand cette porte s'est ouverte, j'ai vite changé d'avis et cessé de râler.

On a d'abord traversé des jardins envahis de verdure et de fleurs. Tout le monde s'était tu, bouche bée de stupeur et on n'entendait que le bruit des jets d'eau retombant dans les bassins. Devant la maison toute blanche, un gigantesque buffet était dressé sous un dais cousu de fils d'or. Il y avait toutes sortes de plats, au milieu de montagnes de fruits et de gâteaux. Un peu à l'écart, sous des palmiers, des moutons entiers embrochés rôtissaient doucement au-dessus de feux de braises. Des serviteurs, tout de blanc vêtus et glissant comme des ombres, commencèrent à nous offrir des rafraîchissements. Et la fête commença.

Les hommes, naturellement, s'empressaient autour de mes copines. Il n'y avait d'ailleurs pour ainsi dire que des hommes. A part nous, les seules femmes étaient quelques servantes qui n'ouvraient pas la bouche. Leur silence m'impressionnait. Intimidée, je restais dans mon coin, admirant toutes ces merveilles. Me voyant seule, le maître de maison s'est approché de moi. C'était un homme dans les soixante ans, avec une allure folle dans sa djellaba immaculée. Son visage n'était pas vraiment beau, mais son sourire était plein de gentillesse et de charme. J'ai toujours été sensible au charme. En manquer, pour moi, a toujours été le pire des défauts. Le pacha m'aborde donc, s'inquiétant de me voir seule :

— Vous vous ennuyez, mademoiselle ?

— Pas du tout, pas du tout ! Je trouve votre réception très réussie et votre palais très joli.

Il a eu son charmant sourire et on a engagé la conversation. Il m'a demandé d'où je venais, si j'habitais Paris, si j'aimais mon métier. Il connaissait bien la capitale. Il y allait souvent pour ses affaires et adorait aller au spectacle. Tout cela était dit sur un ton très aimable, avec uniquement le désir de m'être agréable et d'essayer de me dérider, sans aucune arrière-pensée. D'ailleurs, il y en avait de beaucoup mieux que moi dans le lot des invitées. Mise en confiance, je retrouve bientôt ma verve parisienne et je lui raconte deux ou trois histoires qui le font rire. Au bout de quelques minutes de conversation détendue, je lui fais un gros aveu qui me chatouillait la langue depuis quelques instants :

— Écoutez, monsieur, je vais vous dire quelque chose qui va sans doute vous étonner. Vous voyez votre palais, je le trouve superbe... mais on me donnerait à choisir entre votre palais et une chambre de bonne à Paris, je n'hésite pas une seconde, je prends la chambre de bonne.

Le pacha n'en revenait pas.

— Vous plaisantez ?

— Absolument pas, monsieur, je vous le jure !

Et c'était vrai, je ne plaisantais pas du tout. On m'aurait donné tout l'or du monde pour rester en Algérie, ou au Pérou d'ailleurs, jamais je n'aurais voulu. Loin de mon pavé parisien, je me sentais inquiète, presque malheureuse. Je ne me sentais pas chez moi.

La soirée s'est merveilleusement passée. Les gens ont dansé, chanté tout en dégustant des plats extraordinaires : méchoui, couscous, brochettes, pâtisseries. Tout était nouveau pour moi qui n'avais jamais goûté la cuisine orientale. Lorsque nous sommes rentrées, à l'aube, toutes les filles énervées ne rêvaient que de palais, d'or et de pierreries. Les mille et une nuits, quoi! Moi, je ne voulais pas jouer les rabat-joie, mais, je ne sais pas pourquoi, j'avais la gorge serrée. J'avais peur pour elles. La tournée terminée, on est repartis pour la France. Pas tout le monde. Sur les douze danseuses, deux seulement sont rentrées. Les autres avaient cédé au mirage de l'Orient et restaient pour se marier.

Quelques années plus tard, je suis revenue en Algérie avec mon mari. Elles nous ont vus à l'affiche et sont venues nous voir pour me dire :

— Jackie, si tu savais comme on a souvent pensé à toi! Bien sûr, on a une vie agréable, sans problème et sans souci, mais on vit dans une prison dorée.

Les soucis et les problèmes, moi, je n'allais pas en manquer à mon retour en France. Rollin, que j'allais voir le plus souvent possible dans son sanatorium, allait de plus en plus mal et les docteurs me laissaient deviner qu'il n'avait pas beaucoup de chances de s'en sortir. A Paris, j'habitai dans son appartement, faubourg Saint-Denis, un moment avec sa fille qui avait mon âge, mais qui avait fini par aller habiter chez son gars. C'était déjà bien d'avoir un toit, mais il fallait trouver de quoi me nourrir. La course au cacheton a recommencé. On était en plein dans la fausse guerre de 1938 et les troupes étaient mobilisées. Comme il fallait les distraire, je suis allée chanter dans les casernes et aussi dans les hôpitaux, chez les fous. Là, je ne gagnais pas un rond, je chantais à l'œil, mais cela me faisait un excellent exercice. Le secret de notre métier, c'est de chanter tous les jours.

A Luna Park, je m'étais fait un copain parmi les jules qui y pullulaient. Ils draguaient dans les dancings les gourdes qui débarquaient de province et, leur promettant la lune, les mettaient bien vite sur le trottoir. L'un d'eux m'avait un jour entreprise :

— Combien tu gagnes dans ton truc, là?

— Trente francs!

— Bougre de con, avec moi t'en gagnerais deux mille!

— Bougre de con, lui avais-je répliqué. Il faudrait que je te les donne! Alors?

Alors, il avait ri et voyant que je n'avais rien d'une gourde, on était devenus copains. Quand il m'a vue sans le sou, avec Rollin en sana, il s'est débrouillé pour me trouver du boulot. Des copains à lui tenaient une boîte en banlieue, histoire de mettre les amis au vert quand ils en avaient besoin. Le soir, après le spectacle où j'allais chanter, on tirait une loterie où les clients pouvaient gagner un lapin, une bouteille de vin ou un jambon. Toutefois l'argent de la vente des billets était partagé entre les artistes. Avec ce petit bénéfice supplémentaire, je me faisais dix à quinze francs par jour. C'était pas lourd, mais j'arrivais à vivoter, en me contentant, certains jours, d'un simple croissant et d'un café-crème ou en me cotisant avec une copine pour acheter un paquet de nouilles. Et quand on n'avait vraiment plus rien, il y avait toujours quelques moules crues pour nous chez Charlot.

Le Batifol restait notre quartier général. On y restait des heures devant un café, l'oreille aux aguets, dans l'espoir d'entendre, au milieu du brouhaha des conversations, parler d'un engagement. Justement, on avait remarqué un gars qui promettait monts et merveilles à qui voulait l'entendre :

— Vous gagnez quoi, à Paris ? disait-il à la cantonade. Quinze francs, vingt francs ? Chez moi, à Tunis, je vous en donne cent, cent par jour !

C'était alléchant, mais comment vérifier ? Tunis, c'était pas la porte à côté. On m'indique alors une copine qui en revenait.

— C'est très bien, affirme-t-elle. Tu peux avoir confiance.

En plus le gars payait le voyage. Quand il m'a mis le billet entre les mains, je n'ai plus hésité et je suis partie pour Tunis. Le bateau n'était qu'un vieux rafiot, mais le commandant était charmant. Apprenant que je me rendais à Tunis pour y chanter, il me demanda d'offrir un petit récital aux passagers, mais je dus malheureusement l'abréger, car le bateau et moi, on n'a jamais pu s'entendre. Difficile de roucouler quand le plancher vous roule sous les pieds.

Arrivée à Tunis, je me présente à la boîte dont j'ai oublié le nom, le Vincenty je crois. Je n'avais jamais vu ça. Elle pouvait abriter deux mille clients. Le premier soir, dans l'indifférence générale et un brouhaha indescriptible, j'entonne mon *Petit homme, c'est l'heure de faire dodo.* Personne ne m'écoute, sauf le patron qui, dès le dernier couplet, me fait signe de venir le voir dare-dare.

— Ma petite, ta chanson à la gomme, ça va pas du tout. Je veux bien que tu restes, mais pour quinze francs et tu feras la salle.

Moi, inconsciente, je me dresse sur mes ergots :

— Si ça va pas pour cent, ça va pas non plus pour quinze. C'était pas la peine que je traverse la mer pour jouer les entraîneuses. Pour faire le tapin, j'avais qu'à traverser la place Blanche, chez moi, à Paris !

Oh ! la la ! L'autre, ça lui plaisait pas du tout.

— De quoi ! Pour qui te prends-tu ? Jamais on ne m'a parlé sur ce ton ! Si t'es pas contente, t'as qu'à te tirer !

— Bien sûr que je vais me tirer, mais pas avant que vous ne m'ayez payé mon billet de retour !

J'ai cru que le mec allait me faire une attaque d'apoplexie :

— T'auras rien du tout ou, si tu insistes, t'auras une bonne leçon.

Je me suis vue alors entourée de gens qui avaient des gueules à faire peur, malgré leur drôle de sourire. J'ai senti la trouille me nouer la gorge et je me suis dit qu'il fallait baisser d'un ton et vite. J'ai bafouillé des excuses, que j'avais pas l'habitude, qu'il fallait pas m'en vouloir et que, bien sûr, j'acceptais sa proposition. Le patron, calmé, a fait signe à ses anges gardiens de s'écarter et je me suis esquivée dans la salle. Je n'y suis pas restée longtemps. Juste le temps de trouver une porte de sortie pour me retrouver dans la rue, sans même avoir pris ma valise. J'ai couru à perdre haleine pour qu'on ne me rattrape pas, mais, apparemment, personne n'avait remarqué ma disparition. Ignorant où j'étais et ne connaissant pas Tunis, j'ai fini par aborder un passant pour lui demander où se trouvait le commissariat le plus proche. Je m'y suis précipitée pour leur raconter ma mésaventure et leur demander de me conduire au consulat. Mais à cette heure de la soirée, le consulat était fermé. Ne sachant où aller et, en plus, n'ayant pas un sou, les flics, gentiment, m'ont gardée pour la nuit. Au moins là, je ne risquais rien.

Le lendemain, ils m'ont conduite au consulat où j'ai raconté à nouveau mon histoire. Ils n'ont pas eu l'air trop étonnés. Je ne devais pas être la première à m'être fait pigeonner. Ils m'ont fait rapatrier. Oh, avec simplement un billet pour l'entrepont. La mer était déchaînée et le vieux rafiot, qui craquait de partout, a mis trois jours pour atteindre Marseille. J'étais malade comme une bête avec, en plus ou plutôt en moins, rien dans le ventre. Si les Arabes n'avaient pas eu la bonté de me donner de leurs galettes, je serais morte de faim ou du mal de mer.

Arrivée à Marseille, je me suis débrouillée, je ne sais plus comment, pour faire téléphoner à ma mère qu'elle m'envoie de quoi prendre le train. Mais quand je suis arrivée à Paris, je vous prie de croire que j'ai couru aussitôt au Batifol et que j'ai fait une sacrée réclame aux gens de Tunis. Après ça, il trouvait plus grand monde pour sa foutue boîte. Il y eut encore tout de même quelques rares candidates, mais au moins, celles-là savaient à quoi elles s'engageaient. Quant à moi, il ne fallait plus me parler de l'Afrique du Nord !

4

Vaille que vaille, de cachetons en combines et de chansonnettes en entrechats, les jours passaient avec leur lot de petites joies et de petites misères. J'allais sur mes vingt ans. Heureusement qu'à cet âge, on sait vivre au jour le jour, sans trop se soucier du lendemain et qu'en cas de coup dur, il y a toujours une copine pour vous remonter le moral. Mais nos vingt ans étaient bien notre seule richesse.

J'avais retrouvé avec ma mère des relations à peu près normales, mais on avait chacune nos problèmes. Elle avait sa vie, moi, j'avais voulu avoir la mienne, à moi de me débrouiller.

J'allais régulièrement à Saint-Martin-du-Tertre voir Rollin. A chaque visite, je revenais démoralisée. Les médecins ne pouvaient plus rien pour lui et le malheureux s'éteignait doucement.

Aussi, c'était le cœur pas très gai que j'errais sur les boulevards le soir du 14 juillet 1939. On dansait partout au son des accordéons. Chaque bistrot avait son orchestre et tout le boulevard était comme un fleuve de musique où valses, tangos, polkas et mazurkas se mêlaient. Lasse de me promener dans cette foule dont la gaieté me faisait mal, je me suis réfugiée là où je me sentais encore le mieux : à la terrasse du Batifol.

Assis à la table voisine, un flâneur regardait passer les filles avec l'attention du chasseur à l'affût. Je lui jetai un bref regard et, brusquement, mon cœur se mit à battre plus vite. Dans mon voisin de table, je venais de reconnaître mon jeune premier de Nice, celui dans les bras duquel j'avais chanté pour la première fois : le beau Fernand Sardou.

On est tombés dans les bras l'un de l'autre et on a aussitôt trinqué à nos retrouvailles. Jouant en tournée, Fernand était de passage à Paris et devait repartir le lendemain. Il m'a raconté sa vie. Il se débrouillait déjà pas trop mal dans le métier, en tout cas beaucoup mieux que moi. Je lui racontais la mienne, mes démêlés avec ma mère, mon accident. De ça, il était au courant, car ma chute avait fait du bruit dans le quartier. Pour tous, j'étais la petite miraculée de la rue de Miromesnil. Je lui racontai aussi la maladie de Rollin et le peu d'espoir qu'on avait de le voir guérir. Cela aussi, il le savait, car dans le milieu des artistes les nouvelles vont vite.

Maintenant que j'avais retrouvé quelqu'un à qui je pouvais me confier, je me sentais beaucoup mieux et les flonflons de l'orchestre ne me faisaient plus mal. Sans même savoir comment, je me suis retrouvée dans les bras de Fernand en train de danser. Pour la première fois de ma vie, je me sentais bien dans les bras d'un garçon. Après la griserie des valses, ce fut la tendresse des slows. Sans parler, joue contre joue, on se laissait bercer par la musique. Je crois bien que cette nuit-là, on a fait tous les bals du quartier, bavardant, riant ou restant silencieux, tout simplement heureux d'être ensemble. Quand le jour a commencé à se lever, il m'a raccompagnée jusque chez moi, faubourg Saint-Denis. Manifestement, on n'avait pas envie de se quitter. Alors on s'est remis à marcher, la main dans la main. On s'est retrouvés ainsi devant son hôtel, passage de l'Industrie et je suis restée avec lui.

Quelques heures plus tard, Fernand repartait avec sa tournée. On s'est dit au revoir en espérant que ce n'était pas un vain mot. J'affichais un brave petit sourire quand je l'ai vu s'éloigner en agitant la main. Pour me maintenir le moral dans les jours noirs, je gardais en moi, précieusement, le souvenir d'un homme qui avait su se montrer très doux, très tendre, presque timide. Étrange attitude pour un don Juan !

Fernand parti, je n'ai pas eu le temps de me morfondre.

J'avais signé un contrat pour aller à Vichy chanter à la Roseraie. Je préparai donc ma valise, la bouclant sans grande peine, ma garde-robe n'étant pas bien riche. Une copine m'avait même prêté une robe du soir pour faire bonne figure dans cet établissement, paraît-il, très chic.

Le 27 juillet, quelques jours avant mon départ, le téléphone sonne en pleine nuit. Au bout du fil, une voix m'apprend que Rollin vient de mourir. Effondrée, j'appelle mon seul copain qui avait le téléphone, le barbeau de Luna Park. Il a été formidable.

— On va aller le voir avec ma voiture, je passe te prendre.

Dans mon affolement, je me contente de passer un manteau sur ma chemise de nuit et nous voilà partis, mon copain et moi, pour Saint-Martin-du-Tertre. C'était la première fois que je voyais un mort. J'étais toute secouée. On l'a veillé quelque temps, puis il a fallu remplir les formalités administratives. Quand on m'a demandé ce que je comptais faire pour l'enterrement, j'ai compris qu'on me prenait pour l'épouse de Rollin. N'ayant pas la tête à rétablir la vérité, j'ai répondu que j'allais m'en occuper. On est rentrés dans la matinée à Paris et mon copain m'a déposée sur le trottoir devant chez moi, faubourg Saint-Denis. Je le remerciai de sa gentillesse et lui souhaitai de bonnes vacances, car il partait se mettre au vert, à la campagne.

Complètement abrutie de tristesse et de fatigue, je monte péniblement l'escalier de l'immeuble et, au moment où je m'apprête à mettre ma clé dans la serrure, la concierge se précipite sur moi et me crie de ne pas ouvrir. On avait posé des scellés sur la porte de l'appartement. Sans trop de ménagement, la concierge m'explique :

Ayant appris la mort de Rollin, son gendre, estimant que sa femme est la seule héritière, sans même se donner la peine de venir au sanatorium, s'est dépêché, dès l'aube, de faire poser les scellés. J'étais expulsée de l'appartement avec seulement sur le dos une chemise de nuit et un manteau. Je suis redescendue comme une somnambule et suis allée m'asseoir sur un banc, devant le restaurant Louis XIV. Ce banc, je le reverrai toujours. Il a été mon refuge pendant trois jours et trois nuits.

Mes copains, ma mère, tout le monde était parti de

Paris. Même Charlot avait disparu. J'avais beau errer comme une âme en peine dans le quartier, en serrant bien mon manteau sur ma chemise, je ne rencontrais personne de connaissance capable de me dépanner. Quand je n'en pouvais plus de marcher, je revenais m'allonger sur mon banc, essayant de dormir pour oublier la faim qui me tenaillait. Encore heureux que ce fût l'été et que les nuits soient douces !

Au bout de trois jours, Charlot est enfin revenu et ce fut la fin de mon cauchemar. Il m'a aussitôt donné trois cent cinquante francs pour aller m'acheter, à la Toile d'Avion, une robe, une chemise et une culotte. Il fallait aussi régler l'enterrement de Rollin. Je n'étais ni sa femme, ni sa fille et, après le coup des scellés, j'aurais pu me montrer ingrate. Mais je tenais à ce que cet homme, qui m'avait pour ainsi dire adoptée, ne soit pas jeté dans une fosse commune. Je savais être la seule à pouvoir l'empêcher. Pour cela, il fallait trouver mille francs. Charlot les a trouvés et me les a donnés, en disant simplement :

— Tu me rembourseras quand tu pourras.

Quand tout fut enfin réglé, je n'eus que le temps de sauter dans mon train pour Vichy.

La Roseraie était en effet un endroit somptueux, fréquenté par des émirs richissimes et des notables pas fauchés non plus, vu les bijoux et visons que leurs femmes portaient. L'orchestre qui devait m'accompagner n'était rien moins que celui du Hot Club de France, avec Django Reinhardt comme guitariste.

Et moi, me voilà jetée au milieu de tout ce beau monde, avec mes malheureuses petites chansons. J'attaque *la Révolte des joujoux.* Au bout d'un couplet, impossible d'aller plus loin. Après toutes les émotions de ces derniers jours et devant cette salle et ces musiciens, le trac me noue la gorge et j'éclate en sanglots. Je m'enfuis en coulisses où le patron me rattrape et m'empoigne brutalement le bras.

— Espèce de connasse ! Qu'est-ce qui m'a envoyé une gonzesse comme toi ? En plus ton répertoire, j'en ai rien à foutre ! Tu vas me chanter autre chose et vite !

— Mais monsieur, je ne sais rien d'autre.

— Rien d'autre ! C'est le bouquet ! Tu n'as plus qu'à foutre le camp et ne compte pas sur moi pour payer le voyage !

Lui qui devant ses clients était la distinction même ! Je n'en revenais pas. J'essayai de l'attendrir en lui racontant mes malheurs. Rien à faire, il avait un cœur de pierre, si encore il en avait un. Mais nos éclats de voix n'avaient pas échappé à un client dans la salle, un monsieur déjà âgé et tiré à quatre épingles. A cette époque, beaucoup de tauliers venaient faire une cure à Vichy. Pas des petits maquereaux, non, des grands patrons de bordels et ce monsieur en était un. Il me fit appeler à sa table avec le patron.

— Venez ici, mademoiselle. (Sa voix était d'une extrême douceur.) Qu'est-ce que vous chantez ?

— Des conneries, croit bon de glisser le patron. *La Révolte des joujoux*, vous vous rendez compte ?

— Mais j'aime beaucoup ça ! fait le vieux monsieur. Cela me plaît beaucoup, insiste-t-il en regardant fixement le patron. Elle va chanter, n'est-ce pas ?

Le patron, tout hargneux qu'il était, s'est subitement aplati comme une limande. J'ai regagné ma place au milieu de l'orchestre et chanté de tout mon cœur pour remercier mon admirateur imprévu. J'étais engagée pour quatre-vingts francs par jour. C'était déjà pas mal pour une débutante, mais, tous les soirs, le vieux taulier m'appelait après mon tour de chant et me donnait cent francs, sans jamais rien me demander en retour, même pas un merci. Tous les soirs, pendant les quinze jours de mon contrat, il m'a appelée et glissé un billet dans la main en me disant :

— C'est très bien ce que vous chantez, mademoiselle, merci.

Pourtant les musiciens du Hot Club ne m'aidaient guère. Ils rigolaient en me voyant et s'amusaient à jouer un ton trop haut. J'ai appris plus tard que mon bienfaiteur était le patron d'un des plus grands établissement clos de Paris. Il faisait tapiner je ne sais combien de bonnes femmes, devait en dérouiller une de temps en temps, mais il avait été ému par cette pauvre fille qui venait de perdre son « ami » et qu'on voulait foutre à la porte parce qu'elle chantait *la Révolte des joujoux*. C'est ça les jules !

Un soir, une nouvelle chanteuse arrive de Genève.

— Là-bas, me dit-elle, j'ai vu une troupe de Marseillais très marrants, surtout un qui s'appelle Fernand Sardou ! Il est beau...

Mon cœur fait un raté. Fernand à Genève ! Aussitôt, je la harcelle de questions. La fille comprend tout de suite la raison de ma curiosité et y répond très gentiment. Oui, Fernand est bien à Genève. Il joue dans une opérette qui va sûrement tenir l'affiche plusieurs semaines. Oui, Genève est une ville très sympathique, avec plein de cabarets. Je n'aurai aucun mal à trouver un engagement. Rien ne m'obligeait à rentrer à Paris. Vichy était quasiment sur la route de Genève. Grâce à la générosité de mon bienfaiteur, j'avais un peu d'argent en réserve. Il n'y avait plus à hésiter : mon contrat terminé, je pris le train pour Genève.

A peine arrivée, je commence par aller frapper à la porte des cabarets pour trouver du travail. Tous fermés pour cause de vacances ! Ça commençait bien. Je me mets en quête d'une chambre d'hôtel. Pas une de libre à cause d'un festival de gymnastique. Trente-deux mille athlètes venaient de débarquer dans la ville. Je n'avais plus qu'une ressource : aller voir Fernand en espérant qu'il ne s'était pas déjà envolé. Je cours au théâtre où se donne l'opérette. Ouf, l'affiche est toujours là, avec son nom dessus. Je fais demander M. Sardou au portier qui me dit qu'il est dans sa loge. Je m'y rends le cœur battant et hésite un moment avant de frapper à la porte. Dame ! Et s'il n'était pas seul ! Parce que Fernand en tournée, il vivait rarement en solitaire. Mais je n'avais pas fait tout ce trajet pour rester plantée comme une gourde devant la porte d'une loge. Je respire un bon coup, je frappe et j'entends sa voix qui me dit d'entrer. Il était seul, se préparant pour le spectacle. Il m'a d'abord regardée, sans rien dire, avec des yeux ronds, se demandant s'il rêvait ou non et puis il m'a prise par les épaules et m'a donné deux baisers sur les joues, très tendres et, une fois de plus, presque timides.

— Jackie ! Mais qu'est-ce que tu fais ici, à Genève ? Quelle surprise !

Moi, ses baisers m'avaient laissée sur ma faim. Ou je l'intimidais vraiment beaucoup, ou notre nuit du 14 juillet n'avait guère laissé de traces. Il voulut savoir les raisons de ma présence. Ne voulant pas avoir l'air idiote je m'inventai sur-le-champ un contrat pour un cabaret et précisai qu'il venait de foirer, ayant trouvé ledit cabaret fermé pour cause de vacances. Il a compati. Mais quand je lui ai ensuite expliqué que je n'avais pas trouvé de chambre pour me loger, il a aussitôt réagi :

— Ah, ça c'est pas grave. Je vais régler ton problème tout de suite. Tiens, voilà la clé de ma chambre. Tu peux t'y installer, moi, je ne m'en sers pas... je loge en ville chez une copine.

J'ai réussi à rester de marbre et lui, brusquement, a eu comme un remords :

— Alors, t'es pas jalouse ?

C'était presque un reproche. Crânement, j'ai fait front :

— Mais non, je ne suis pas jalouse. J'ai aucun droit de l'être. Je ne représente rien pour toi, n'est-ce pas ?

Là, il m'a à nouveau regardée avec des yeux ronds. D'habitude, ses copines étaient du genre à lui faire des scènes épouvantables. Mon calme le déroutait complètement. Alors, comme un enfant gâté qui boude, il m'a lancé :

— Alors tu ne m'aimes pas ?

J'ai encore eu le courage de répondre :

— Ben non, tu vois, il faut croire que non.

Mais c'était franchement de l'héroïsme. Il était temps de mettre fin à l'entrevue. J'ai pris sa clé et suis allée pleurer sur son lit, dans sa chambre d'hôtel.

Fernand ne m'a pas abandonnée pour autant. J'ai même eu l'impression qu'il avait des remords. Remarquez, on s'imagine vite cela quand on est amoureuse ! N'empêche qu'il s'est montré aux petits soins pour moi, m'invitant à déjeuner et à dîner, essayant de me faire engager dans la troupe, mais la vedette s'y est farouchement opposée. J'ai fini par trouver un contrat comme speakerine pour présenter Charles Trenet qui devait venir chanter.

Fin août, la troupe avait terminé ses représentations et s'en allait ailleurs. Je revois encore Fernand sur la place des autocars, à l'instant de me quitter. Il m'avait glissé cent francs dans la main. C'était très chic de sa part, car il n'était pas très riche, mais un peu plus que moi quand même. On se regardait sans rien dire, car on ne savait pas quand on allait se revoir. Autour de nous, tout le monde parlait de la guerre. Il est monté le dernier dans l'autocar, juste quand il démarrait, et je suis restée toute seule à Genève.

Les bruits de guerre devenant de plus en plus inquiétants, Charles Trenet a annulé son gala et naturellement, moi, on ne m'a pas payée. Malgré l'argent de Fernand, je n'avais pas les moyens de rentrer à Paris. Heureusement, les gens revenant de vacances, les cabarets ont commencé à rouvrir. J'ai trouvé un engagement pour huit jours, le temps de gagner mon billet de chemin de fer. Quand je suis arrivée à Paris, la guerre venait d'être déclarée.

Naturellement, du jour au lendemain, tous les cabarets ont fermé. Plus de boulot pour les artistes. Comme on n'avait pas l'intention de se laisser mourir de faim, on s'est trouvé, ma copine et moi, un engagement pas banal pour des danseuses. C'était la guerre ? Alors, à la guerre comme à la guerre !

Un gars qui nous avait à la bonne travaillait en usine. Alors un jour, histoire de le décourager, on lui fait miroiter l'impossible :

— Puisque tu nous as à la bonne, si tu veux qu'on soit très gentilles, ma copine et moi, t'as qu'à nous faire engager dans ton usine !

Il se pique au jeu et, quelques jours plus tard, nous voilà convoquées à Gennevilliers, dans une usine qui travaillait pour la Défense passive. On subit un véritable interrogatoire sur nos antécédents et notre profession. Moi, j'annonce danseuse, de nationalité française. Mais une copine que nous avions amenée avec nous — tant qu'à faire, autant être plusieurs à profiter d'une aubaine — déclare, cette gourde, qu'elle est née en Allemagne. Haut-le-cœur du questionneur :

— Comment, vous êtes allemande et vous voulez travailler pour la Défense passive !

— Mais non, je ne suis pas allemande. Je suis française. Mes parents étaient des gens du cirque et je suis née en Allemagne pendant une tournée.

Le bonhomme a dû se dire qu'avec de telles artistes, on allait pouvoir rigoler et tout le monde a été engagé. L'usine fabriquait des dirigeables. Vous savez, ces grosses saucisses en toile qu'on faisait flotter en l'air pour se protéger des avions. Dans une salle immense, quatre cents bonnes femmes collaient des bouts de tissu à d'autres bouts de tissu. On était payées trente francs par jour pour badigeonner de colle, avec d'énormes pinceaux, ces bouts de tissu. Tous les hommes valides étant mobilisés, il n'y avait au milieu de ces quatre cents femmes que quatre pauvres vieux qui sucraient les fraises. Ah, ils n'étaient pas malheureux, les lascars. De vrais sultans au milieu de leur harem ! Je dis bien des sultans, pas des eunuques. Quand je pense que notre milieu d'artistes passe pour dévergondé ! Enfin, c'était la guerre. Passons.

Le travail dans cette usine était des plus malsains avec cette odeur de colle qu'on respirait à longueur de journée. Comme contre-poison, on devait boire du lait sans arrêt. C'était horrible. L'attaque allemande, en mai 1940, a mis fin à ma carrière d'ouvrière. Le contremaître nous a annoncé que l'usine se repliait à Roanne et que le personnel devait s'y rendre par ses propres moyens. Ce qui, dans la pagaille de l'exode, voulait dire à pied. Moi, j'aime bien marcher, mais pas au point de me taper Paris-Roanne dans mes chaussures. Ils sont partis sans moi.

Affolée, ma mère voulait fuir à Figeac, parce que la sienne y était née. Pourtant, elle n'y avait jamais mis les pieds. Qu'est-ce qu'on aurait été faire dans un endroit où on ne connaissait personne ? A cette époque, ma mère travaillait comme barmaid chez la Mère Louise. Pour nous dépanner, elle nous a donné les clés d'un appartement qu'elle n'habitait pas, mais qui était bourré de provisions. De quoi tenir un siège ! Et, en mangeant des nouilles, car on ne voulait tout de même pas lui manger son foie gras, on a attendu l'arrivée des Allemands.

Un matin, je vais rue Lepic chercher du pain. La boulangère était une copine et me fournissait mes baguettes sans me demander mes tickets de rationnement. Dans sa boutique, j'entends les braves ménagères se confier les dernières nouvelles :

— Les Allemands sont pas loin. Ils vont entrer dans Paris. C'est terrible, il paraît qu'ils vont violer les femmes !

D'accord, elles pouvaient avoir la trouille, les bonnes dames, mais pour se faire violer en ce temps-là, à Montmartre, c'était pas très difficile. Il n'y avait pas besoin des Allemands pour ça.

Je sors de la boutique et les voilà qui arrivent ! Les yeux écarquillés, je regarde l'armée allemande défiler boulevard de Clichy. Les premiers à pied, d'autres à cheval et encore d'autres à pied. Ça n'arrêtait pas. Plus moyen de traverser pour rentrer chez moi. J'ai dû marcher jusqu'à la place Clichy pour trouver une espèce de colosse qui réglait la circulation, arrêtant de son bâton l'avance des troupes victorieuses pour laisser passer les piétons parisiens. Il y avait des bonnes femmes qui, intoxiquées par la propagande du genre « La route du fer est coupée » ou « L'Allemagne meurt de faim », s'approchaient de ces gaillards bâtis en hercule pour leur demander s'ils avaient faim. Il suffisait d'un coup d'œil pour voir qu'ils avaient l'air de manquer de rien. C'est pas croyable les conneries qu'on peut faire entrer dans la tête des gens !

Les Allemands, j'allais avoir l'occasion de les connaître d'un peu plus près. Quelques semaines plus tard, la vie reprenant lentement, les cabarets et les spectacles rouvrirent leurs portes. Un jour, je remontais les Champs-Élysées, après avoir rencontré un directeur qui me proposait une place de speakerine au Tyrol, pour annoncer le spectacle. Tout à coup, j'entends derrière moi quelqu'un qui m'appelle :

— Mademoiselle, mademoiselle...

D'un coup d'œil par-dessus l'épaule, je vois que le monsieur est un Allemand. Poursuivant mon chemin, je fais celle qui n'a rien entendu. L'autre continue de me suivre tout en marmonnant et, au moment où j'allais descendre dans le métro, il m'empoigne le bras et commence à me secouer sans douceur.

Moi, le prestige de l'uniforme ne m'a jamais impressionnée, surtout quand il est vert. J'ai horreur du vert ! Je gueule donc pour manifester ma nette réprobation. Attroupement immédiat et arrivée des flics. Ne comprenant rien au jargon de mon agresseur, ils me demandent une explication. Je leur dis que ce monsieur m'a suivie sur les Champs-Élysées, pour m'empoigner au moment où je descendais dans le métro et comme, par gestes, je lui demandais s'il n'était pas fou, il m'avait surtout paru fou d'une colère inexplicable. Très embêtés, les flics.

— Écoutez, mademoiselle, on a des ordres. Toute personne qui cause un problème avec l'occupant doit être emmenée au poste de police. Suivez-nous sans rien dire et s'il ne nous suit pas, au premier coin de rue, on vous laisse filer.

Et les flics m'embarquent. Mais, malgré leur beau salut au fritz pour lui faire comprendre qu'ils prenaient l'affaire en main et qu'il pouvait partir tranquille, ce grand escogriffe nous emboîte le pas et ne nous lâche pas d'une semelle jusqu'au commissariat de Saint-Philippe-du-Roule. Il y entre avec nous et réussit à faire comprendre qu'il veut porter plainte. On lui trouve un interprète qui s'installe devant une machine à écrire pour prendre sa déposition. Il en a tapé deux pleines pages. J'étais sidérée, mais je n'ai pas tardé à apprendre ce dont on m'accusait. J'avais collé une très vilaine maladie à ce grand frisé.

— Comment ça, une très vilaine maladie! Il fallait m'entendre gueuler. Où et quand, je la lui aurais collée, cette maladie? On n'a tout de même pas fait ça dans la rue.

Un flic m'a mise au parfum. Quand un Allemand attrapait une vilaine maladie avec une dame, il devait, sous peine de sanction, dénoncer la personne qui l'avait contaminé. Comme ce n'était pas toujours évident, le contaminé dénonçait la première venue. C'était bien ma chance! Mais après la déposition du mec, plus question de me relâcher. Je devais obligatoirement passer à la visite médicale. Un panier à salade m'a emmenée à l'infirmerie pénitentiaire de la Cité où on m'a fait une prise de sang. Comme on était vendredi soir, le laboratoire n'allait donner le résultat que le lundi matin. Me voilà donc coincée à la Cité, avec toutes les putes du quartier, sans un sou, sans pouvoir prévenir ma mère. Impossible de me laver, car pour avoir un bout de savon, il fallait le payer aux bonnes sœurs qui n'en faisaient pas cadeau. Entrées cent cinq, on est sorties à trois : deux pas malades et une vierge. (La vierge, c'était pas moi!)

Le lundi matin, au vu de mon examen négatif, on m'a annoncé que j'étais libre. Mais, moi, je ne voulais pas sortir sans avoir un papier. Le médecin m'affirmait qu'il n'en délivrait jamais.

— Alors, lui dis-je, le cirque peut recommencer. N'importe quel frisé peut m'accuser demain de lui avoir collé la vérole et je reviens vous voir. Pas question, je veux une attestation.

Le médecin a rigolé, pris une feuille blanche avec en-tête de la Préfecture et écrit dessus : « Mademoiselle Jacqueline Labbé, saine et relaxée. » Je l'ai soigneusement pliée en quatre et mise dans ma poche, en me jurant de l'avoir toujours sur moi, tant qu'il y aurait des fritz sur les trottoirs de Paris.

A quelque temps de là, je réussis à me faire engager dans la troupe des Folies-Bergère qui devait partir en tournée. Tout ça, grâce à une copine qui y était déjà et m'avait prévenue qu'on cherchait quelqu'un pour remplacer une danseuse malade. Je m'étais aussitôt présentée. Le directeur avait d'abord hurlé que j'étais trop petite, mais voyant que je dansais quand même pas mal, il s'était décidé à m'engager. En me collant entre les deux danseuses les moins grandes et en m'affublant d'un chapeau plus haut que les autres, il sauvait l'harmonie de sa troupe.

La tournée fut mouvementée. Au Havre, les Anglais nous ont bombardés. Le lendemain du spectacle, tout autour du Rex, où on avait joué, ce n'était plus que ruines. Seul le Rex était debout.

A Rouen, aussi bombardé, on s'est toutes retrouvées au poste pour la même mésaventure qu'à Paris. Notre directeur nous avait interdit de parler aux Allemands. On se tenait à carreau, formant un bloc inabordable, ne nous séparant jamais et prenant tous nos repas ensemble dans le même bistrot. Ça n'a pas loupé. Ces messieurs n'ont pas dû apprécier que les filles des Folies-Bergère soient inaccessibles. Un beau jour, le théâtre s'est retrouvé cerné par les cars de police et tout le monde embarqué pour la visite médicale. L'une d'entre nous avait, soi-disant, contaminé un pur Aryen. Naturellement, j'avais aussitôt sorti mon certificat de bonne santé, mais j'avais beau l'agiter sous le nez des flics, ils n'en avaient rien à faire. A la visite, comme tout le monde. Une chance, elle a prouvé que personne n'était malade !

L'hiver venant, ça n'avait plus rien de drôle de danser sur des scènes gelées et de dormir dans des hôtels pas chauffés. Les bas résille et les collants n'existant pas, on se passait sur le corps une sorte de blanc d'Espagne. Après le spectacle, il fallait l'enlever avec de l'eau glacée. Comme ça partait mal, on frottait comme des perdues et on se collait des crevasses et des engelures. C'était affreux ! J'en ai eu marre de tout ce tintouin et je suis rentrée à Paris, bien décidée à y faire mon trou et à en bouger le moins possible.

5

Il ne faut jurer de rien.

A peine revenue à Paris, je repartais avec les tournées Laurent dans un spectacle qui avait la particularité de montrer un numéro de coureurs cyclistes sur home-trainer. Certains des coureurs engagés étaient des célébrités comme Lapébie ou Speicher. Moi, dans ce spectacle, j'étais la bonne à tout faire. Je jouais des sketches, je chantais, j'apprenais les autres rôles pour jouer les doublures, le cas échéant, et je m'occupais des costumes : une vraie femme-orchestre !

On arrive à Montdidier pour les fêtes de fin d'année. La veille du réveillon, on découvre un mot curieusement rédigé, placardé au tableau de service : « Les dames sont invitées par la Kommandantur à réveillonner à l'hôtel Terminus. Les hommes sont exclus et pour cause... »

Moi, toujours avec ma gueule d'empeigne, je déclare qu'après une telle invitation, si on ne comprend pas ce que cette exclusion des hommes veut dire, c'est qu'on est des demeurées. Mes copines m'accusent de voir le mal partout. Après la représentation, un Allemand se pointe dans les coulisses annonçant que les voitures attendent ces demoiselles. Toutes ces gourdes se précipitent. Moi, je ne bouge pas. L'ennui, c'est qu'étant dans tous les numéros du spectacle, je ne pouvais pas passer inaperçue et l'Allemand m'a tout de suite repérée comme une danseuse de la troupe.

— Vous venir aussi, ordonne-t-il.

— Non, moi, pas venir, que je réplique dans son jargon.

— Pourquoi, vous, pas venir ?

Fallait vite trouver une raison. Je commence à dire, lentement, pour me donner le temps de la réflexion :

— Eh ben voilà... vous avez écrit : « Les hommes sont exclus et pour cause... » Alors moi, je peux pas parce que... parce que je suis mariée.

— Ah oui, vous mariée ! Et avec qui vous mariée ?

A ce moment passe au bout du couloir un des cyclistes du spectacle et je dis, en le montrant du doigt et en criant bien fort pour qu'il m'entende :

— Je suis mariée avec lui.

Heureusement, mon cycliste pige tout de suite, confirme immédiatement et sans donner au fritz le temps de trop réfléchir, me prend par le bras et, très tendrement, me dit :

— Viens, ma chérie, on va dîner.

Devant une telle assurance, le fritz nous a laissés partir, bras dessus, bras dessous. On est allés dîner avec ses copains et ensuite on s'est tous réunis dans une chambre de l'hôtel, avec quelques bouteilles de champagne, pour essayer de fêter un peu la nouvelle année. On a bu jusqu'à ce que les filles reviennent. Elles étaient toutes en larmes. Il s'était passé exactement ce que j'avais prévu. Celles qui n'avaient pas voulu céder aux exigences de ces messieurs se sont retrouvées enfermées dans les locaux de la Kommandantur. Elles n'ont été libérées que très tard, sauf une : une petite juive qu'on n'a jamais revue.

Comme, pendant ce réveillon plutôt sinistre, on était quatorze dans la carrée à attendre ces pauvres filles qui s'étaient fait piéger, ce n'est pas cette nuit-là que s'est consommée mon union express avec mon faux mari. Ça s'est fait plus tard. Comme on se plaisait bien, notre liaison a duré assez longtemps, au moins trois ans. On ne vivait pas ensemble, car il était marié. On se voyait seulement de temps en temps. Mais de savoir que j'avais un ami sur qui je pouvais compter, m'a beaucoup aidée moralement à tenir le coup dans ces années qui n'allaient pas se révéler tellement faciles. Et Fernand ? me direz-vous. Aucunes nouvelles pendant ce temps ; que faisait-il, il m'avait sûrement depuis longtemps oubliée.

Avec mon nouveau béguin, j'ai découvert la vie des coureurs cyclistes. Comme j'aime toujours faire très bien les choses, me voilà devenue une fanatique de la petite Reine, m'intéressant à son entraînement, suivant ses courses, hantant les vélodromes. Il fallait me voir gueuler au bord de la piste. Mon soutien ne lui a d'ailleurs pas été inutile, car il a gagné pas mal de courses à ce moment-là. Mais qu'est-ce que ça bouffe, un coureur cycliste ! Deux poulets entiers, une montagne de purée, du fromage et deux gâteaux de riz comme petit déjeuner avant de se lancer dans une course de cinq cents kilomètres. Au retour, il était affamé.

Ce coureur, qui eut son heure de gloire, mais dont, par discrétion, je tairai le nom, sortira de ma vie de curieuse façon, mais n'anticipons pas.

Revenue à Paris, je trouvai un engagement au palais Berlitz et, bientôt, le hasard allait me remettre sur les routes de France. Le patron du Berlitz m'avait demandé d'apprendre en allemand *le Temps des cerises.* Moi, pour pouvoir chanter, je l'aurais aussi bien appris en chinois. Me voilà donc sur la scène de Berlitz, débitant mes couplets avec l'accent que je pouvais, au milieu de cinq ou six pétasses les seins à l'air. Le parterre était vert de fritz et la salle pleine d'une fumée à couper au couteau. Dès les premiers soirs, je me suis dit que *le Temps des cerises* n'allait pas durer longtemps. Je n'avais aucune envie de périr asphyxiée et je sentais que mon allergie au vert allait très vite devenir plus forte que mon désir de chanter.

Un soir, une interprète était venue dans ma loge pour m'avertir qu'un monsieur désirait me parler. Rendue plus que méfiante après mes deux mésaventures, j'avais envoyé poliment l'interprète aux pelotes. Mais, le lendemain soir, elle revenait frapper à la porte de ma loge :

— C'est juste pour vous offrir un verre !

— Non, mademoiselle ! Moi, on ne m'offre rien. Pour ça, il y a les entraîneuses et il n'en manque pas dans la salle.

Rien à faire pour la convaincre. Après chaque spectacle, j'avais droit à sa visite. Un soir, elle me baratine tellement qu'elle me fait rater mon dernier métro. Me voilà bloquée par l'heure du couvre-feu ! Folle de rage, je reviens au palais Berlitz, obligée d'y passer la nuit. Devant l'entrée du palais, sur le trottoir, un géant de près de deux mètres fait les cent pas. Dès qu'il m'aperçoit, il se dirige vers moi et se présente très correctement : Monsieur Van... je ne sais plus quoi. Il précise aussitôt qu'il n'est pas allemand, mais hollandais, responsable de tous les ouvriers hollandais travaillant en France et s'excuse de son insistance à vouloir me rencontrer. C'était lui qui envoyait, tous les soirs dans ma loge, l'interprète en éclaireur. Naturellement, il me renouvelle son offre de boire un verre avec lui et son assistant. Comme j'étais bloquée par le couvre-feu, je n'avais plus qu'à accepter, en me disant que ça allait être dur de faire durer un verre jusqu'à 5 heures du matin. C'est pourtant ce qui s'est passé. Lui, bien sûr, en a bu plusieurs. Moi, sur mes gardes, pas plus de deux ou trois. Jusqu'au lever du couvre-feu, à 5 heures du matin, il m'a tenu le crachoir. Il me parlait de ses problèmes de main-d'œuvre, de ses difficultés à assurer une vie convenable aux travailleurs hollandais en France. Moi, je n'écoutais que d'une oreille, ne quittant pas des yeux la pendule. Ce fut une des nuits les plus longues de ma vie.

A 5 heures du matin, mon Hollandais, décidément très bien élevé, me propose de me raccompagner à mon métro. Je refuse poliment, mais plutôt sèchement. Le soir même, je trouve dans ma loge une boîte de chocolats et un superbe bouquet de fleurs. Le présent, accompagné d'aucune demande, se renouvelle tous les soirs pour la plus grande joie des filles à qui je distribue fleurs et chocolats. Mais, un beau jour, excédée de cette insistance, j'ordonne à la livreuse de tout renvoyer à l'expéditeur. Mon admirateur, qui devait finalement être un grand timide, a alors trouvé le courage de venir lui-même dans ma loge pour me faire une proposition tout à fait inattendue : monter des spectacles itinérants à travers la France pour distraire les ouvriers hollandais. Il payait tout : artistes, logement, nourriture et déplacement.

Cela me paraissait une bonne combine. J'ai organisé ainsi deux tournées, avec des grandes attractions de music-hall : des acrobates, des raconteurs d'histoires, des chanteurs. Moi-même, je jouais dans un sketch et présentais le programme. Mais certains artistes que j'avais engagés se sont conduits comme des sagouins, piquant des bouteilles de vin, détournant la nourriture pour la revendre au marché noir et exigeant des cachets énormes que moi, comme une gourde de vingt-deux ans, je leur payais. Après, il me restait presque rien pour moi. Ces deux tournées terminées, j'ai eu la trouille. Je me suis dit :

— Ma fille, ça va te jouer un sale tour. Les gens vont dire que tu montes des spectacles pour les Allemands, arrête.

Ça avait beau être des Hollandais, les esprits mal tournés n'allaient pas s'arrêter à une telle différence. Il y en avait pourtant une. Bien plus tard, j'ai appris que mon Hollandais avait été arrêté par les Allemands pour avoir caché des juifs. Mais, à cette époque, je trouvais que le risque était trop grand et j'ai renoncé à ma courte carrière d'organisatrice de spectacles.

Revenue à Paris, je décidai, cette fois, de tenter ma chance dans les cabarets. Depuis ma mésaventure de Vichy, j'avais étoffé mon répertoire de chansons. Le temps de *la Révolte des joujoux* était révolu. Un cabaret commençait à faire beaucoup parler de lui, le Libertys, place Blanche. Son directeur-animateur allait bientôt en faire l'endroit le plus recherché de Montmartre. Il s'appelait Gaston Baheux, dit Tonton, ne s'intéressait guère aux dames, mais accueillait la clientèle avec tellement de gentillesse et de drôlerie que chacun se sentait tout de suite chez soi chez Tonton.

Un matin donc, je me présente au Libertys. Généreusement, Tonton accepte de me donner ma chance.

— Vous passerez à la fin du spectacle, me lance-t-il d'un ton désinvolte.

L'ennui, c'est que ce soir-là, tous les artistes qui passent avant moi chantent les chansons que j'avais soigneusement répétées. Affolée, je cours prévenir Tonton qui me dit que cela n'a aucune importance. Il s'en foutait. Tonton avait cette étrange particularité, pour un directeur de cabaret, de ne jamais écouter les artistes qui se produisaient chez lui. Je chante donc, la mort dans l'âme, mes chansons. Dans la salle, un monsieur m'a écoutée avec beaucoup d'attention. C'était le directeur du restaurant de la Mère Louise qui venait d'ouvrir le cabaret Le Megève, place Pigalle. Mes chansons lui ont plu et il m'a aussitôt engagée. Tonton m'a laissée partir sans même s'en apercevoir. Trois jours plus tard, il vient, en collègue et voisin, dîner au Megève et là, comme il n'était pas chez lui, il m'a écoutée et applaudie.

— Dites donc, ce n'est pas mal du tout ce que vous faites, me lance-t-il. Vous devriez venir chez moi.

Comme il ne comprenait pas pourquoi je riais, je lui ai expliqué :

— Je ne veux pas vous faire de peine, mais chez vous, j'y chantais il y a trois jours.

— Ah bon, fait-il, même pas étonné. J'ai rien entendu. Bien sûr vous revenez demain.

Voilà comment je suis retournée au Libertys et, cette fois, j'allais y rester près de dix-sept ans.

Mon grand succès était *En revenant de la revue*. Pendant que je chantais les couplets, tous les artistes défilaient derrière moi en tambourinant sur des casseroles. Cela mettait tout de suite une ambiance du tonnerre. Je passais toujours au Megève et trouvai bientôt d'autres engagements dans différents cabarets. Dans l'un, je chantais des chansons de Piaf, dans l'autre *Ma femme est morte* ou *les Moines de Saint-Bernardin*. A la Cabane cubaine, chez les Noirs, c'étaient des slows. Je commençais à travailler à 8 h 30 du soir et terminais à l'aube. Comme, à cette époque, on subissait le couvre-feu à partir de 11 heures, je me laissais enfermer dans le Melodys, au coin de la rue Fromentin et de la rue Fontaine et je n'en ressortais qu'au petit matin, après le lever du couvre-feu.

Ce n'était pas toujours drôle, la vie de noctambule. Quand, à 4 heures du matin, parce qu'il y avait encore quatre clients complètement abrutis, la patronne me disait : « Jackie, tu nous chantes quelque chose », il fallait bien y aller. La demande de la patronne, c'était pas une prière, c'était un ordre. L'école du cabaret est dure, mais on y apprend son métier. De chanter ainsi dans n'importe quelles conditions a complètement modifié ma voix. Quand j'ai chanté pour la première fois avec Sardou, j'avais une voix fluette de petite fille qui ne portait pas loin. Après des années de cabaret, elle est devenue plus grave et, croyez-moi, même encore maintenant, elle porte.

Pour me perfectionner dans le métier, j'avais même décidé de prendre des cours de comédie, après avoir lu une annonce dans un journal. Une dame, nommée Tonia Navarre, qui était soi-disant du Français, donnait des cours pour douze cents francs par mois. Je décidai d'économiser cette somme à tout prix. J'y arrive en ne mangeant qu'une tranche de jambon par jour et en partageant ma chambre d'hôtel avec trois copines. On était serrées dans le lit, fallait voir ! On aurait dit quatre cuillers dans un écrin. Quand l'une voulait changer de côté, il fallait que tout le monde se retourne.

Une fois mes douze cents francs économisés, je me rends chez cette dame Tonia Navarre. Je m'étais faite toute propre et habillée le mieux possible, avec un petit manteau bleu marine. On me fait entrer dans une sorte de salon tout tendu de velours rouge, avec des canapés vieil or. Très impressionnée, je me fais encore plus petite que je ne suis, en m'asseyant dans un coin et je vois aller et venir et sortir des filles superbes, toutes en manteaux de fourrure. Après m'avoir laissée attendre une bonne demi-heure, je vois une porte s'ouvrir et paraître une grande perche, revêtue d'une longue tunique, comme une tragédienne antique. C'était Mme Tonia Navarre. Elle prend une pose dramatique, comme si elle allait jouer Phèdre, et me détaillant des pieds à la tête, avec dans les yeux un mépris épouvantable, elle laisse tomber :

— Vous désirez, mademoiselle ?

Je lui explique qu'ayant lu son annonce, je viens pour des cours de comédie. Elle a eu comme un haut-le-corps.

— Je crois que vous vous êtes trompée d'adresse.

J'ai reçu ça comme une claque et mon sang n'a fait qu'un tour.

— En effet, madame, lui ai-je lancé. Vu le décor et l'allure de vos clientes, c'est plutôt des cours spéciaux qu'on doit donner ici. Vous m'excuserez, mais ce genre, je fréquente pas. Salut, madame !

Et là-dessus, je suis sortie le plus dignement possible. J'étais horriblement mortifiée et déçue. Rouge de honte et de rage, je pleurais presque. M'être privée comme je l'avais fait pendant des semaines pour recevoir ce camouflet, c'était pas possible ! Mais j'ai eu ma revanche, quelques années plus tard. Cette dame Navarre est venue un soir au Libertys, pas pour moi, bien sûr, mais pour écouter Marguerite Moreno qui passait dans notre spectacle. A cette époque, j'exécutais avec les artistes du Libertys une parodie très drôle d'Edith Piaf et des Compagnons de la Chanson, écrite par mon mari. Après mon numéro, Tonia Navarre, ne se souvenant naturellement plus de moi, est venue me féliciter :

— C'est très bien ce que vous faites et vous avez une voix intéressante.

— C'est pas de votre faute ! ai-je répliqué aussi sec. Des salopes comme vous, j'en ai rarement vu !

Quand j'en ai gros sur le cœur, je ne sais pas mâcher mes mots. Ça part direct sans que je prenne le temps de les choisir. Naturellement, Mme Navarre m'a regardée complètement ahurie. Alors, je lui ai rafraîchi la mémoire et pour conclure, avant de lui tourner le dos, lui ai lancé :

— C'est criminel, madame, de faire cela à des mômes !

Mais, tout mômes que nous étions, on arrivait à se débrouiller parce que, justement, on se serrait les coudes dans les coups durs. On se partageait une chambre d'hôtel, on se cotisait pour acheter un paquet de nouilles et surtout on se refilait les tuyaux pour dégotter un engagement dans un cabaret ou une revue. Grâce à la confrérie des copines, on arrivait à mener une vie pas trop triste avec même, parfois, de belles pintes de rigolade.

Plus de quarante ans après, on continue à se voir avec le même plaisir, comme Choupette, par exemple, cette amie de ma mère, qui n'a que dix ans de plus que moi. Nous rions encore quand nous évoquons nos souvenirs de ce temps-là. Avoir bouffé ensemble de la vache enragée, ça crée des amitiés solides !

A cette époque du début de la guerre, j'ai partagé un moment l'appartement d'une camarade de Batifol. Elle avait quinze ans de plus que moi et habitait rue des Rigolles. On ne pouvait imaginer mieux, car c'était une sacrée marrante. J'avais essayé de la faire engager aux Folies-Bergère, mais elle aimait trop rigoler pour danser sérieusement ; on n'avait pas voulu d'elle. Vivant ensemble, on partageait tous les frais et on avait réuni nos économies pour s'offrir une cuisinière électrique. Comme on n'avait pas le téléphone, outil très utile pour une artiste, on avait trouvé le moyen de remédier à ce grave handicap.

En face, de l'autre côté de la rue, il y avait une bougnate, la mère Raffi. On lui avait offert un sifflet et quand quelqu'un nous demandait chez elle au téléphone, elle sortait sur le pas de sa porte et sifflait pour nous prévenir. Un coup pour ma copine, deux coups pour moi. On dégringolait aussitôt, encore en peignoir à 9 heures du matin, et, bien souvent, on était encore dans son bistrot à 2 heures de l'après-midi, à boire du café et manger des croissants que nous offraient les clients, qui nous aimaient bien parce qu'on était des rigolotes. On faisait ainsi la recette de la patronne qui, en remerciement, nous prêtait son téléphone et tout le monde était content.

Un jour qu'on était là à faire marrer tout le monde en racontant nos histoires de mômes, je vois entrer dans notre immeuble le contrôleur de l'EDF chargé de relever les compteurs. J'en avertis ma copine qui, brusquement, change de couleur. Elle devient toute rouge, puis toute pâle, se rue dehors et remonte dare-dare à l'appartement. Je la suis, me demandant quelle mouche l'a piquée. En entrant sur ses talons, je la vois attraper une chaise et se mettre à défoncer le compteur. Avant que j'aie pu lui demander une explication, le contrôleur frappait à la porte. Me faisant signe de ne rien dire, ma pote est allée lui ouvrir et, prenant une mine effondrée, elle lui raconte, avec des sanglots dans la voix, que son petit ami lui a fait une scène et que, de fureur, il a envoyé la chaise sur le compteur. Le contrôleur, un jeune pas mal du tout, fait semblant de compatir et accepte sans se faire prier le verre de l'amitié qu'on lui propose pour s'excuser de ce dérangement. Il boit un coup, puis deux et commence à bavarder, avec plein de paroles de consolation pour remonter le moral de ma copine, qui jouait à merveille les éplorées. Sur ce, la mère Raffi envoie deux coups de sifflet. Je descends répondre au téléphone et quand je remonte, au bout d'un bon moment, je trouve la copine avec le contrôleur qui avait manifestement trouvé mieux que des paroles pour la consoler. Je me suis discrètement éclipsée, mais une fois le fonctionnaire au grand cœur parti poursuivre sa tournée, j'ai demandé des explications. Pour faire des économies d'électricité, ma copine avait tout bonnement détraqué le compteur depuis des mois. Alors vous pensez, quelle trouille elle avait... si le gars s'en était aperçu.

Chez la mère Raffi, on s'était fait des relations très intéressantes en ces temps de pénurie. Nous étions devenus copains avec un gars qui travaillait aux abattoirs de Vaugirard. La viande était à cette époque une denrée quasiment introuvable. Alors, pour nous faire plaisir, il en planquait d'énormes morceaux dans sa ceinture et nous en faisait cadeau. Mais pour les faire cuire, il fallait les découper et ce copain m'a appris la technique. Maintenant, j'en connais un bout sur la viande. On ne peut plus me rouler et me faire prendre un morceau de hampe pour du filet. J'en sais assez pour être bouchère.

Approvisionnées en viande, on l'était moins bien en légumes jusqu'au jour où on a fait la connaissance d'un maraîcher, client de la mère Raffi. Comme on avait trop de viande, on la revendait et avec l'argent on lui achetait des légumes au prix de gros, ou même on troquait tout simplement un steak contre des patates.

On peut pas dire qu'on se soit livrées au marché noir. Non, comme beaucoup de Français, on se débrouillait et le système D fonctionnait pas trop mal. On trafiquait comme on pouvait pour se faire quatre sous. Un jour, j'ai même vendu des chaussettes, vingt-sept douzaines de paires de chaussettes sans même les avoir jamais vues. Une copine m'avait demandé si je ne connaissais pas quelqu'un intéressé par un stock de chaussettes. J'en ai parlé à un autre copain au Libertys qui justement avait un ami dans la bonneterie. J'ai mis le bonnetier en rapport avec ma copine et touché ma commission. J'ai récidivé avec des imperméables. J'ai même fait du porte-à-porte pour vendre des piles qu'il suffisait, disais-je, de tremper dans l'eau pour les recharger. J'étais très convaincante car, gourde comme j'étais, je croyais que c'était vrai.

Pour en revenir à notre boucher, il a fini par se mettre en ménage avec ma copine. Elle ne m'a pas jetée à la porte pour autant, mais dormant dans un coin sur un canapé, je me sentais un peu de trop. En plus ces deux-là avaient la manie de faire boire les autres pour rigoler. Un jour, j'avais le cafard parce que je pensais à Fernand. Il m'avait écrit du Maroc et me demandait de venir chanter si je pouvais. J'aurais bien aimé, mais comment aller au Maroc quand on n'a pas un sou ! Me voyant toute morose, on décide de me rendre le sourire à coups de petits verres de fine. J'étais trop démoralisée pour refuser de me prêter à ce jeu. De petit verre en petit verre, j'ai dû vider la moitié d'une bouteille de cognac et, quand j'ai voulu me lever, je me suis écroulée par terre, ivre morte. Cet imbécile de boucher, tout fier de son exploit, me ramasse et d'un coup de rein me jette sur son épaule comme un quartier de bœuf, mais en même temps, me cogne la tronche sur le montant de la porte. Le lendemain, quand je me suis réveillée, j'avais, en plus d'une gueule de bois carabinée, un superbe œil au beurre noir. L'ennui, c'est que je jouais le soir dans une opérette *Mon curé dans le Midi* le rôle de la bonne. En me voyant, les spectateurs ont dû croire que le curé m'avait dérouillée.

Une fois dégrisée, j'ai préféré laisser ma copine en tête à tête avec son boucher et je suis allée habiter quelque temps chez une autre copine, Ketty, devenue après Mme Normand et dont le mari allait, plus tard, me donner mes premiers rôles au cinéma. Mais commençant à gagner très correctement ma vie, en chantant régulièrement au Libertys et dans d'autres cabarets, je décidai de me louer un pied-à-terre pour moi toute seule. Ah, mon premier appartement ! Il était rue Fontaine, au premier étage sur cour. J'aurais préféré sur rue car j'aime bien regarder passer les gens et depuis mon saut périlleux, les cours, ça ne m'attire pas tellement. Mais c'était un très beau trois-pièces. Enfin, à l'époque, il me paraissait très beau ! C'était la première fois que j'avais ma cuisine et ma salle de bains. Pour avoir un vrai salon, j'avais installé ma salle à manger dans l'entrée et je l'avais meublée d'un ensemble acajou et bois de rose payé, je m'en souviens, dix mille francs, une bouchée de pain pour l'époque. J'avais condamné une porte pour pouvoir installer dans un coin un très joli buffet d'angle. Ma chambre, elle, était en érable blanc, ce qui avait fait dire à ma mère que cela devait être très salissant. En fait un meuble clair l'est bien moins qu'un meuble sombre. J'avais donc réussi à me faire un chez-moi très mignon. Ce qui était aussi très agréable, c'était que mon amie Choupette habitait à l'étage au-dessus et une autre copine, Jacinthe, était installée, grâce à nous, au troisième. Car, très gentilles entre nous, dès qu'il y avait une combine de quoi que ce soit, on se le disait et c'était ainsi qu'on se retrouvait à trois dans le même immeuble. On pouvait ainsi se rendre de menus services, de manière du reste parfois cocasse.

Jacinthe avait, à cette époque, un petit ami voyageur de commerce. Il était absent du lundi au vendredi. Il était très gentil, mais Jacinthe n'en était pas follement amoureuse. Elle n'arrêtait d'ailleurs pas de lui dire :

— Fous le camp, tu m'emmerdes !

Mais lui, nullement démoralisé par ce peu de tendresse, s'incrustait. Il s'est d'ailleurs si bien incrusté qu'il a fini par l'épouser, mais bien plus tard. Au début, donc, Jacinthe ne se sentait nullement liée à son voyageur de commerce et comme elle ne le voyait pas de la semaine, elle entendait bien, sans être pour autant une « marquise de la motte en feu », profiter à l'occasion de sa liberté. Or, un jeudi, justement le jour où Jacinthe avait jeté son dévolu sur un brave gars, un coup de sifflet retentit dans la cour. C'était la manière qu'avait notre voyageur d'annoncer son retour. Comme il rapportait toujours plein de choses dans sa voiture, il sifflait pour qu'on vienne l'aider à les remonter. Cette fois, coup de malchance, il rentrait un jour plus tôt. Jacinthe fait aussitôt sortir du lit son amant d'un jour, lui jette ses affaires sur les bras et, lui laissant juste le temps d'enfiler un caleçon, le pousse hors de chez elle, en lui disant d'aller vite se réfugier chez moi. Comme la clé était toujours sur ma porte, je vois donc entrer un inconnu en caleçon. Ayant entendu le coup de sifflet, je comprends aussitôt la situation et un énorme fou rire me prend. Non pas parce que ce brave garçon se tenait tout penaud en caleçon dans l'entrée, mais parce que mon ami à moi, le coureur cycliste, venait de déposer son vélo dans la cour et n'allait pas tarder à faire irruption. Rien qu'à l'idée de devoir lui expliquer que je ne connaissais pas ce monsieur en caleçon dans mon entrée, je m'étouffais de rire. Et c'est en hoquetant que j'ai déclaré à mon cycliste :

— Je ne peux pas te présenter monsieur. C'est la première fois que je le vois, je ne le connais pas et je ne sais pas d'où il vient.

Mon bonhomme n'a pas apprécié du tout. Il a vraiment cru, à cause de mon fou rire, que je me foutais de lui. Il a claqué la porte et il est parti. Il est revenu, bien sûr, quelques jours plus tard et j'ai pu lui expliquer ce qui s'était passé en gardant, cette fois, mon sérieux. Mais le plus étonnant de cette histoire, c'est que Jacinthe, devenue veuve de son voyageur de commerce, a retrouvé par hasard, quarante ans plus tard, son galant d'un jour. Ils continuent de se voir. Ils s'offrent un dîner de temps en temps ou vont ensemble au cinéma.

Comme vous le voyez, la vie n'était pas si triste que ça rue Fontaine. J'allais cependant bientôt la quitter pour me lancer dans une nouvelle aventure : devenir patronne de bistrot.

Un soir, au Libertys, une copine — une de plus — me présente son nouveau béguin : un homme charmant, apparemment pas fauché du tout et même châtelain. On bavarde autour d'une bouteille et, à la fermeture, comme je le trouve vraiment très sympa, je lui propose de venir boire un verre chez moi, rue Fontaine, avec la copine bien entendu. Le châtelain s'extasie sur mon trois-pièces-cuisine et me déclare qu'il cherche un pied-à-terre parisien et que celui-là lui conviendrait parfaitement. Me séparer de mon appartement ! Pas question. Et puis où irais-je ? A cette époque, c'était la pleine crise du logement. Il fallait payer de coquettes reprises pour obtenir un appartement en location et c'était un miracle si j'avais pu avoir le mien.

Mais, quelque temps plus tard, en passant rue Germain-Pilon, je tombe sur un petit bougnat avec un écriteau accroché dans la vitrine poussiéreuse : « A vendre. » L'aspect n'en était vraiment pas engageant, avec des trous de rat plein le plafond et des traces de charbon dans tous les coins. Mais, à deux cent quatre-vingt mille francs, il n'était pas cher et la pièce en arrière-boutique, plutôt sombre avec une porte-fenêtre donnant sur une cour étroite, pouvait me servir de logement. Aussitôt, ça s'est mis à gamberger dans ma petite tête :

— T'es bien con, je me disais. Pourquoi tu ne céderais pas ton appartement, moyennant une bonne reprise, au châtelain qui en meurt d'envie et avec l'argent tu te paies ce bougnat ?

J'en parle à ma copine, qui en parle à son châtelain, lequel me donne aussitôt son accord. Me voilà propriétaire du bougnat. J'arrive à nettoyer et à rendre habitable l'arrière-boutique, mais pour remettre le reste en état, c'était une autre paire de manches. Tout était à refaire et je n'avais plus un sou pour payer les travaux. Mon ami Jean m'a alors avancé l'argent nécessaire. Il était plombier et avait épousé Jeannette, une amie de ma mère et de Choupette. Elles s'étaient connues en dansant ensemble au Bal du Moulin-Rouge. On les voyait souvent, car on allait, ma mère et moi, quand j'étais petite, déjeuner toutes les semaines chez Jeannette. J'appelais même son mari « Papa ». N'ayant pas de père, j'avais d'ailleurs l'habitude d'appeler ainsi tous les bonshommes que je côtoyais. « Papa Jean » m'a donc avancé l'argent pour remettre à neuf mon bougnat. Mais, une fois la plomberie restaurée et les murs repeints, il fallait encore investir pour acheter la marchandise. Et pendant l'Occupation, ce n'était pas une mince affaire, même avec une patente de commerçant, de se fournir en alcools. On ne pouvait pas s'acheter dix bouteilles de Pernod, vingt bouteilles de Cognac ou trente de Marie-Brizard. On prenait ce qu'il y avait sur le marché. Si c'était un lot de cinq cents Dubonnet, il fallait se le taper, quitte à l'échanger ensuite contre autre chose. Pour jongler ainsi avec la marchandise, il fallait de l'argent frais. J'ai donc demandé une rallonge, la dernière, à mon ami Jean. Là, il a fait la sourde oreille. Mon plombier était désolé, mais il n'avait plus un sou. Moi, je savais qu'il ne manquait de rien et j'ai trouvé cela très louche. Je l'ai bientôt soupçonné de vouloir me piéger. Il devait s'imaginer que n'ayant pas d'argent pour ouvrir mon bougnat, j'allais être obligée de le revendre. En le rachetant à bas prix, il se remboursait et offrait le commerce à sa femme qui, à l'époque, travaillait comme barmaid dans un bistrot. Mais, moi, on ne m'a pas comme ça et j'étais bien décidée à trouver les derniers sous pour ouvrir mon bougnat.

J'étais en plein chantier, m'éreintant à faire disparaître la saleté laissée par les tas de charbon. Pour me laver je n'avais que deux seaux, un pour la tête, l'autre pour les pieds. Un jour, débarque chez moi la copine du châtelain, mais avec un autre monsieur qui, lui, cherchait du café. Étant bougnate, j'avais droit à un kilo de vrai café pour cinq d'ersatz. N'ayant pas encore de clients, je lui propose donc ce à quoi j'ai droit. Il se confond en remerciements et nous invite à dîner, ma copine, son châtelain qui venait d'arriver et moi. C'était un homme dans la cinquantaine, très distingué, genre P.-D.G. Au cours du dîner, je fais allusion à mes problèmes financiers, mais sans insister. Le lendemain, il vient prendre livraison du café que je m'étais procuré et m'offre, pour me remercier, une bouteille de fine. Moi, je trouvais qu'il aurait mieux fait d'acheter son café au marché noir : ça lui aurait coûté moins cher et il aurait été sans doute meilleur. Comme j'étais seule, il m'invite une nouvelle fois à dîner et ensuite me suit dans ma tournée des cabarets. Car j'avais beau être propriétaire de bougnat, il fallait bien que je gagne ma croûte en attendant de l'ouvrir et de faire des bénéfices. Et, entre deux chansons, j'ai raconté mes malheurs. Comment mon vicieux de plombier m'avait brutalement coupé le robinet du crédit et comment je me trouvais avec un bougnat qui devrait ouvrir dans trois jours avec ni tables, ni chaises, ni verres et pas une bouteille sur mes étagères. Mon distingué P.-D.G. avait l'air de compatir, mais comme il buvait pas mal, je pensais qu'il avait surtout le champagne triste. Ce soir-là, on s'est quittés bons amis, sur le seuil de mon bougnat.

Le surlendemain, on frappe à ma porte. J'ouvre et je vois deux gars qui viennent de garer une camionnette devant chez moi.

— C'est pour une livraison, disent-ils.

— Mais je n'ai rien commandé !

— Vous êtes bien mademoiselle Rollin ?

— Ben oui !

— Alors, ça, c'est pour vous.

Ça, c'étaient cinq superbes tables en marbre de bistrot.

Quelque temps après arrivent les chaises, puis des verres, des grands, des petits, des verres à champagne, à liqueur, à bière, à vins, et des bouteilles et des bouteilles. Ahurie, je regardais entrer tout ça sans oser comprendre. Une fois les livreurs partis, j'ai appelé ma copine qui a aussitôt confirmé mes suppositions : tout ça, c'était encore pour me remercier du kilo de café et le P.-D.G. ne s'en tenait pas là. Il avait invité plein d'amis pour faire l'ouverture. Estomaquée, j'en ai laissé tomber le téléphone. Et l'inauguration de « Chez Jackie » — c'était bien sûr le nom de mon bougnat — a été une joyeuse fête. On y a bu pour vingt-neuf mille francs et c'est encore mon mécène qui a tout payé. J'avais vraiment rencontré le Père Noël !

Il a continué ainsi pendant plusieurs soirs à venir sabler le champagne chez moi. Devant cette assiduité, je me disais : « Ma fille, il va falloir que tu passes un jour à la casserole ! » Eh bien, pas du tout ! Il ne m'a jamais rien demandé. Je crois d'ailleurs que finalement il préférait le champagne à la bagatelle. Mais grâce à lui, j'ai pu bientôt payer mes dettes au plombier qui a fait une drôle de gueule de voir le bougnat lui échapper. Mon Père Noël a continué quelque temps à venir vider une coupe sur mon comptoir, puis il a disparu. Je ne l'ai plus jamais revu. Il a dû aller jouer les bons samaritains avec une autre.

Voilà comment j'ai eu mon premier bistrot. Je l'ai gardé pendant deux ans, jusqu'à la fin de la guerre. Je n'y ai pas fait fortune, loin de là. Je ne voulais pas d'Allemands chez moi, ni de jules. Le seul moyen de n'attirer ni les uns ni les autres, c'était de ne pas avoir de filles. Mais sans filles, vous n'aviez personne. En fait, mes seules clientes étaient mes copines. Avec elles, aussi fauchées que moi, il était difficile de faire de gros bénéfices. Un beau jour, j'ai fait sérieusement mes comptes et j'ai découvert qu'il fallait mieux que je m'arrête. J'ai donc décidé de vendre. Choupette m'a trouvé la copine qui m'a racheté le bougnat. Une fois payé tout ce que je devais, il ne me resta plus que vingt et un mille balles.

Heureusement que j'avais le Libertys et les autres cabarets pour vivre. Vu que mon tiroir-caisse était souvent vide, j'allais chanter chez les autres pour le remplir. J'ai ainsi vécu cahin-caha jusqu'à la fin de la guerre, sans autre fait notoire dans ma petite vie d'artiste que deux mémorables soirées au Libertys.

La première allait me faire à nouveau passer une nuit au poste. C'était un soir de 1er janvier, lendemain de réveillon. J'avais commencé ma tournée, comme d'habitude vers 20 h 30, par le Libertys. Mon tour de chant fini, je m'apprêtais, mes partitions sous le bras, à aller dans les autres cabarets quand Tonton me demanda de repasser chez lui en fin de soirée :

— Reviens, si des fois il y a des clients qui réclament des chansons.

Et moi, consciencieuse, je reviens vers 10, 11 heures, ma tournée n'ayant pas traîné car, les lendemains de réveillon, les clients se font rares. Je pousse la porte du Libertys et je sens deux mains énormes qui m'attrapent par la poitrine — remarquez, il y a de quoi se cramponner — et qui, en me faisant mal à hurler et je vous prie de croire que j'ai hurlé, me soulèvent de terre, me plaquent dans un coin à côté du bar et se mettent à fouiller mon sac. Ahurie, je découvre tout le personnel aligné contre le mur, les mains en l'air, et Tonton, les menottes aux poignets en train de se faire assommer à coups de lampe-torche par un mec qui finit par l'embarquer. Le gars qui m'avait si délicatement empoignée gueule :

— Tout le monde au poste !

Et voilà que je retrouve les charmes du panier à salade et de l'interrogatoire au commissariat. Je donne aussitôt le téléphone de ma mère. Le flic appelle et lui annonce qu'on détient au commissariat du XVIIIe une demoiselle Labbé. Ah, la tête du flic en entendant les imprécations de ma mère !

— Non, mais ça va pas continuer tous les jours ! Hier, c'était moi, aujourd'hui c'est ma fille ! Si vous continuez vos conneries, j'appelle les flics !

— Mais madame, ici c'est la police !

Mais ma mère, furieuse, avait déjà raccroché. Il a fallu que j'explique au gardien qui regardait son téléphone comme si un crotale venait d'en sortir. La veille, on m'avait appelée pour me dire qu'une Mme Labbé était au poste et que je devais venir la chercher. Ma mère étant entrée chez moi juste à ce moment-là, j'avais répliqué au mauvais plaisant d'aller faire ses blagues ailleurs. Mise au courant, ma mère n'avait pas du tout apprécié la chose et, naturellement, le coup de téléphone de mon gardien tombait au plus mal. Du coup, on m'a gardée toute la nuit.

On n'a jamais très bien su ce qui avait déclenché l'arrestation de Tonton. Ce n'était pas la Milice, peut-être la Gestapo. Ils l'ont emmené chez lui, ont tout retourné dans son appartement et sont repartis, en le libérant, mais en embarquant la moitié de ses tableaux. Tonton était un grand collectionneur. Il n'arrêtait pas d'acheter et de vendre des toiles de jeunes peintres qui ne coûtaient rien à l'époque et qui, maintenant, valent une fortune. Il a ainsi acheté beaucoup de toiles de Bernard Buffet, peut-être pour cinquante balles. Si j'avais suivi ses conseils, j'aurais fait de belles affaires. Mais, nouille comme j'étais, il ne me venait même pas à l'idée de mettre mes sous dans un bout de toile. Encore fallait-il avoir les sous.

La seconde soirée mémorable fut, heureusement, beaucoup moins triste. Cette fois, c'était le soir du réveillon et il y avait une ambiance du tonnerre au Libertys. Ma chanson *En revenant de la revue* avait déchaîné l'enthousiasme de la salle. Tout le monde, artistes, serveurs, maîtres d'hôtel et clients, s'était mis à défiler derrière moi, en tambourinant sur tout ce qu'il avait pu trouver : casseroles, bouteilles, assiettes, plateaux, etc. Et moi, très fière, je menais la farandole entre les tables du cabaret, en battant la mesure avec ma canne de tambour-major à gros pommeau d'argent. Tonton avait tout de suite remarqué un trouble-fête dans la file qui serpentait dans son cabaret. Ce n'était pas la première fois qu'il venait et Tonton avait flairé le mauvais coucheur, cherchant des crosses à tout le monde dès qu'il avait bu trois verres. Ce soir, ayant éclusé encore plus pour fêter le réveillon, il cherchait manifestement la bagarre et Tonton ne supportait que l'on manque de tenue dans son établissement. Quand je suis passée à sa hauteur, m'époumonant du gosier et moulinant de la canne, Tonton m'a simplement dit :

— File-moi ta canne, je vais en avoir besoin.

A regret, je lui laissai mon bâton de commandement et

continuai ma ronde folle. Quand le mauvais coucheur, en train de malmener ses voisins, est arrivé à la portée de Tonton, celui-ci l'a sorti de la file d'une poigne énergique, l'a amené à l'écart malgré ses protestations et pour le faire taire, l'a tout simplement assommé d'un coup de ma canne. Quand Tonton a ouvert son portefeuille pour connaître l'adresse à donner au chauffeur de taxi qui allait le débarrasser de ce client encombrant, il a poussé un joli juron. Le mec qu'il venait de frapper était un commissaire de police. Heureusement que Tonton avait suffisamment de relations pour que ce malencontreux coup de canne ne provoque pas un méchant retour de manivelle.

C'était un sacré bonhomme, Tonton. Apparemment rien ne le destinait à cette carrière de directeur de cabaret. Il venait de Boulogne-sur-Mer et était d'une famille de onze enfants : des gens très simples, sans problèmes. Tonton devait être le canard boiteux de la couvée, avec ses mœurs particulières, son sens artistique remarquable, son amour de la peinture et du music-hall. Il avait commencé par une boîte à Montmartre, « La petite chaumière ». Tous les hommes étaient déguisés en femmes et son spectacle de travestis était d'une drôlerie folle, c'est le cas de le dire. Pourtant Tonton, lui, n'avait rien d'efféminé. Il était petit et rond. On aurait dit un négociant en vins. Dans le milieu noctambule de Paris, l'expression « Va te faire mettre chez Tonton » était devenue légendaire, pourtant les imbéciles qui venaient au Libertys dans l'espoir de rigoler sur le dos du patron en étaient pour leurs frais. Tonton ne supportait pas qu'on l'ennuie, et le mec qui dépassait les bornes était rapidement viré. Pas besoin de videur pour cela ! Tonton se chargeait lui-même de la besogne. Ce petit bonhomme était doué d'une force terrible. Mais ce genre d'incident arrivait rarement, car les habitués appréciaient beaucoup l'ambiance du Libertys et adoraient Tonton. Il était drôle, plein d'esprit et malin comme un singe, mais pas généreux du tout. Pour lui, un client c'était d'abord un micheton qui devait payer. Il avait raison : en affaires, si vous commencez à traiter vos clients en amis, vous n'allez pas loin. J'en ai fait l'expérience avec mon bougnat et plus tard avec mon cabaret !

Mon dernier souvenir de cette époque, c'est l'arrivée

des Américains dans Paris. Je me promenais place Blanche, pour pas changer car j'y passais ma vie, quand, d'un seul coup, toutes les cloches se sont mises à sonner pour fêter la Libération. Ça faisait un pétard à se boucher les oreilles. Tout le monde était dans la rue et les filles escaladaient les chars pour embrasser les Américains. Tout à coup, je me sens attrapée aux épaules, retournée comme une crêpe et un mec me file un patin, mais alors quelque chose de gratiné. Or, dans la vie, s'il y a quelque chose que je ne supporte pas, c'est qu'on m'embrasse sans me prévenir. Les baisers gloutons sur la bouche, ça me répugne ! Attention, pas avec la personne que j'aime, bien sûr. Mais si je devais choisir entre me faire violer par un sadique ou simplement me laisser embrasser, eh bien, je crois que je choisirais la première solution. Alors là, mon réflexe a été brutal. J'ai balancé une tarte dans la gueule du gars avec une violence incroyable. J'étais folle furieuse. Mais ma colère est tombée d'un seul coup quand j'ai vu avec quelle tristesse le jeune soldat américain que je venais de gifler me regardait. Il a dû croire que je regrettais les Allemands ! Le pauvre, si vous saviez, je le regrette encore.

Quelques semaines après la libération de Paris, j'allais connaître la joie de retrouver l'homme de ma vie et celui-là, je vous prie de croire que j'allais l'accueillir un peu mieux que ce malheureux soldat américain.

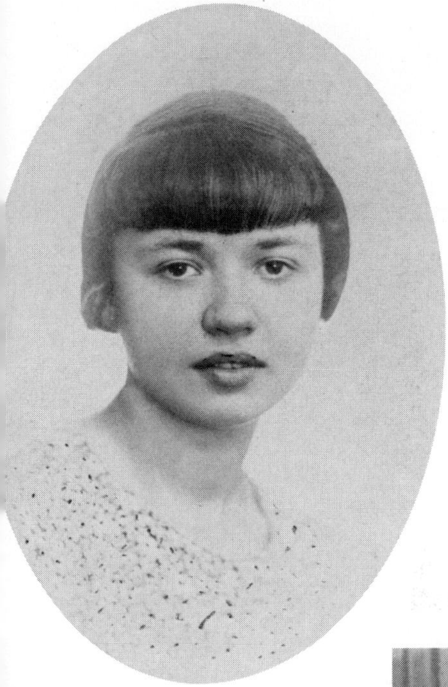

Là j'ai quatorze ans,
on dirait que je sors du bagne.

Là, je n'ai plus quatorze ans
(j'en ai dix-sept).
On dirait que je fais de la « pub »
pour une maison de rendez-vous.

ès de nombreuses péripéties (de part et d'autre),
and et moi, nous marions
mairie du XVIIIe arrondissement, le 7 juillet 1945. *(Photo Erpé)*

Après mûre réflexion, vingt-quatre ans après, mariage à l'église de Cabriès, (Bouches-du-Rhône), le 7 juillet 1969.
On est croyant ou on ne l'est pas.

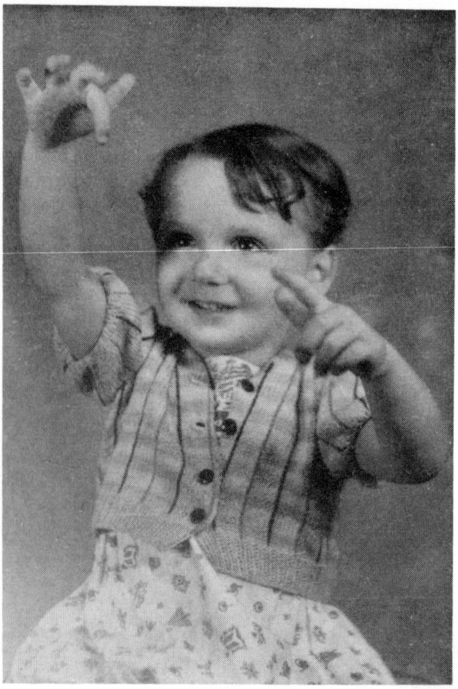

Michel à trois ans,
déjà heureux devant les photographes.

Résultat des deux mariages,
un petit garçon, Michel,
dans les bras de sa grand-mère,
Andrée, dite « Bagatelle »
sur les planches où elle
aussi a fait carrière.

Dans *Impasse de la Fidélité* au théâtre des Ambassadeurs,
j'interprétais le rôle d'une voyante.
Je n'avais pas prévu que j'écrirais un jour *Eh ! la p'tite grosse. (Ph. Bernand)*

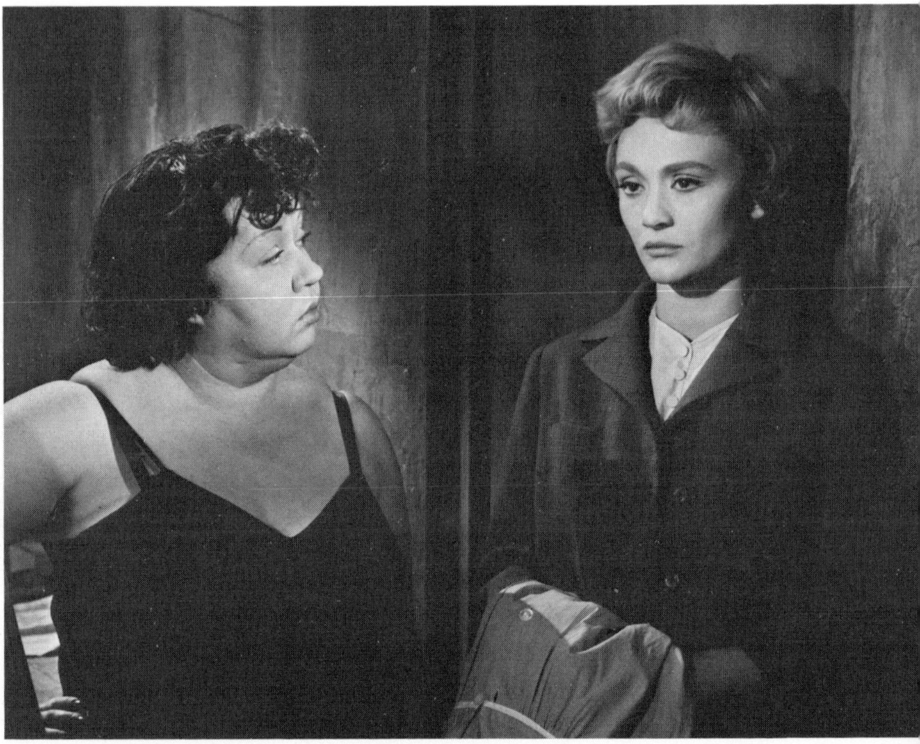

Je n'étais qu'une débutante et pourtant me voilà en prison
et en chemise (est-ce un présage ?)
dans *Prisons de femmes* avec Danièle Delorme.

Un très grand souvenir avec Bourvil, dans *le Mur de l'Atlantique,*
son dernier film, mis en scène par Marcel Camus.

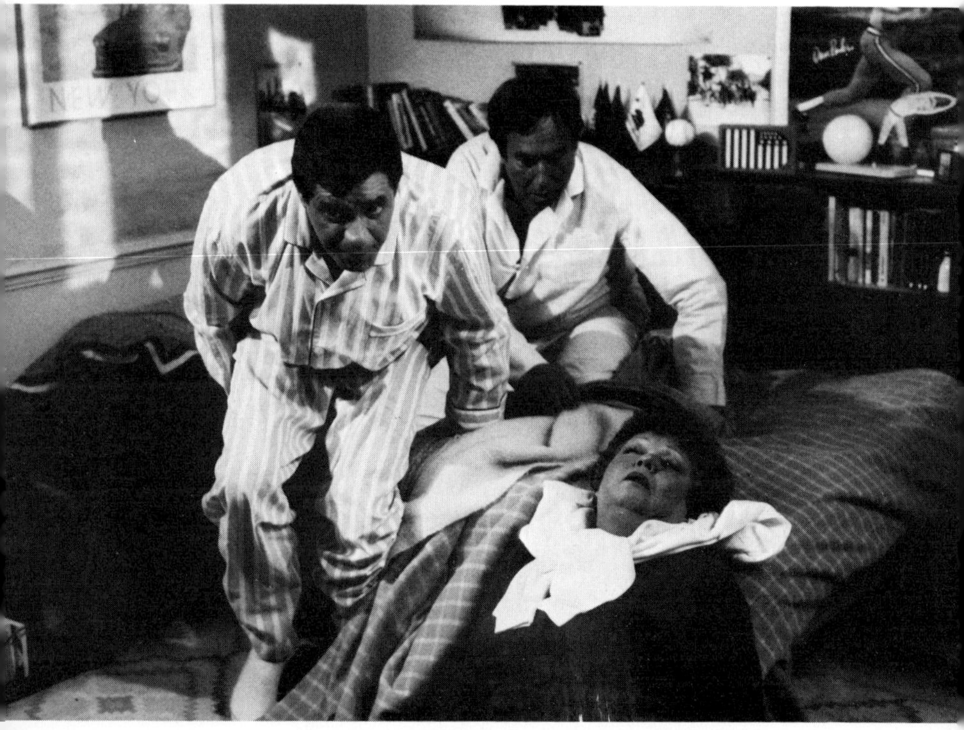

Je ne me croyais pas capable de tourner en anglais
et pourtant me voici la mère de Jerry Lewis
dans *Par où t'es rentrée, on t'a pas vue sortir ?*

Je me croyais imbattable sur la balance et pourtant… jugez-en.

Visite princière au théâtre des Variétés où je jouais *Féfée de Broa*
Leurs Altesses, Grace et Rainier de Monaco, passées de la salle dans les couli
« On a des relations ou on n'en a pas. » *(Ph. Giovanni Cor*

Me voilà chez Molière — qui l'eût cru ? — grâce à Jean Meyer
je joue Bélise dans *les Femmes savantes*... avec une trouille...
(Ph. Serge Mouraret, Sud-Est reportage)

revoilà dans une histoire marseillaise : *Vincent et Margot*
ierrette Bruno, avec Paul Préboist.

ne autre sorte de trouille, la reprise du tour de chant au cabaret « la Belle Epoque ».
Comme par hasard, la chanson s'intitule *la Gravosse. (Ph. Bernand)*

Un des plus grands moments de ma carrière : *N'écoutez pas, mesdames !* de Sacha
Mon rôle : Julie Bille-en-Bois, un personnage
inspiré de Toulouse-Lautrec qui me poursuit encore.
De g. à dr., assises : Micheline Boudet, moi, Micheline Dax.

)ebout : Pierre Mondy (metteur en scène), Pierre Liotté, Jacques François, Pierre Dux, Dominique Tiremont, Jean Parédès, Jacques Jouhannot, Annie Dion et Philippe Brisard. *(Ph. Bernand)*

« Bravo, maman », ces deux mots prononcés par mon fils sont la plus belle récompense de ma carrière.
(Ph. Francis Latreille et Serge Lansac/France-Soir)

6

Un soir d'octobre 1944, je me trouvais au Libertys avec Choupette. Le spectacle était terminé et il n'y avait presque plus de clients dans la salle. Tout d'un coup, je sursautai comme si la foudre tombait à mes pieds. Fernand Sardou venait d'entrer au Libertys, accompagné de Raymond Vincy, l'homme qui allait écrire les plus belles opérettes de Luis Mariano. Mais horreur ! il passa à côté de moi, sans même me regarder.

— Eh ben ! Ça alors ! que je bégaie, stupéfaite.

Cette fois, c'était le ciel qui s'écroulait sur ma tête. Dans ma stupeur, j'oubliais tout simplement que je n'étais plus du tout la même. Vous vous souvenez sans doute qu'après mon vol plané du haut du sixième étage, rue de Miromesnil, je m'étais mise subitement à prendre du poids, que mon médecin m'avait conseillé de suivre un régime si je ne voulais pas dépasser rapidement les cent kilos et qu'affolée, sous la férule redoutable de Mme Alibert, j'avais tenté en vain de maigrir en ne me nourrissant que de biscottes. On aurait pu croire que les rigueurs de la vie de bohème, ajoutées à celles de l'Occupation, m'avaient aidée à garder la ligne. Pas du tout ! C'est peut-être triste à dire, mais les artistes de cabaret n'ont jamais été aussi bien nourris que pendant la guerre.

Dans la faune des noctambules, il y avait naturellement beaucoup de trafiquants du marché noir qui vous offraient tout ce que vous vouliez à un prix d'ami et vous invitaient souvent aux agapes qu'ils s'offraient dans les boîtes, après le spectacle, en attendant le lever du couvre-feu. Elles ne s'arrêtaient d'ailleurs pas si tôt et il m'est arrivé souvent, par exemple, de ne sortir du Melodys qu'à 11 heures du matin. Il aurait fallu un courage héroïque pour résister à de telles tentations.

Tant et si bien que loin de s'affiner, ma ligne s'était passablement arrondie et que, entre la petite danseuse que, quatre ans plus tôt, Sardou avait laissée sur la place des autocars de Genève et la demoiselle qu'il venait de croiser sans la reconnaître, il y avait vingt kilos de différence et pas dans le bon sens.

Mais cette consternante constatation m'a finalement rendu le moral. Décidée à en avoir le cœur net, je me suis levée et j'ai dit à Choupette :

— Viens, suis-moi !

Et on est allées s'asseoir à une table derrière celle de Fernand qui, sans même faire attention à nous, bavardait tranquillement avec Vincy. Choupette et moi, on a commencé à en faire autant, mais, moi, en haussant fortement le ton, beaucoup plus que nécessaire puisque la salle était pratiquement vide. Fernand s'est enfin retourné d'un seul bloc, ouvrant les yeux tout ronds :

— Jackie ? Quelle surprise !

Sardou m'avait enfin reconnue à ma jolie voix toujours de canard.

On s'est naturellement aussitôt tous retrouvés à la même table et on a trinqué à nos retrouvailles. Il me croyait mariée, moi je croyais qu'il l'était aussi. Ce n'étaient que des rumeurs comme ça qu'on avait entendues par des amis d'amis et j'ai ressenti un petit pincement de joie d'apprendre que c'était faux. Très vite, Vincy et Choupette se sont sentis de trop, nous laissant en tête à tête et rentrant chez eux chacun de leur côté.

Fernand me raconte alors ce qu'il a fait de ces quatre ans d'absence. Il a vraiment eu une drôle de guerre, courant d'un endroit à un autre. Mobilisé à Marseille, on l'expédie au Maroc, puis en Alsace, de là on le renvoie au Maroc où il est démobilisé à l'Armistice. Il était alors revenu à Marseille pour y vivre comme il pouvait, jouant par-ci, chantant par-là, comme au palais de Monaco pour un gala de bienfaisance de la Croix-Rouge. Il y avait très bien connu le prince Rainier, un fana de jazz et de batterie. Il avait même joué les pères adoptifs. Lors d'une de ses tournées, il avait connu une famille très bien dont la plus jeune fille venait d'être abandonnée par le monsieur qui l'avait rendue enceinte. Évidemment, cela faisait plutôt moche dans l'entourage. Je ne sais pas comment cela s'est goupillé, mais toujours est-il que Fernand, bonne âme, s'est retrouvé embrigadé par la famille pour jouer le papa à la naissance de l'enfant. Pour sauver les apparences, il a accepté de vivre avec la mère et de s'occuper du nouveau-né. Mais les parents se sont suicidés et leur fille, complètement perdue, claquait son héritage en faisant bêtises, bêtises et re-bêtises. Fernand en avait eu marre et, malgré l'enfant qu'il adorait, il avait tout plaqué et décidé de tenter sa chance en montant à Paris. Il venait d'arriver avec cinquante mille francs en poche.

Moi, je lui raconte ma vie d'artiste, mes cabarets et mon bougnat que j'étais sur le point de vendre. Aussitôt, il a envie de le voir. Je l'emmène, il regarde et hoche la tête, manifestement pas très enthousiaste devant ma chambre plutôt rudimentaire. Lui était descendu dans un hôtel, rue Rodier. Je connaissais l'endroit. On pouvait déguster dans la salle de restaurant tout ce qu'on voulait, aussi bien des langoustes que du caviar, mais à des prix astronomiques. Les artistes qui avaient les moyens le fréquentaient souvent. N'ayant brusquement aucune envie de me retrouver toute seule dans mon boui-boui, je propose à Fernand de le raccompagner. Et nous voilà repartis pour la rue Rodier. Arrivés à l'hôtel, Fernand décrète qu'il n'a pas envie d'aller se coucher et que c'est à lui de me raccompagner. Et nous voilà repartis dans l'autre sens. Même volte-face devant mon bougnat et retour à la case départ. Ce genre de va-et-vient est d'ailleurs une habitude des gens du Midi. On raccompagne une copine en lui racontant une histoire et comme elle est jamais finie, on repart dans l'autre sens. Je ne sais plus combien d'aller-retour on s'est ainsi offerts, jusqu'à ce que Fernand me propose d'entrer au bar de l'hôtel prendre un dernier verre. Mais, comme on avait encore plein de choses à se raconter, on en a bu deux, puis trois. Je nageais dans le bonheur et, cette fois, l'alcool n'y était pour rien. Finalement, je suis restée et je ne suis jamais repartie. Depuis ce jour-là, Fernand et moi, on ne s'est plus jamais quittés.

Ayant vendu mon bougnat, j'ai commencé à vivre avec Fernand à l'hôtel de la rue Rodier. Je l'avais aussitôt traîné chez Tonton pour lui faire passer une audition. Quand il a vu le genre très spécial de la boîte, il m'a traitée de folle de vouloir le faire engager là-dedans. Mais au bout d'une semaine, il était tellement ravi d'y être qu'il aurait payé pour y travailler. On arrivait à gagner notre vie, mais notre hôtel coûtait une fortune. J'enrageais quand il fallait payer la note, affirmant à Fernand, qui ne savait pas compter, qu'il valait mieux montrer son cul que son porte-monnaie, même si l'un n'empêche pas l'autre.

Il était impossible de vivre sur un tel pied. Je me suis donc mise à la recherche d'un appartement et je l'ai trouvé rue Cauchois. Il fallait verser cinq mille francs de reprise, mais le loyer était ridicule et le propriétaire acceptait que je paie la reprise en plusieurs fois. C'étaient deux petites pièces qui donnaient sur deux petites cours, enfin plutôt deux puits d'aération. Le locataire précédent y avait élevé cinquante-deux chats. Ça puait là-dedans, c'était incroyable ! Il fallait absolument faire venir le service de désinfection. Cela allait coûter de l'argent, mais on ne pouvait vraiment pas faire autrement. L'appartement une fois désinfecté et repeint par un copain, on y a apporté nos meubles. Oh, pas grand-chose ! Rien que l'essentiel : un lit et trois valises. C'était sommaire, mais là, au moins, on allait pouvoir faire des économies au lieu de dilapider nos maigres cachets dans des dépenses imbéciles. Très vite, je me suis rendu compte que pour gérer les finances, il ne fallait pas compter sur Fernand. Puisqu'il était du genre cigale, c'était à moi de jouer la fourmi et je m'y suis aussitôt employée au grand étonnement de mon bonhomme. Ça l'a tellement impressionné de me voir prendre si bien les choses en main qu'un jour il s'est lancé dans une déclaration qui m'a laissée complètemnt abasourdie.

— Puisque c'est comme ça, on va se marier.

Là, stupeur !

— Qu'est-ce que tu dis ?

— Oui, on va se marier.

Je l'ai regardé avec des yeux ronds. Fernand, le bourreau des cœurs, le bohème qui vivait au gré de sa fantaisie, son rasoir dans une poche et sa brosse à dents dans l'autre, voulait tout d'un coup se ranger et avec moi. Malgré la bouffée de bonheur qui éclatait en moi, je n'arrivais pas à y croire.

— Tu ne veux pas? a-t-il demandé, étonné par mon silence.

— Oh oui, oui, oui! ai-je crié en lui sautant au cou.

Et le 7 juillet 1945, un samedi parce que ce jour-là les mariages sont gratuits, à la mairie du XVIIIe arrondissement, je suis devenue Mme Fernand Sardou. Je n'en revenais pas. Le mariage, je n'y avais jamais pensé et encore moins avec Fernand! Mais quand je suis sortie de la mairie, j'étais une autre femme. J'étais transformée, transfigurée. Contrairement à ma pauvre mère, j'avais un nom, une place dans la société. Nous allions former une vraie famille.

J'aurais bien voulu me marier à l'église, mais, malgré toutes nos recherches, il a été impossible de retrouver l'acte de baptême de Fernand. On s'est donc contentés de la bénédiction du maire. Notre repas de noces a été des plus simples. Comme on n'avait pas de table, on a mis nos trois valises l'une sur l'autre et un drap de lit jeté dessus a servi de nappe. Les vingt et un mille francs qui me restaient de la vente de mon bougnat avaient payé les deux alliances et le repas. J'avais acheté ce dernier chez mon copain Charlot qui avait rajouté, en prime, des superbes langoustes. Il était bien sûr de la fête et j'ai d'ailleurs appris par la suite qu'il n'était pas pour rien dans mon mariage. Depuis des mois, il ne cessait de répéter à Fernand que j'étais la femme idéale et qu'il serait fou de ne pas m'épouser. La veille de notre mariage, Fernand, lui, était désespéré. Ses cinquante mille francs d'économies étaient épuisés et il n'avait pas un sou pour m'offrir un cadeau de noces. Alors, dans la nuit, il m'a écrit un très beau poème qu'il a lu à la fin du repas et dont les deux derniers vers étaient

Dors tranquille, maman. La paix soit dans ton âme.
J'ai retrouvé ton cœur dans celui de ma femme.

Cela fut mon plus beau cadeau. De voyage de noces, il n'en était bien sûr pas question et, le soir de notre mariage, on a fait, comme tous les soirs, notre tournée des cabarets, car on était trop pauvres pour se priver de nos cachets, même un soir de noces.

Notre concierge de la rue Cauchois aimait les artistes car elle avait été habilleuse au Moulin-Rouge. Dès notre arrivée, elle s'était proposée pour faire le ménage. Elle était très forte et s'appelait Marie. Moi, je l'avais baptisée « Marie-Jolie » et le surnom lui est resté. Elle avait pour Fernand une véritable dévotion, surtout depuis qu'une Altesse était un jour entrée dans sa loge. Ce devait être après la Libération. Un militaire avait frappé à sa porte pour lui demander si Fernand Sardou habitait bien là. Marie-Jolie lui répondit que oui mais que nous étions sortis. Le militaire lui laissa alors sa carte pour nous la remettre et s'en alla. Quand Marie-Jolie jeta un œil sur le bristol, elle crut tomber à la renverse. Le militaire n'était autre que le prince Rainier de Monaco qui, de passage à Paris, avait réussi à découvrir notre adresse et trouvé le temps de faire un saut pour serrer la main de Fernand, mais s'excusait sur la carte de n'avoir malheureusement pas celui de nous attendre. Marie-Jolie était encore toute bouleversée en nous remettant la carte. Avoir pour locataire l'ami d'une Altesse qu'elle avait reçue dans sa loge, pour elle, ça tenait du miracle ! Depuis, elle était aux petits soins pour nous. Quand Sardou partait en tournée, elle n'était pas heureuse du tout. Parfois, n'y tenant plus, elle faisait sa valise et déclarait :

— Il faut que j'aille retrouver monsieur Fernand, il a sûrement besoin de moi.

Marie-Jolie est restée à notre service jusqu'à sa retraite. Je crois bien qu'elle était amoureuse de lui. Une de plus ! Car les amoureuses dans la vie de Sardou, c'est pas la peine de chercher à les compter. Depuis qu'il avait dit oui à M. le Maire, il semblait s'être assagi. Mais, tout amoureuse que j'étais, je ne me faisais pas trop d'illusions. On ne change pas du jour au lendemain. Seulement, moi, j'étais bien décidée à être la fidélité même. C'est d'ailleurs ce que j'avais déclaré à mon ami le cycliste dès le retour de Fernand dans ma vie. Comme je lui avais souvent parlé de lui et qu'il connaissait la place de Fernand dans mes rêves d'avenir, il avait parfaitement admis que nos relations ne pouvaient plus être les mêmes. Il pouvait d'ailleurs difficilement me faire une scène vu que lui-même était marié. On ne se voyait plus que rarement, juste pour boire un verre. Un jour, on se promenait sur les boulevards quand je vois Sardou venir à notre rencontre. Naturellement, je lui présente mon cycliste. Celui-ci serre cordialement la main de Fernand et, sans doute pris d'un accès de jalousie à retardement, me balance brusquement une paire de claques magistrales, avant de nous planter là sur le trottoir. Naturellement, il a fallu que j'explique cet étrange comportement. Fernand a éclaté de rire. Il voyait toujours le côté comique des choses. Des années après, il riait encore en évoquant cet incident. Moi, après une claque pareille, plus question de fréquenter un tel énergumène! Je devais quand même aller le voir de temps en temps, mais de loin et uniquement pour faire plaisir à Fernand. Car mon mari, pas rancunier pour un sou et amoureux fou du vélo, m'entraînait voir des courses cyclistes et, naturellement, mon coureur, qui avait le pied aussi vif que la main, y participait. Mais je n'allais plus crier au bord de la piste pour l'encourager.

En revenant à Paris, Sardou n'avait pas tardé à retrouver une amie de ses débuts. Il avait même un moment chanté avec elle dans les cours : c'était la môme Piaf. Entre eux, il n'y avait jamais eu rien d'autre qu'une solide amitié. Ils étaient comme frère et sœur. Fernand avait d'ailleurs connu sa mère, la chanteuse réaliste Line Marsa qui se produisait à Taza au Maroc, dans un beuglant que tenait le père de Fernand. Moi, jamais je n'oublierai la première fois que j'ai entendu Édith Piaf.

Des copains m'avaient entraînée dans une boîte plutôt malfamée : « Le Royal ». Il n'y avait que des jules là-dedans et il fallait voir avec quelle vitesse les pétards s'évanouissaient sous les banquettes lors des descentes de police. Le spectacle débutait avec le numéro d'une demi-folle qui chantait à moitié nue, debout sur une chaise, sous les rires et les quolibets les plus grossiers du public. Je trouvais cela écœurant et me demandais vraiment ce que je foutais là quand on a annoncé « la môme Piaf ». Elle était mal coiffée, mal habillée d'une robe toute fripée, mais quelle merveille, quel choc quand elle s'est mise à chanter : *Ne t'en va pas, je t'en prie, reste !* C'est une chanson que, curieusement, elle n'a jamais rechantée, mais, moi, je ne l'ai jamais oubliée. Ensuite, je l'ai revue de loin lorsqu'elle chantait faubourg Saint-Martin puis un peu plus souvent quand Fernand l'a retrouvée après la guerre. C'est elle qui lui a mis le pied à l'étrier en le prenant en vedette américaine dans son spectacle à l'Alhambra.

A ce moment-là, l'Alhambra était le plus grand music-hall de Paris. Passer en américaine, c'est-à-dire en fin de première partie, était un grand pas en avant, surtout le jour de la générale où il y a dans la salle le Tout-Paris « qui chante et qui pétille » comme j'ai l'habitude de dire. Fernand subissait un trac épouvantable. Sa loge était à côté de celle d'Édith et elle a dû en entendre de belles. Fernand n'arrêtait pas de râler. Le costume, la cravate, la chemise, les godasses, rien n'allait. Je me faisais engueuler comme une malheureuse, tant et si bien que, furibarde, je suis partie en claquant la porte. Ah, il était pas facile à traire, le beau Fernand ! Une fois assise dans la salle, j'ai découvert Gabin et Mistinguett au premier rang : de quoi foutre la trouille à tout un régiment ! Fernand a surmonté son trac et tout s'est bien passé. C'est ce soir-là qu'il a chanté pour la première fois *Aujourd'hui peut-être ou alors demain.* Le public fut surpris par le charme, la gentillesse et la voix de ce Méridional pas tout à fait comme les autres et lui fit un très joli succès. Édith l'avait écouté des coulisses et à sa sortie de scène lui a lancé : « Alors qu'est-ce que je t'avais dit ? » Et c'était vrai qu'elle avait beaucoup encouragé et aidé Fernand de ses conseils, le persuadant qu'il réussirait.

Mais même à ce moment-là, je n'ai pas cherché à me rapprocher d'elle. J'avais peur de découvrir entre Fernand et elle des choses qui ne m'auraient peut-être pas plu. Ce n'était un secret pour personne qu'Édith et les hommes... et qu'avec les femmes des autres, elle n'était pas tendre. Alors pour ne pas être déçue dans mon admiration, je préférais garder mes distances. De son côté, elle n'a jamais cherché à me mieux connaître. Quand, plus tard, Fernand m'a écrit un sketch parodique où, avec les artistes du Libertys, j'imitais une Piaf ayant grossi chantant avec les Compagnons de la Chanson, elle nous a écoutés d'un air pincé. A la fin du spectacle, elle est quand même venue me serrer la main, mais le compliment fut plutôt sec : « Bravo Madame ! » et rien de plus ! Cela n'enlève pourtant rien à mon admiration pour elle. Je ne la partage qu'avec un autre monument de la chanson : Fréhel.

C'était une femme extraordinaire, d'une beauté superbe quand elle était jeune et vivait un grand amour avec Maurice Chevalier. A ce moment-là, on l'appelait Pervenche et c'était une figure du faubourg Saint-Martin. Malheureusement, Chevalier l'a laissée tomber pour Mistinguett et Fréhel est partie oublier son malheur à Bucarest, invitée par la reine de Roumanie. Quand elle est revenue, on ne la reconnaissait plus, tellement elle avait grossi (elle aussi !). Elle avait choisi l'alcool pour oublier. Sur scène, elle était inimitable, avec une voix fantastique pas comme Piaf, mais un sens du comique et une vivacité de repartie qu'Édith ne manifestait que dans le privé.

Pendant la guerre, elle chantait au cinéma le Normandie. Un soir, elle devait avoir un coup dans l'aile, elle arrive sur scène en tablier de poissonnière, en sabots, les cheveux tout rouges. Dans la salle, un gars lui demande de chanter *le Chat qui miaule.* Et Fréhel, de sa voix forte, lui réplique du tac au tac :

— Le mien, il y a longtemps qu'il ne miaule plus !

La salle a hurlé de rire. Mais il fallait être Fréhel pour pouvoir passer la rampe avec de telles réflexions. Je l'ai revue souvent quand je travaillais au Libertys, car elle habitait à côté, rue Ballu. Elle venait boire un verre en voisine, en chemise de nuit sous son vison ou simplement en peignoir de bain. Un soir, je ne l'oublierai jamais, elle était cafardeuse. Elle a attendu que tout le spectacle soit fini puis elle est allée s'asseoir à une table près du piano. Et tout à coup, accoudée à la table, elle s'est mise à chanter pour elle toute seule. Jamais, je ne l'avais entendue chanter avec tant d'émotion et de désespoir. Les conversations se sont tues d'elles-mêmes. Plus personne ne bougeait. Le service était arrêté. Tout le monde écoutait, fasciné, Fréhel chanter presque à mi-voix pour elle-même.

Puis, elle nous a regardés, comme étonnée de nous voir là, et a lancé :

— Bon, eh bien ! J' vous emmène chez moi !

Et on s'est retrouvés, Fernand, moi et quelques amis, chez elle, rue Ballu. L'entrée de son appartement était étrange. On aurait dit une chapelle. Éclairée de faibles lampes, elle était décorée d'icônes que lui avait données la reine de Roumanie, avec un superbe tapis sur le plancher. En entrant, on avait un peu bousculé ce tapis. Alors Fréhel est allée chercher un grand peigne et, à quatre pattes sur le sol, patiemment, a commencé à en peigner les franges. C'est vraiment l'image la plus insolite que je garde d'elle.

Après son spectacle à l'Alhambra avec Édith Piaf, Fernand a vu ses cachets sensiblement modifiés. Il faut dire qu'il avait pris, pour impresario, celui d'Édith : Loulou Barrier. Au lieu de toucher onze cents francs par soirée, il en touchait onze mille. Carrément multiplié par dix. Du coup, j'ai pensé qu'on pouvait déménager. Notre deux-pièces de la rue Cauchois n'était vraiment pas le rêve, surtout que, mais on l'avait découvert trop tard, cet appartement était juste au-dessus d'une scierie. Je me mets donc en quête d'un autre logis plus approprié à notre nouveau standing. Et, comme toujours, une copine me propose de me laisser le sien, au 16 *bis* de la rue Caulaincourt, moyennant une reprise de deux cent soixante mille francs. Naturellement, on ne les avait pas, mais la copine n'était pas pressée et acceptait que je la paye par petits bouts. J'obtiens cinquante mille francs de reprise pour la rue Cauchois et on s'installe rue Caulaincourt. L'immeuble avait appartenu du reste à Maurice Chevalier et Georges Milton qui plaçaient leur argent dans la pierre. On avait deux belles pièces, toutes claires car donnant sur le cimetière de Montmartre, une cuisine, une salle de bains, balcon et ascenseur. Pour nous, c'était Byzance !

On a juste fait repeindre et on s'est meublés peu à peu. D'accord, on n'était plus dans la mouise, mais on ne roulait pas encore sur l'or. A dire vrai, on roulait même en tandem. Fernand l'avait ramené du Midi et trouvait que pour circuler dans Paris, c'était plus économique que les taxis, surtout à 2 heures du matin, après avoir chanté dans le dernier cabaret. On se déplaçait donc ainsi, lui devant, pédalant énergiquement, moi derrière, l'aidant un peu à grimper les côtes.

A propos du peintre qui a repeint l'appartement de la rue Caulaincourt, il me revient un souvenir cocasse que je dois vous raconter.

On avait toute confiance en ce M. Lemoine qui nous avait déjà repeint le deux-pièces de la rue Cauchois. Il avait donc la clé de l'appartement de la rue Caulaincourt, ce qui lui permettait de venir tôt et de se mettre au travail sans nous déranger. Mais ce jour-là, Fernand devait se lever de bonne heure pour tourner une scène dans un film. Il s'habille donc sans bruit pour ne pas me réveiller — j'avais la grippe et devais rester tranquillement au lit — sort de la chambre sur la pointe des pieds, salue dans l'entrée M. Lemoine déjà au travail et quitte l'appartement. Vers midi, 1 heure, notre peintre voit arriver Charlot. Lui aussi avait la clé. Comme il se levait très tôt pour s'approvisionner aux Halles et qu'il n'avait pas d'appartement dans le quartier de son restaurant, on lui avait donné une clé pour qu'il puisse venir faire une sieste chez nous. Nullement gêné par la présence du peintre, il retire son pantalon et commence à se balader en caleçon. C'était sa tenue préférée. A la moindre occasion, Charlot se déculottait et, n'aimant pas être serré, vivait en caleçon. Après avoir été boire un verre à la cuisine, il pousse la porte de notre chambre et me voit au lit.

— Qu'est-ce que tu fous là ? s'étonne-t-il, inquiet de voir sa sieste compromise.

— J'ai la grippe.

— Ah bon !

Et, sans en demander plus, il se glisse dans le lit, à côté de moi, et s'endort aussitôt. Je commence à me dire que notre brave M. Lemoine doit se faire une drôle d'opinion à mon sujet. Mais je n'allais quand même pas l'appeler pour lui montrer que Charlot dormait comme un enfant. Une heure après, retour de Fernand. Il avait fini plus tôt que prévu. S'étant couché très tard et levé très tôt, il rentrait avec la ferme intention de récupérer le sommeil perdu. Et le peintre le voit entrer dans notre chambre. Je ne sais pas s'il a tendu l'oreille dans l'attente d'un hurlement de mari jaloux, mais il a dû être déçu. Car Fernand, voyant sa place déjà prise, s'est contenté de se glisser de mon côté, me repoussant sans trop de ménagement pour s'endormir aussitôt. Cette fois, j'étais bien réveillée, affolée par ce que devait s'imaginer M. Lemoine derrière la porte. Je me suis péniblement arrachée du lit pour aller lui expliquer la situation et couper court à son imagination. Il peignait tranquillement son mur et, apparemment, n'avait rien imaginé du tout, car il a éclaté de rire devant mes explications embarrassées. Il n'a vraiment pas dû être choqué, car il a travaillé pour nous pendant plus de vingt ans. Nous, finalement, ou on ne peut pas nous piffer tout de suite ou alors, on nous aime pour la vie.

7

Maintenant que j'avais un mari et un appartement convenable, j'allais pouvoir penser aux choses sérieuses. Quand, dans la rue, je croisais une mère poussant un landau, je ne pouvais m'empêcher de me pencher pour regarder le bébé, lui faire des risettes et le suivre longuement du regard après avoir harcelé la mère de questions sur l'âge, le poids, le sexe et le prénom de sa merveille. Fernand ne disait rien, attendant patiemment que j'aie épuisé ma curiosité. Mais il sentait bien que celle-ci cachait une envie toute naturelle chez une jeune mariée : celle d'avoir un bébé. Pour un couple d'artistes courant de music-hall en cabaret, la venue d'un enfant risquait de poser pas mal de problèmes, mais j'en avais trop envie. Je voulais un bébé à tout prix, et un garçon par-dessus le marché. Quand je l'ai dit à Fernand, qui l'avait deviné depuis longtemps, il a dit oui immédiatement. Il adorait les enfants.

Le 25 janvier 1947, dans la soirée, j'ai commencé à sentir les premières douleurs. Fernand était au Libertys. J'ai téléphoné à la caissière en lui demandant d'attendre qu'il ait fini son tour de chant pour le prévenir et j'ai commencé à me faire couler un bain. Depuis quelques semaines, j'étais saisie d'une idée fixe : arriver propre à la clinique. Je ne voulais pas connaître la mésaventure d'une de mes copines. Celle-ci, enceinte comme moi, avait eu ses premières douleurs dans la rue. On avait juste eu le temps de l'emmener à la clinique. Là, on l'avait aussitôt déshabillée et la pauvre avait les pieds sales, mais noirs comme du charbon. Ce n'était pas étonnant, nous avions passé notre après-midi à courir les grands magasins. J'avais honte pour elle et, depuis, je vivais dans l'angoisse d'arriver pas nette en salle d'accouchement. Je me plonge donc dans la baignoire et commence à me savonner énergiquement des pieds à la tête. Fernand arrive sur ces entrefaites et hurle comme un perdu en me découvrant dans la baignoire :

— Mais t'es pas folle ? Si tu glisses ! Dans ton état !

Il se rue sur le téléphone, prévient la clinique, appelle une ambulance, m'aide à sortir du bain, me sèche fébrilement, me passe une chemise de nuit, un manteau et m'accompagne à la clinique. C'était une petite clinique tenue par deux Mauresques que nous avait indiquée le comédien Andrex. J'avais pas confiance dans les hôpitaux, c'était idiot du reste, mais j'avais un copain qui y avait perdu un de ses gosses. Couchée dans un lit bien propre, j'attendais, mais plus rien ne venait. On a attendu toute la nuit, Fernand somnolant dans un fauteuil. Le lendemain matin, rien ne semblant se décider, il est allé manger un morceau chez notre ami Charlot qui allait être le parrain de notre enfant. Quand il est revenu vers 1 heure, les cris que je poussais l'ont averti que le vrai travail était commencé. Je gueulais tout mon saoul, car j'avais refusé d'être endormie. Je ne l'ai pas regretté. Entendre le premier cri de son enfant, c'est vraiment la plus belle joie dans la vie d'une femme.

Michel est donc arrivé le 26 janvier 1947, à 2 heures de l'après-midi. Sa venue au monde a valu à son père une belle engueulade. Fernand adorait les films d'horreur et trois jours plus tôt, il m'avait entraînée voir *Docteur Jekyll et Mister Hyde* et j'en avais fait des cauchemars. Quand on me présente mon bébé, horreur, il a le dos et la poitrine couverts de poils noirs. Aussitôt, je m'en prends à Fernand qui venait d'arriver. A l'époque, les pères n'assistaient pas à l'accouchement et, de toute façon, trouillard comme il était, il n'aurait sûrement pas voulu :

— Tu vois ce qui arrive avec tes conneries de m'emmener voir des films d'horreur ! J'ai accouché d'un monstre !

La douleur et la joie m'égaraient. Michel, loin de là, n'avait rien d'un monstre. C'était le portrait craché de son père. C'était le beau Fernand en réduction. Le père naturellement était fou de joie. Le prénom avait été décidé depuis longtemps. Michel, c'était très bien pour un garçon, mais ça pouvait aussi aller pour une fille, si par malheur je faisais une pisseuse à mon mari. Cas improbable! Fernand Sardou ne pouvait avoir qu'un garçon!

Il était si fier et si bouleversé d'avoir un descendant mâle qu'il ne savait plus très bien ce qu'il faisait. Ce soir-là, en dînant à la maison avec Francis Linel et son amie, il trouva que les pâtes avaient un drôle de goût. Distrait, il les avait préparées avec de l'huile de foie de morue. Comme homme d'intérieur, le père Sardou, il n'avait rien de génial. C'était même plutôt le père Catastrophe. Il ne pouvait pas se faire couler un bain sans inonder la voisine du dessous. Le nombre de fois où cette brave dame est venue me dire que mon mari avait encore oublié de fermer le robinet de la baignoire! Très gentiment du reste, car elle aussi était amoureuse de Fernand. On avait beau lui dire de faire attention, c'est tout juste s'il vous écoutait. Jusqu'au jour où, excédée, je lui ai mis le balai et la serpillière dans les mains en le priant d'éponger lui-même les dégâts. Depuis ce jour-là, la voisine du dessous n'eut plus le plaisir de venir sonner à ma porte.

Jamais je n'ai connu quelqu'un d'aussi distrait que lui. Il perdait tout. Je passais chaque jour une heure à rechercher un papier de la plus extrême importance qu'il était incapable de retrouver. Quand il croisait un ami dans la rue, Fernand ne le saluait jamais. L'ami ne s'en formalisait pas, sachant bien que Sardou avait toujours la tête ailleurs, à la recherche d'une idée de sketch ou d'une rime introuvable. Cette distraction était d'ailleurs une source de gags involontaires du plus haut comique et il m'est arrivé souvent d'en faire les frais. Un matin, avant de quitter l'appartement, il me donne rendez-vous vers midi à la terrasse du Fouquet's aux Champs-Élysées. Il arrive, serre la main de ses copains et m'apercevant, me tend la sienne comme à une inconnue. J'ai même cru qu'il allait se présenter. Sans me déballonner, je lui ai lancé : « Salut mon pote, comment ça va? » Il a simplement haussé les épaules souriant de sa méprise.

Naturellement, il était incapable de s'habiller tout seul.

Je l'accompagnais dans les magasins pour lui choisir chemises, cravates et costumes car il ignorait tout de ses tour de cou et tour de hanches. Livré à lui-même, il était la proie rêvée pour une vendeuse, ne sachant jamais dire non et se laissant refiler n'importe quoi. Il n'y avait que les chaussures qu'il tenait à choisir lui-même. Comme tous les Méridionaux, il trouvait que la chaussure, c'est une affaire d'hommes. Le voilà donc un matin saisi d'un accès d'indépendance et décidé à aller sans moi s'acheter une nouvelle paire d'escarpins. Moins d'une demi-heure après son départ, coup de téléphone. C'était mon Fernand :

— Dis, maman, du combien je chausse ?

Dans l'écouteur, j'entendais les vendeuses qui pouffaient dans son dos. Je lui indique sa pointure. Je connaissais par cœur toutes ses mensurations et je raccroche. Une heure après, il revient avec la boîte à chaussures et, bien sûr, la brosse spéciale pour la crème appropriée. Pas content du tout, le père Sardou :

— Alors toi, il faut vraiment que tu me fasses passer pour une andouille devant tout le monde.

Mais, à part ses bouderies d'enfant gâté et ses colères de Méridional qui se levaient et retombaient aussi brutalement que le mistral, Fernand était la bonté même, incapable d'une méchanceté et toujours prêt à rendre service.

Une fois devenu père de famille, très conscient de ses nouvelles responsabilités, il a décidé qu'il fallait mettre les bouchées doubles pour nourrir cette nouvelle bouche et lui donner la meilleure éducation possible. On a alors commencé à mener une vie de fous, pédalant toutes les nuits sur notre tandem d'un music-hall à un cabaret, courant le jour d'une panouille au cinéma à une répétition d'opérette. Il a fallu que je monte une sacrée organisation pour qu'il y ait toujours quelqu'un auprès de Michel. Marie-Jolie venait le matin, une autre voisine l'après-midi et les gardes se succédaient ainsi jusqu'à 2 heures du matin quand nous rentrions fourbus de notre dernier cabaret. Il fallait alors ramener la garde en taxi — le tandem, elle n'aurait pas apprécié — et cela nous coûtait la peau des fesses.

Fernand passait dans tous les grands music-halls :

Alhambra, Bobino, Européen ou Concerts Paccra. A Bobino, il avait retrouvé un vieux copain, Georges Ulmer, devenu une aussi grosse vedette qu'Yves Montand aujourd'hui. Tout en bavardant, Georges lui confie qu'il cherche un sujet d'opérette car on lui a conseillé de se lancer dans ce genre de spectacle. Fernand, qui avait la folie d'écrire, se met aussitôt au travail. Il s'attelle devant sa machine et commence à taper, maladroitement avec deux doigts, le scénario de *On a volé une étoile.* C'était très curieux, l'amour de l'écriture qu'avait Fernand. Il n'avait pratiquement pas d'instruction et faisait quarante-cinq fautes par phrase, ce qui le mettait dans des colères bleues. Mais les vers, en revanche, coulaient tout seuls. Il versifiait avec une incroyable aisance. L'histoire de l'étoile disparue a beaucoup plu à Georges Ulmer. Fernand s'est alors mis au travail pour en écrire le livret avec Jean Valmy, l'auteur du vaudeville *J'y suis, j'y reste.* En bon mari, il m'avait bien sûr attribué un rôle, du taillé sur mesure. J'étais sa femme, une gueularde pas possible! Mais comme j'étais encore enceinte de Michel alors qu'il accouchait de son œuvre, il a fallu attendre que j'en termine avec la mienne pour monter le spectacle. Ça n'a pas traîné. Quinze jours après la naissance, on donnait les premières représentations. *On a volé une étoile* n'a pas été un triomphe. Mais j'en garde tout de même un très bon souvenir car c'était la première fois que je présentais quelque chose de valable sur une scène parisienne.

Ayant aussi repris ma tournée des cabarets, j'étais sur les rotules car je ne dormais plus que trois heures par nuit. On se couchait vers 3 heures du matin et à 6 heures Michel donnait de la voix pour réclamer son premier biberon. J'arrivais parfois à me rendormir, mais quatre heures plus tard, ça recommençait pour le second biberon. J'essayais de faire la sourde oreille pour gagner quelques minutes de sommeil en supplément, mais allez dormir quand votre bébé hurle de faim dans la pièce à côté et je vous prie de croire qu'à cet âge-là, Michel avait déjà du coffre. Alors je m'arrachais du lit, titubant de fatigue et, une fois le petit rassasié, je me livrais aux tâches ménagères. Moi, je n'ai pas connu le paradis des couches-culottes qui sortent toutes propres d'une belle boîte.

C'étaient les langes et il fallait les laver soi-même. Marie-Jolie m'aidait, mais elle ne pouvait pas tout faire. Car il n'y avait pas que le bébé, il y avait aussi le père. Avec sa dizaine de tours de chant quotidienne, Fernand trempait trois ou quatre chemises par jour. Il fallait les laver et les repasser. Comme elles étaient encore dans un mauvais tissu d'après-guerre, elles mettaient un temps fou à sécher et c'était la croix et la bannière pour les repasser correctement. Il fallait aussi faire le marché pour nourrir mon homme, mais, en fait, on faisait rarement de vrais repas. La plupart du temps, on avalait en vitesse un sandwich entre deux spectacles. Le seul moment où on aurait eu le temps de cuisiner, c'était quand on avait fini notre journée, à 2 heures du matin. Mais allez mitonner un bon petit plat à une heure pareille quand vous tenez à peine debout. Alors on allait au plus simple : un grand plat de pâtes. Ma ligne, à ce régime-là, en avait pris un sacré coup. Le manque de sommeil, les sandwiches et les pâtes m'ont fait prendre vingt kilos en quelques mois. J'étais pourtant toujours amoureuse de mon mari, mais, apparemment, mes sentiments n'influaient plus sur ma physiologie. J'avais en effet constaté ce curieux phénomène : chaque fois que je revoyais Fernand, après nos longues séparations et que je me sentais follement amoureuse, je maigrissais automatiquement. J'ignore quelle sorte de glande était ainsi en communication avec mes états d'âme, mais j'étais ainsi faite. J'avais d'ailleurs attiré l'attention de mon médecin sur cet étrange phénomène. Mais vous savez comment sont les hommes de science ! Ils ne vont pas se mettre à croire les fantaisies des artistes. Surtout que cette fois, ma belle théorie de l'amaigrissement par l'amour semblait vraiment être prise en défaut. Je n'osais plus monter sur ma balance et il devenait urgent de réagir.

Au début, Fernand ne se souciait pas trop de mes nouvelles rondeurs. Il m'acceptait comme j'étais et, du reste, en bon Méridional qu'il était, il ne détestait pas les filles bien en chair. Mais comme il commençait lui aussi à prendre des rondeurs superflues, il se mit à prendre notre problème au sérieux et on a alors commencé la course aux spécialistes.

Ah, le nombre de régimes que j'ai pu faire ! Inutile de les

compter, je les ai tous faits. Les dissociés, les sans sel, les sans fruits, les sans viande, les à base de fruits, les à base de viande. Tous, je les ai faits tous! Avec toujours le même résultat. Je perdais quinze kilos et j'en regagnais vingt aussi sec! De toute ma vie, j'ai dû perdre cent cinquante kilos et en regagner autant. Invariablement, je passais de l'état d'éponge à celui d'accordéon. Au début d'un nouveau régime, c'est toujours merveilleux. On appelle sa couturière et on fait rétrécir toutes ses robes et puis, hélas, le régime abandonné, la couturière revient et rallonge de partout. La mienne a dû refaire toute ma garde-robe sept ou huit fois. On se retrouvait, toutes les grassouillettes du spectacle, chez les mêmes docteurs. On était comme des joueurs à la recherche de la martingale miracle qui vous permettrait de maigrir tout en mangeant ce dont on avait envie. Remarquez, je n'ai rien d'une gloutonne qui s'empiffre d'un bourguignon le midi et d'une choucroute le soir. Non, au contraire, j'ai toujours été très difficile pour la nourriture. Je préfère manger peu mais bien. Je ne supporte pas les gens qui avalent n'importe quoi dans un restaurant sous prétexte que c'est pas cher. Moi, même un œuf à la coque, ça doit être bon et si on me présente un plat douteux, je le refuse et me commande une simple tranche de jambon. Il n'y a qu'un plat auquel j'ai du mal à résister : les pâtes. Et comme Fernand en raffolait aussi, il était difficile de m'en priver. De toute façon, pâtes ou pas, je prenais du poids inexorablement. Aussi, dès qu'une copine nous indiquait une adresse, aussitôt on sautait sur le tandem (excellent pour la forme, mais ça creuse aussi l'appétit) et on fonçait à l'adresse indiquée.

Un jour, on pédalait ainsi allégrement vers un diététicien miracle qui habitait Vincennes quand, brusquement, un poids-lourd nous coupa la route. Fernand, en freinant à mort, réussit à éviter l'accrochage. Moi, pour me soulager de ma frayeur, je saute du tandem, décidée à dire au camionneur ce que je pensais de sa conduite et, croyez-moi, dans ces cas-là, je ne manque pas de vocabulaire. Après m'être libérée de toutes les épithètes percutantes en ma mémoire, je m'apprête à remonter en selle. Plus de tandem et plus de Fernand! Il était reparti sans même s'apercevoir que je n'étais plus derrière lui. Pourtant, ça devait faire du poids en moins. Je le voyais s'éloigner, pédalant tranquillement mais moulinant énergiquement du bras droit, le buste à moitié tourné vers l'arrière. Il devait sûrement me faire part de son opinion sur la conduite des chauffards. Brusquement, je l'ai vu s'arrêter. Dans le reflet d'une vitrine, il venait enfin de découvrir que je n'étais plus sur la selle arrière. Heureusement que ce jour-là, vêtue d'une veste rouge et d'un chemisier blanc, j'étais visible de loin comme un panneau de signalisation. Il est venu me rechercher dare-dare et c'est tout juste si, selon sa mauvaise foi habituelle, il ne m'a pas engueulée d'avoir sauté de selle sans le prévenir.

Dans ma course aux spécialistes de l'amaigrissement sans douleur, j'ai rencontré pas mal de charlatans, notamment un qui s'était installé dans le Midi. Un de mes copains avait perdu, grâce à lui, quarante kilos. Un chiffre pareil, tout de suite ça fait tilt dans la tête. Je lui demande l'adresse — soyez sans crainte, je ne vous la donnerai pas — et je profite d'une tournée de Fernand dans le Midi pour l'accompagner et prendre rendez-vous avec ce grand spécialiste.

Terrible, le régime de ce monsieur ! Vous aviez droit à une cuiller à café de riz par repas agrémentée de deux grains de je ne sais quoi. Ça, pour maigrir, j'ai maigri. Vingt-sept kilos en quatre mois. Mais alors j'étais inabordable. J'aurais mordu pour un rien tellement j'avais les nerfs à vif. Un régime comme ça, ça grimpe vite au chignon. Fernand n'en pouvait plus de me voir dans un état pareil :

— Arrête tes conneries et bouffe comme tout le monde ! ne cessait-il pas de dire.

Le jour où j'ai commencé à avoir des vertiges, j'ai compris que ce régime miracle faisait sûrement maigrir mais pouvait également vous faire crever. J'ai aussitôt renoncé à mes grains de riz et j'ai immanquablement retrouvé mes kilos perdus et même d'autres en supplément. Résignée, j'ai accepté mes rondeurs, surtout qu'elles commençaient à me valoir quelques petits rôles au cinéma. Certes, j'aurais préféré être remarquée pour d'autres raisons par les producteurs. Être classée « rondeur » à vingt-huit ans, on ne peut pas dire que ce soit enthousiasmant. Mais que voulez-vous, il faut savoir s'accepter comme on est !

De toute façon, une faiblesse de ma nature compliquait bigrement ma lutte contre l'embonpoint. Moi, on me regarde à Marseille et je me retrouve enceinte à Paris, avec chaque fois des montées de lait, de quoi nourrir un régiment. Je préfère ne pas compter les fausses couches spontanées ou non que j'ai eues, et, parfois, dans des conditions qui ne sont vraiment pas celles de tout le monde.

Deux ans après la naissance de Michel, on était tous en famille, ma mère, mon mari, mon fils et moi, à Vichy. Pas en vacances ! Non ! Pour travailler. On jouait dans une opérette appelée : *Chansons d'hier contre chansons d'aujourd'hui.* Ne voyant rien venir depuis trois mois de nos habituels ennuis féminins, je m'étais inquiétée auprès de mon médecin. Celui-ci m'avait rassurée, mettant mon retard sur une opération de l'appendicite que j'avais subie après la naissance de mon fils. J'étais donc partie pour Vichy sans plus m'inquiéter. Fernand, qui savait toujours joindre l'utile à l'agréable, avait retenu nos chambres dans une auberge au bord de l'Allier, en dehors de la ville très chaude en été. On pouvait l'atteindre à pied du théâtre en prenant un raccourci et en disposant d'une barque pour traverser le fleuve, ce que Fernand avait demandé dès notre arrivée à l'auberge.

On commence les répétitions. J'avais un très beau rôle avec au moins quatorze changements de costume. L'un d'eux consistait en une robe très longue avec un faux cul et un gros nœud. Je la mettais pour chanter *Je serai là, Mina la belle, dans l'église où tu te marieras.* Cette ancienne chanson racontait une sombre histoire de mec qui tue sa bonne femme. C'était très marrant de chanter ça avec cette robe tout à fait rétro. Arrive la première représentation et mon tour de chanter *Mina, la belle...* Seule sur la scène, avec ma robe longue et mon faux cul, j'attaque le premier couplet puis le second. Tout à coup, en plein refrain, au moment où je respire un bon coup, ça fait « floc » sous ma robe. Je me dis : « Ça, ma petite, c'est pas normal ! » Imperturbable, clouée sur place, remuant à peine les mains, je vais quand même jusqu'au bout de ma chanson. Au dernier couplet, je jette un regard désespéré au machiniste qui comprend aussitôt que quelque chose va de travers et abat pile le rideau sur la dernière syllabe de ma chanson.

Il y avait du sang partout. Appelé d'urgence, le médecin de service me stupéfie en m'apprenant que je suis en train de faire une fausse couche.

— Fausse couche ou pas fausse couche, faites-moi une piqûre pour arrêter l'hémorragie, que je puisse continuer le spectacle !

C'est dit sur un tel ton que le docteur me fait la piqûre, je m'accorde dix minutes de repos et je repars sur scène. La représentation se termine sans encombre et, avec Fernand qui, toujours à plaisanter en coulisses avec les copains et copines, ne s'est rendu compte de rien, nous prenons à pied le raccourci qui nous mène à l'auberge. Malheur, la barque promise n'est pas au rendez-vous et nous voilà obligés de longer le fleuve pendant trois kilomètres pour trouver un pont. Et moi, stoïque, je marche sans rien dire dans les hautes herbes de la rive. J'arrive enfin, épuisée, à l'auberge. Fernand se met aussitôt à table et moi, je me rue dans la salle de bains. J'étais dans un état... Bref, n'insistons pas. Le lendemain, je reste couchée, confiant à ma mère le soin de s'occuper de mon bébé et de mon mari. Je téléphone quand même à mon docteur qui me dit : « Mon petit, ne vous affolez pas, restez allongée et surtout veillez bien à ne pas avoir de fièvre. » Je n'en avais pas et, le soir, je retourne au théâtre.

Au début, tout va bien. Je fais mon entrée, me baladant de long en large avec mon faux cul et au moment où j'attaque le refrain *Je serai là, Mina la belle...* re-floc ! Je ne bouge plus et je finis ma chanson, immobile comme la veille jusqu'à ce que le rideau tombe. Le directeur, qui du balcon avait deviné mes ennuis, arrive avec le docteur qui me refait une piqûre pour me permettre de finir le spectacle, mais m'avertit qu'il faudra m'emmener ensuite immédiatement en clinique pour un curetage. J'obtiens qu'on n'en dise rien à mon mari qui de panique serait incapable de chanter à son tour. Toujours blaguant en coulisses, Fernand ne se rend même pas compte de ma disparition. Il ne la découvre qu'en fin de représentation quand il demande à tout le monde où j'ai encore bien pu passer.

Mis au courant de ma situation, il fonce affolé à la clinique et me découvre sortant juste de la table d'opération. Eh bien, vous me croirez ou non, mais le lendemain, à midi, je sortais de la clinique pour aller directement au théâtre. C'était dimanche et il y avait matinée à 2 heures. Relevant à peine de ma fausse couche, je me suis tapé d'affilée matinée et soirée avec mes quatorze changements de costume. Faut le faire, non ?

Quand je pense que cette tournée à Vichy était censée me tenir lieu de vacances, j'étais servie ! Au début de notre mariage, on était bien trop fauchés pour s'offrir de vraies vacances, alors on se trouvait un ou deux contrats en province pour l'été, histoire de changer un peu d'air et de sortir Michel de Paris. On s'est ainsi retrouvés une année à Cassis où Fernand chantait au casino. Moi, je n'avais pas de contrat, j'accompagnais simplement mon mari, bien décidée à profiter au maximum avec mon gamin de la plage, du soleil et de la mer. C'était sans compter sur la nouvelle marotte du père Sardou. A Paris, cette année-là, Fernand jouait au Châtelet l'opérette *Méditerranée* avec Tino Rossi. A force de chanter la belle bleue, ces deux-là s'étaient mis à parler bateaux pendant les entractes. Naviguer et pêcher la rascasse était un vieux rêve de Fernand.

— Puisque tu vas à Cassis cet été, lui dit un jour Tino, je vais te recommander au maire, Agostini ; c'est un vieux copain et je crois qu'il veut vendre son thonier. Il te fera sûrement un prix.

Et voilà comment, à peine arrivée à Cassis, je me retrouvai avec un mari capitaine d'un thonier payable à tempérament. Plus question de farniente sur la plage au soleil.

— Tu vas voir, jubilait Fernand. C'est merveilleux de vivre sur un bateau. Tu vas passer les plus belles vacances de ta vie !

Moi, j'avais des doutes. Le souvenir de ma traversée Le Havre-Deauville était encore très vif dans ma mémoire et dès la première sortie en mer, je vérifiai que mon allergie au milieu marin était toujours aussi réelle. Au bout d'une heure de mer, j'étais mourante. Le pharmacien me conseilla, le lendemain, de prendre de la Nautamine. Bourrée de ce médicament, je n'étais plus malade, mais, complètement abrutie, je passai ma journée à somnoler.

Michel, lui, le cœur bien accroché comme son père, cavalait sur le pont, heureux comme un mousse de cinq ans partant faire le tour du monde. Moi, je mourais de trouille qu'il ne passe par-dessus bord ou qu'il ne se prenne le pied dans les innombrables hameçons que son père laissait traîner partout dans un désordre conforme à ses habitudes. Surveiller un gamin dans l'angoisse qu'il ne se noie ou s'estropie alors que les paupières vous pèsent une tonne et que vous sombrez tous les quarts d'heure dans une irrésistible somnolence, je vous prie de croire que, comme distraction de vacances, on peut rêver mieux. Surtout qu'une fois rentrés au port, on vous priait gentiment de vider les trois cents sardines pêchées dans la journée et de les faire griller pour les copains. Et si c'étaient pas des sardines, c'étaient des langoustes. Je n'ai jamais autant cuit de langoustes de ma vie. Ces pauvres bêtes, elles gueulaient quand on les trempait dans l'eau bouillante. A vous dégoûter de les manger. Trempez-vous un peu dans l'eau bouillante et vous verrez la gueule que vous ferez ! La coupe a été pleine quand le capitaine, qui jurait toujours que mon mal de mer allait passer, décréta un soir avant d'aller chanter au Casino :

— Demain, on part pêcher à 6 heures du matin.

Là, je me suis mutinée. Pas question de commencer mon supplice avec le lever du soleil et si, en vacances, on ne pouvait même plus faire la grasse matinée, c'était pas la peine d'en prendre. Le capitaine n'allait pas renoncer à une partie de pêche pour si peu. Le lendemain à 6 heures, l'équipage mutiné, c'est-à-dire moi, mon fils, que je ne voulais pas lâcher, et mon chien, fut proprement débarqué sur la plage et prié d'y attendre le retour du seigneur et maître. On m'avait tout de même laissé un matelas pneumatique pour finir ma nuit, mais les plages de Cassis, c'est du galet et le galet, même sous un matelas pneumatique, c'est pas le confort absolu. A 7 heures du matin, ma décision était prise. Je dégonflai ma literie, pris mon fils par la main, sifflai mon chien et allai de ce pas me louer un appartement dans Cassis.

Me voilà partie dans la ville, faisant du porte-à-porte à la recherche d'un gîte. Une brave femme, apprenant que j'étais la femme de Fernand Sardou, m'a dit :

— J'en ai un justement qui est libre. Et si c'est pour M. Sardou, ce sera avec plaisir que je vous le louerai et pour pas cher.

Le prix en était effectivement raisonnable. Me voilà enfin dans un bon lit, mon rejeton sur un divan et ma youyou dans un panier. Je dors comme une bienheureuse pendant toute la matinée et dans l'après-midi, je vais me balader en ville où j'apprends que mon mari affolé me cherche partout.

— Qu'est-ce que t'as encore fait ? me lance-t-il dès qu'il me voit.

— Moi, lui dis-je, je n'ai rien d'une Bretonne qui attend sur le quai le retour du marin. Tu m'excuseras, mais tes parties de pêche, tu pourras les faire tout seul.

Et, très digne, je commence à tout débarquer du bateau, vêtements, draps, couvertures et casseroles, tout ce dont j'avais besoin pour mon nouveau logement. Éberlué, Fernand m'a regardée effectuer mon déménagement, sans oser ouvrir la bouche, sachant très bien que, comme d'habitude, c'est moi qui avais raison.

Des tournées « vacances-boulot », j'en ai connu d'autres tout aussi pittoresques et aussi peu reposantes. L'une d'elles m'a fait découvrir le pays d'enfance de Fernand, le Maroc.

On avait laissé Michel, qui était encore bébé, avec ma mère, dans une pension de famille à Juan-les-Pins et nous étions partis pour Alger où Fernand devait chanter avant d'aller au Maroc. Mais l'organisateur de la tournée avait dû se tromper dans les dates, car dès le surlendemain de sa dernière soirée à Alger, Fernand devait donner son premier gala à Casa. A peine le temps de faire le voyage et pas une minute pour répéter. Impossible de reculer d'un jour car ensuite toutes les soirées à travers le Maroc s'enchaînaient sans un jour de repos. Fernand, qui n'était jamais à court d'idées, trouva vite la solution.

— Je vais te prendre, me dit-il, un wagon-lit. Tu connais mon tour de chant par cœur, tu peux donc répéter à ma place avec les musiciens pour qu'ils soient au courant. Moi, j'arriverai juste pour enfiler mon costume et entrer en scène.

Fernand connaissait très bien « Le Jardin d'été » où il

devait chanter. C'était presque un music-hall de famille. Son père, Valentin Sardou, s'y était produit pendant je ne sais combien d'années et Fernand y passait régulièrement deux ou trois fois par an. Il pouvait donc monter sur scène les yeux fermés. Je m'installe donc dans mon wagon-lit, tout heureuse de voyager confortablement. Mais à 5 heures du matin, le contrôleur me réveille pour me dire de quitter mon compartiment, le train n'allant pas plus loin. Moi, naïve, je me croyais arrivée. Mais une fois sur le quai avec ma valise, la gare me parut bien minable pour être celle de Casablanca. Renseignements pris, je n'étais qu'à la frontière algéro-marocaine. Distrait comme toujours, Fernand n'avait pas vérifié si mon train était direct. Pour poursuivre mon voyage, j'ai dû prendre un tortillard qui s'arrêtait partout. Je mourais de faim. Heureusement, les deux Arabes qui partageaient mon compartiment m'ont prise en pitié et m'ont donné un verre d'eau, un peu de pain et quelques dattes. Je ne suis arrivée à Casa que tard dans la soirée, dans un piteux état, poussiéreuse et fourbue. Il faisait en plus une chaleur atroce. Moi qui chausse du 36, je n'aurais pas mis les pieds dans du 39 tellement j'avais les pieds enflés. Je débarque enfin à l'hôtel où une chambre m'était, en principe, réservée. Pas de chambre réservée, ni au nom de Sardou ni à celui de Rollin. Compatissant, le directeur a fini par me trouver une baignoire disponible pour m'accueillir avec un matelas et un oreiller. Elle n'avait qu'un ennui, le robinet gouttait un peu. Le directeur, navré, m'apprit qu'on était en plein ramadan et qu'il serait impossible de trouver quelqu'un pour le réparer. J'étais trop fatiguée pour discuter. Je me suis allongée dans ma baignoire et j'ai aussitôt sombré dans le sommeil. Je me suis réveillée le lendemain, les fesses au frais, baignant dans la flotte. Je n'avais même pas besoin de me lever pour me laver. L'après-midi, je suis allée au « Jardin d'été » pour les répétitions. On n'a pas pu répéter grand-chose, car les machinistes, observant le ramadan, ne voulaient pas travailler. J'avais fait toute cette expédition pour rien. Fernand est arrivé le soir même, par le même tortillard et dans le même état que moi. Il a juste eu le temps de prendre une douche, d'enfiler son costume et de se lancer, sans répétition aucune, dans son tour de chant. Cela s'est très bien passé, car Fernand avait un sacré métier. Mais je crois qu'il aurait pu chanter n'importe quoi n'importe comment, il aurait quand même fait un triomphe, tellement il était l'enfant chéri du public marocain. Je n'allais pas tarder à m'en apercevoir.

Déjà à Casa, Fernand m'avait entraînée dans des boîtes qui, comme celle de Tunis où j'avais fait un très bref séjour, possédaient jusqu'à deux cent cinquante entraîneuses. Il fallait vraiment être aveugle pour ne pas découvrir tout de suite que sur les deux cent cinquante, le beau Fernand en avait connu intimement au moins deux cent quarante-huit, les deux dernières ayant dû arriver après son départ. Toutes ces demoiselles n'arrivaient pas à croire que leur idole avait fini par se caser et elles lorgnaient sans vergogne cette petite bonne femme qui avait réussi un tel exploit. Fernand, lui, me regardait, plutôt inquiet, craignant que mon humeur pétardière ne trouble ses soirées de retrouvailles. Mais j'ai toujours su quand il valait mieux fermer les yeux.

Après Casa, on est partis dans le bled et chaque fois que Fernand donnait un gala, on avait droit au même cérémonial. Un notable du coin venait le serrer sur son cœur :

— Tu es le fils de Valentin! Ah, je l'ai bien connu. Quel homme! Alors tu vas venir manger chez nous.

Et immanquablement, on se retrouvait à dîner dans un établissement curieux, un bordel au milieu de toutes les pensionnaires. Apparemment, tous les amis de Valentin Sardou, qui avait été un sacré marrant, étaient tous patrons de bordel. On était merveilleusement bien reçus. Tout le monde me balançait du Madame Fernand, comme si j'étais la reine des taulières. Étranges dîners, toujours servis avec le même protocole, autour d'une table en T. Le patron, la patronne et les invités s'asseyaient au haut bout de la table, comme on dit, et les pensionnaires occupaient la table perpendiculaire à celle des patrons. Aucune n'avait le droit d'ouvrir la bouche. J'étais suffoquée de voir ces jeunes femmes, les yeux baissés, écoutant sagement ce qui se disait à la table des patrons qui évoquaient généreusement les souvenirs du père de Fernand. En les regardant ainsi soumises, je ne comprenais pas comment elles pouvaient accepter cette vie, comment elles n'avaient pas l'envie de se rebiffer, ou même de se sauver. Mon mari lisait dans mes regards comme dans un livre et pétait de trouille que je ne laisse échapper le fond de ma pensée dans une réflexion déplacée qui aurait fait scandale. Mais, pour une fois, j'ai réussi à tenir ma langue. Dans le fond de moi-même, je me rendais compte que mon indignation n'aurait rien changé. Devant toutes ces têtes penchées en silence sur les assiettes, j'avais la curieuse impression de me retrouver en pension chez les bonnes sœurs. Mais quelle pension, grand Dieu !

8

Une fois rentrée à Paris, Jean Valmy m'a proposé un rôle dans sa nouvelle opérette *Baratin* qui allait se jouer à l'Européen avec Roger Nicolas en vedette. On m'offrait de jouer une négresse. Moi, l'idée de me passer au brou de noix tous les soirs avant d'entrer en scène ne me soulevait pas d'enthousiasme. Heureusement, Bruno Coquatrix et Ray Ventura, qui montaient le spectacle, ont trouvé plus simple d'engager une véritable Noire pour ce rôle et, me faisant passer si je puis dire du noir au blanc, on m'a donné celui de la blanchisseuse qui gagne cinq millions à la Loterie nationale et essaie désespérément de ne pas se les faire piquer par un baratineur de première force, joué naturellement par Roger Nicolas.

Baratin a été un triomphe. On l'a joué pendant cinq ans. Je connais des gens qui sont venus le voir plusieurs fois, dix fois peut-être, car ce n'était jamais pareil. Chaque soir Roger improvisait quelque chose de nouveau. C'est bien simple, au début, le spectacle commençait à 9 heures et se terminait à minuit moins le quart. Mais comme Roger s'est mis très vite à improviser, le spectacle s'allongeait et risquait de dépasser minuit. Or cela coûte cher à un directeur de salle, car, après minuit, les cachets des musiciens et des machinistes augmentent. Alors on a mis le spectacle à 9 heures moins le quart pour qu'il se termine à minuit pile. Ça dépassait quand même et même en commençant à 8 h 30, ça ne se terminait jamais avant minuit et demi. Impossible de maîtriser la verve et le don d'improvisation de Roger Nicolas. Finalement, comme le public était ravi et que la salle ne désemplissait pas, le directeur laissait faire. Il n'y avait que moi qui râlais, car après le spectacle je devais cavaler au cabaret pour donner mon tour de chant.

On n'avait pas le temps de s'ennuyer en jouant avec un numéro pareil, mais il fallait toujours être sur le qui-vive et sérieusement acrobate pour retrouver son texte au milieu des improvisations de ce baratineur incroyable. Lui, il s'y retrouvait toujours et rien ne pouvait le démonter. Le premier acte de *Baratin* durait environ une heure et tout se passait dans la blanchisserie autour d'une immense table qui prenait presque toute la scène, pas bien grande, de l'Européen. Dans ce premier acte, j'avais au moins une douzaine d'entrées et sorties au fil des scènes et, chaque fois, à des places différentes. Or, un soir, déroutée peut-être par une réplique inattendue ou tout simplement distraite — au bout de cinq ans de représentations, on finit par avoir des distractions — je rate une entrée et ne me trouve pas à la bonne place. Impossible de me remettre dans la mécanique de la mise en scène. Je n'arrêtais pas de me tamponner dans mes partenaires. Ce cafouillage, qui risquait de foutre la pièce par terre, n'impressionnait nullement Roger Nicolas. Il continuait de jouer et d'improviser, rassurant les copains un peu paniqués :

— Vous en faites pas, quand elle aura fini de faire l'andouille, ça ira tout seul.

Car non seulement, il ne cessait d'improviser mais était en plus capable de vous faire la conversation entre les répliques. A l'époque, une fois de plus, j'avais des problèmes de santé très féminins.

Puisqu'on est maintenant intimes, je vais tout vous raconter. Imaginez-vous qu'un jour, étant sur scène, je sens une démangeaison, placée où vous pensez et qui devenait de plus en plus insupportable. Je n'arrêtais pas de me tortiller, essayant de me gratter discrètement en tournant le dos au public. Vous parlez d'une situation ! Le premier acte, déjà très long, m'a paru ce soir-là interminable. L'entracte arrive enfin et je cours dans ma loge.

Roger Nicolas, à qui rien n'échappait, vient me demander ce qui me turlupine :

— Qu'est-ce que t'as, ma poule? Ça ne va pas?

En deux mots, je lui explique mon problème. Lui, ayant toujours réponse à tout, me donne son diagnostic :

— Cherche pas, t'as attrapé des morpions.

Horrifiée, j'essaie de vérifier mais n'en découvre pas la moindre trace. Il a bien fallu retourner sur scène où j'ai débité mes répliques, les mains cramponnées à la table de la blanchisserie pour ne pas succomber à l'horrible tentation de les mettre ailleurs. J'aime autant vous dire que dès le lendemain matin, j'étais les pattes en l'air chez mon toubib qui, après examen, m'a annoncé :

— Eh bien, voilà, chère madame, vous n'avez pas ce que vous pensez. Vous avez un parasite. Cela n'est pas grave, mais très long à s'en débarrasser. Vous ne devez faire votre toilette qu'à l'eau distillée et ne laver votre linge qu'avec du savon de Marseille et quatre fois par jour, vous prendrez ces ovules et ces médicaments.

Parlez d'un fourbi. Ça faisait rigoler Fernand qui me taquinait en disant : « Tu parles d'un cérémonial pour laver des fesses ! » Mais moi, j'étais pas du tout à la fête. Quant à Roger Nicolas, il n'allait pas laisser passer une si belle occasion de rigolade. Chaque fois que j'entrais en scène, il m'accueillait en me lançant :

— Alors ton cul, comment il va ce soir?

Et, froidement, il expliquait à sa manière mon problème au public qui était plié en quatre. C'était vraiment une bête de scène. Il pouvait tout se permettre et ne s'en privait pas. Comme personne n'avait imaginé, au début, que *Baratin* ferait un tel triomphe, on avait été engagés pour des clopinettes. Moi, je gagnais huit cent cinquante balles par représentation et Roger devait en toucher trois mille. Il en méritait largement dix fois plus. Il s'en rendait compte et, voyant que son cachet ne grossissait pas en même temps que le succès de l'opérette, il a trouvé un truc que lui seul pouvait se permettre. C'était la veille de la Pentecôte. La salle était bourrée et toute la semaine louée. Roger Nicolas entre en scène, lance ses premières répliques et, brusquement, se tord en deux et crie à la salle :

— Je peux pas, je peux pas, je suis malade!

Il a fallu baisser le rideau en catastrophe et rembourser la salle et toutes les places louées pour les fêtes de la Pentecôte. Le directeur a vite compris que le meilleur remède pour guérir sa vedette était de lui offrir un meilleur cachet. Je ne sais pas de combien il était, mais, de toute façon, Roger le méritait, car le succès de l'opérette ne tenait pratiquement qu'à lui. Il a d'ailleurs, avec d'autres triomphes, fait pendant vingt ans la fortune de l'Européen. Cela lui est, du reste, monté légèrement à la tête. Roger avait un peu la folie des grandeurs et adorait épater les gens. Il venait au théâtre au volant d'une immense Cadillac décapotable, flanqué de deux énormes chiens danois gris-bleu et accompagné d'un petit Algérien qui s'appelait Boudjemal et qu'il habillait, comme un major-dome, en gilet rayé. Avec un tel équipage, son arrivée au théâtre, rue Biot, ne risquait pas de passer inaperçue. Mais au lieu d'impressionner les gens du quartier, il les faisait plutôt rigoler. Rue Biot, c'était un quartier populaire et les gens simples, c'est pas si simple que ça de les épater. A l'époque il habitait un petit pavillon de quatre pièces à La Varenne. Il l'avait décoré comme un château, avec des cheminées monumentales et des trophées de chasse de partout, à croire qu'il passait sa vie à faire des safaris en Afrique. C'était un merveilleux raconteur d'histoires. Avec sa série *Écoute, écoute...* il a fait un tabac, mais il était complètement mythomane et finissait par raconter n'importe quoi. Je l'ai entendu affirmer qu'il avait été fusillé pendant la guerre par les Allemands, mais qu'il avait survécu à ses blessures. Il disait ça avec un tel aplomb que son auditoire le croyait et personne n'aurait osé lui demander de montrer ses cicatrices. Il aurait d'ailleurs été bien embêté car il n'en avait bien sûr aucune. L'histoire est pourtant vraie, mais elle est arrivée au pianiste Alain Romans, pas à Roger Nicolas.

Il avait aussi la curieuse marotte de se vieillir. Un jour, il a voulu à tout prix qu'on lui fête ses soixante ans. Or, il ne les a jamais eus. Il est mort à cinquante-sept ans, usé par la maladie et sa passion du théâtre. Se dépenser comme il le faisait, trois heures sur une scène tous les soirs, c'était plus épuisant qu'un marathon. En plus, il menait plutôt une vie de patachon. C'était un chaud de la pince, Roger Nicolas. Sa femme ne le lâchait pourtant pas d'une semelle. A l'Européen, elle campait littéralement dans sa loge, mais Roger avait plus d'un tour dans son sac. Par exemple, à la fin d'une représentation, il lui disait :

— Ma poule, je meurs de faim. Sois gentille, descends chez la mère Eugène retenir une table pendant que je me démaquille.

Sa femme n'était pas encore en bas de l'escalier que Roger ouvrait la porte de sa loge à une de ses admiratrices.

Ça je peux dire que pendant les cinq ans que j'ai joué *Baratin* avec lui, je n'ai pas eu le temps de m'ennuyer. Heureusement du reste, car si on riait bien, le boulot n'était pas toujours drôle. L'Européen n'était pas le Châtelet. C'était un théâtre tout en étages. Pour changer de costumes, on n'arrêtait pas de monter et descendre et quand vous aviez plusieurs changements dans une soirée, il fallait du souffle pour tenir le coup.

A propos de costumes, les miens dans *Baratin* ne me plaisaient pas tellement. Sous prétexte que j'étais une rondeur comique, on m'affublait de chapeaux ridicules ornés de citrons, d'oranges, de bananes et on m'habillait d'une robe horrible, à carreaux avec des plumes. Cela me faisait râler et je poursuivais Bruno Coquatrix de mes arguments :

— Écoutez voir ! Cette blanchisseuse qui a gagné le gros lot, qu'est-ce qu'elle fait ? Elle va dans une grande maison pour être bien habillée. Moi, si demain je gagne cinq millions, je vais chez Dior pour qu'il me fasse une jolie robe. D'accord, sur moi elle ne serait peut-être plus très jolie parce que je suis mal foutue, mais je ne serais pas ridicule. Je me mettrais des gants blancs et non pas ces horribles gants verts. Il n'est pas nécessaire de s'habiller comme un clown pour faire rire.

Je discutais en pure perte. Pendant des années je me suis battue avec les directeurs de théâtre pour leur faire admettre ce principe : le comique doit venir du comédien et non des accessoires ! J'arrive maintenant à me faire enfin entendre, mais je n'ai jamais oublié le ridicule de ces chapeaux dans *Baratin*. J'en avais franchement honte, surtout qu'un jour Michel m'a vue dans ce déguisement. Il avait presque deux ans, ma mère l'avait amené au théâtre, un dimanche après-midi. A mon entrée en scène, les gens ont bien sûr éclaté de rire en me voyant dans cet accoutrement. Michel s'est caché dans les bras de sa grand-mère, ne voulant plus me voir. Il avait honte, croyant qu'on se moquait de moi. Mais il a aussi connu ce jour-là une autre surprise plus agréable. C'était le moment d'aller saluer le public. En voyant Michel dans les coulisses, Roger Nicolas l'a gentiment pris par la main et l'a entraîné avec lui sur le devant de la scène. C'est ainsi, grâce à Roger, que Michel a découvert à deux ans les premiers applaudissements du public.

Dans ma loge de l'Européen, j'avais un pensionnaire pratiquement attitré que je recevais en tout bien, tout honneur. C'était mon vieux copain Charlot. On allait souvent déjeuner dans son restaurant et sa femme, qui le trouvait quelquefois encombrant, me suppliait à la fin du repas :

— Écoutez Jackie, faites n'importe quoi mais débarrassez-moi de cet énergumène. Emmenez-le avec vous au théâtre et, pour la peine, emportez ce paquet d'huîtres.

Charlot était ravi. Sans demander si cela nous gênait, il s'installait dans l'unique fauteuil de notre loge minuscule et tout en se rinçant le gosier au muscadet pour déguster les huîtres, il se rinçait aussi l'œil à nous regarder nous habiller et nous déshabiller. Mais tout le monde connaissait et adorait Charlot. Il n'y avait qu'une chose qui le chagrinait, ce brave Charlot, c'était de voir que j'avais une mine épouvantable. Avec la vie de fous que, Fernand et moi, nous menions depuis quelque temps, il fallait pas s'en étonner. On cavalait plus que jamais d'un cabaret à l'autre pour arrondir nos fins de mois, car je m'étais mis en tête de devenir propriétaire.

Après avoir été enthousiasmé par notre appartement de la rue Caulaincourt, Fernand s'était mis à ronchonner. La vue que nous avions sur le cimetière de Montmartre commençait à lui taper sur les nerfs. L'alignement des tombes lui filait le bourdon. Bref, il était temps de songer à déménager. Fernand adorait l'appartement de mon amie Choupette, rue Fontaine, et Choupette rêvait d'habiter le nôtre, le cimetière ne l'impressionnant pas du tout. Il n'y avait plus qu'à faire l'échange. Choupette s'installa rue Caulaincourt et nous, on emménagea rue Fontaine.

J'étais donc revenue au-dessus de mon premier appartement que j'avais quitté pour acheter mon bougnat. Mais quelque temps plus tard, le propriétaire décida de vendre l'appartement et nous le proposa à un prix très abordable puisqu'il était vendu occupé. Il en voulait cinq cent mille francs, anciens bien sûr. J'ai aussitôt sauté sur l'occasion surtout que le propriétaire nous laissait beaucoup de temps pour le payer. Mais ma décision avait littéralement affolé Fernand :

— Avec quoi veux-tu qu'on l'achète ? gueulait-il.

— Réfléchis un peu. Si c'est pas nous qui l'achetons, ce sera un autre et il faudra bien qu'on s'en aille un jour et payer un autre loyer. Alors que là, au prix où il est vendu, payer un loyer ou payer à tempérament, c'est du pareil au même.

— Mais pourquoi tu veux acheter? A quoi ça sert d'acheter ?

Fernand était comme ça. Il ne voulait jamais rien acheter, sauf si c'était vraiment indispensable, comme une paire de chaussures. Mais, moi, je voulais être propriétaire. On a eu quelques belles engueulades, mais je n'ai pas cédé et on a acheté cet appartement. Pour pouvoir payer, on mettait donc les bouchées doubles. Fernand passait dans huit cabarets en une seule soirée. Il ne savait plus où il en était. Un soir, il raconte une histoire drôle de son répertoire et personne ne rit. Il vient vers moi en coulisses et bougonne : « Qu'est-ce qu'ils ont ces cons-là, ils rient pas ! » Pour cause, son histoire, il l'avait déjà racontée au début du spectacle, mais ne s'en souvenait plus. Bref, on n'était pas beaux à voir et nos visages blafards qui ne voyaient jamais le soleil chagrinaient beaucoup Charlot.

— Vous devriez faire comme moi et habiter la banlieue. Au moins, vous auriez de l'air.

Il venait de s'acheter une maison à Sartrouville. Mais, moi, avec mes pieds jamais à côté de mes pompes, je me récriais :

— Habiter la banlieue avec le boulot qu'on fait, c'est pas possible.

— Mais si, mais si, s'excitait Fernand. On aurait un jardin, ce serait formidable !

— Ouais ! Encore faudrait-il avoir le temps d'aller dedans !

Bref, on était repartis dans des discussions à n'en plus finir. Mais, cette fois, c'était moi qui freinais et Fernand qui poussait. En regardant les petites annonces, on tombe sur une maison à vendre à Montesson, pas loin de Sartrouville, là où Charlot avait acheté la sienne. D'un coup de voiture, sa femme nous emmène la visiter. Elle était charmante, au bord de la Seine, construite en partie sur « pilori » comme déclara Charlot qui avait le génie de déformer les mots. Elle était à vendre cinq millions de centimes. On a signé. J'ai revendu six millions l'appartement de la rue Fontaine acheté cinq cent mille, mais comme la vente ne s'est pas faite tout de suite, la femme de Charlot m'a très gentiment avancé l'argent.

Nous voilà donc installés à Montesson au bord de l'eau. On n'avait jamais eu autant d'espace à nous. Avec deux chambres, une cuisine, une salle de bains, une grande salle de séjour prolongée d'une terrasse, on était à l'aise. En plus Fernand avait son jardin. Il s'étendait devant la maison et descendait derrière celle-ci jusqu'à la Seine où un escalier de dix-huit marches — je les avais comptées — menait à un petit appontement où, bientôt, vint s'amarrer un pointu. En cadeau de bienvenue, Charlot avait fait venir le sien de Marseille pour le donner à Fernand. Mon mari était le plus heureux des hommes. Avec Michel émerveillé, il naviguait au milieu des péniches ou allait s'amarrer, dans un coin tranquille, à un arbre de la rive pour taquiner le goujon. Le seul ennui de ses paisibles navigations est qu'elles coûtaient cher en briquets. Fernand avait la mauvaise habitude de les mettre dans la poche de sa chemise et chaque fois qu'il se baissait, plof ! un briquet à l'eau. Je passais mon temps à lui en racheter. Si on draguait la Seine de ce côté-là, on ramasserait de quoi remplir la vitrine d'un débit de tabac.

Naturellement, habitant à vingt kilomètres de Paris, il n'était plus question de circuler en tandem. On a donc acheté une Ford Vedette, toute neuve. On en était très fiers. Pensez, on avait une voiture! A l'époque, c'était encore un signe de réussite sociale! Hélas, on ne l'a pas gardée longtemps. Quelques semaines après l'acquisition de cette merveille, Fernand doit aller faire un gala à Nice. Aussitôt, il ne pense qu'à une chose : descendre sur la côte au volant de sa Vedette. Moi, je trouvais plus raisonnable de prendre le train. A l'époque, l'autoroute n'existait pas et traverser la France était encore une expédition. Mais aller priver un homme du plaisir de rouler avec sa première voiture. Je l'accable de recommandations : « Ne roule pas comme un fou... ne fais pas la route d'une traite, arrête-toi dans un hôtel pour dormir et surtout, surtout, ne prends aucun auto-stoppeur! » Fernand me regardait en rigolant. Ma crainte des auto-stoppeurs le faisait marrer. Bon comme il était, il ne comprenait pas qu'on puisse être aussi méfiant et voir des voleurs ou des assassins partout. Il part donc en me promettant de faire bien attention et de ne s'arrêter pour personne. Le voyage aller se passe sans incident. Mais après son gala, ne se sentant nullement fatigué, il décide de reprendre aussitôt la route. Oubliant naturellement mes recommandations, il roule toute la nuit. A l'aube, il s'arrête à Sens pour faire le plein d'essence. Un jeune homme s'approche de lui et lui demande s'il rentre sur Paris et s'il peut l'emmener. Fernand hésite, mais la demande est faite si poliment et le monsieur a l'air si honnête que Fernand m'envoie mentalement aux pelotes avec mes méfiances sans raison et accepte de prendre l'inconnu comme passager, se disant qu'il lui ferait la causette, ce qui l'empêcherait de s'endormir dans les derniers kilomètres. Mais le monsieur ne se montre pas causant du tout. Répondant à peine aux questions de Fernand qui commence à se dire qu'il s'est encombré d'un passager pour rien. Brusquement, c'est la panique à bord. L'inconnu a attrapé le volant et, à 120 à l'heure, braque la voiture sur un mur à droite de la route. Elle le percute, heureusement pas de face, mais en biais. Fernand, à moitié groggy par le choc, reprend vite ses esprits quand il voit son passager, la bave à la bouche, se jeter sur lui. Fernand l'a calmé d'un coup de poing dans la figure. Assommé d'un seul coup, le mec! Pourtant Fernand n'avait rien d'un champion de boxe ! La voiture qui suivait s'arrête, prévient les gendarmes qui rappliquent et qui embarquent aussitôt l'inconnu. C'était un fou dangereux échappé d'un asile près de Sens. Il était pas fier, le Fernand, quand il a dû me raconter tout ça. Moi, je gueule toujours avant, quand ça peut servir à quelque chose, mais une fois que le mal est fait, je ne suis pas du genre à me lamenter. A Fernand, je me suis contentée de lui dire en rigolant :

— Il n'y avait qu'un dingue sur la route et il a fallu que ce soit toi qui le ramasses !

Il y avait quand même un problème à régler : celui de la voiture. Elle était bonne pour la casse. On l'avait payée un million, on l'a revendue cent mille francs. Fernand jurait que c'était fini, que plus jamais il n'aurait de voiture. Moi, me taper le train matin et soir, c'était hors de question. Être bloquée à vingt kilomètres de Paris sans véhicule me paraissait même dangereux :

— Imagine que Michel tombe malade ou se casse quelque chose, comment ferait-on pour l'emmener dare-dare à la clinique ?

Et sans écouter les récriminations de Fernand, je raclais les fonds de tiroir pour acheter une Dauphine Renault. Tant pis pour les meubles, on se les paierait plus tard. J'ai même fait mieux. Moi qui suis déjà morte de trouille assise à l'arrière d'une voiture, je décidai héroïquement de me mettre au volant et pour cela, je passai mon permis de conduire.

Prise d'une vraie folie des grandeurs, je décidai aussi d'agrandir la propriété. J'avais repéré un terrain derrière le nôtre avec une maison habitée par une vieille dame. Le jour où j'ai appris qu'elle voulait vendre en viager, je me suis précipitée chez elle. Elle voulait cinquante mille francs de bouquet et cinq mille francs par mois. D'accord, sa maison était un taudis, mais qu'est-ce qu'une pauvre vieille pouvait faire avec cinq mille francs par mois ? Je lui propose de lui donner les cinquante mille de bouquet et dix mille francs par mois. Accord conclu, on va chez le notaire. Mais je ne savais pas ce que représentaient les frais d'enregistrement d'un viager. Ça coûte la peau du cul. Il y en avait pour quatre cent mille francs. J'étais marron, car j'avais déjà signé. Heureusement, j'avais l'argent sur mon compte en banque, mais après cette folie, je n'avais plus un sou d'économies. Fernand a encore piqué une belle fureur, me demandant quand j'arrêterais de faire des conneries.

On est restés cinq ans à Montesson, de 1952 à 1957. Mais, à la longue, les charmes de la vie au grand air et au bord de l'eau ne m'ont plus paru tout à fait évidents. Fernand travaillait au Châtelet, moi toujours à l'Européen. Ensuite on se tapait les cabarets, le Libertys et les autres. On n'avait jamais fini avant 2 heures du matin. Le temps de rentrer à Montesson, de manger une nouille, on se mettait au lit vers 4 heures. Au début, n'ayant pas d'autres engagements, on pouvait faire la grasse matinée et profiter ensuite du jardin avant de repartir pour le théâtre. Mais quand on s'est mis à faire, en plus, du cinéma, alors là, c'est devenu l'enfer. Couchés à 4 heures, on se levait à 6 pour aller aux studios de Saint-Maurice, de l'autre côté de Paris, où il fallait être prêt à jouer, maquillé et habillé, pour 9 heures. Les prises de vues terminées, il fallait courir au théâtre. Quand on avait 2 heures de libres, on se tapait un cinéma pour roupiller un peu. Cette sieste n'était pas toujours du goût des spectateurs. Un jour, on jouait un superbe film, *le Jaguar,* dans la salle où on était entrés. Au bout d'un quart d'heure, j'entends un bruit terrible à mes côtés. C'était mon Fernand qui ronflait à tout va. Les gens sifflaient comme des malheureux et on a dû sortir sous les huées.

Le cinéma n'étant donc pas de tout repos, un copain nous avait indiqué une maison de rendez-vous où les couples irréguliers pouvaient s'isoler quelques heures. Un jour, plus crevés que d'habitude, on décide de tenter l'expérience. On se pointe donc dans cette discrète maison, rue La Boétie. La tête de la femme de chambre quand elle nous a ouvert la porte! Elle avait sûrement dû nous reconnaître et on lisait clairement sur son visage : « Ben ça alors! Un bonhomme avec sa bonne femme, j'ai encore jamais vu ça! »

Avoir une maison au bord de l'eau pour y dormir deux heures par nuit, c'était une folie. Bien sûr, ce n'était pas tous les jours comme ça, il y avait les jours de relâche où on pouvait un peu respirer au soleil... quand il y en avait. Mais à ce moment-là, le téléphone sonnait. C'étaient les copains annonçant leur visite. Une maison, c'est bien joli, mais quand il faut faire à bouffer pour dix personnes, ça n'a plus rien de marrant !

Finalement, c'est la Seine qui a fait déborder le vase, si je puis dire. Un matin d'hiver, je me lève, tire mes rideaux et, horreur, je vois les meubles du jardin passer devant la fenêtre de la salle à manger. Je vais pour descendre l'escalier : les dernières marches baignaient dans la flotte. On était complètement inondés. En une nuit, la Seine s'était taillée de son lit et installée dans notre salon. Elle avait envahi le garage, noyant la chaudière, mais était heureusement ressortie par la porte du fond, aménagée d'ailleurs à cet effet, mais on ne l'a compris qu'à ce moment-là. Dieu merci, on avait laissé la Dauphine dans la rue. Fernand a enfilé ses grandes bottes de marin, a réussi à attraper son pointu et nous a fait ainsi regagner la rue. A l'époque nous travaillions au Libertys et Charpini, qui y était aussi, déclara au public : « Ils sont un peu bizarres ce soir, les pôvres, ils viennent travailler en radeau. » La maison était inhabitable. Plus de chauffage, plus de lumière, en plus un froid du tonnerre, bref l'horreur. Le temps que la Seine veuille bien déménager de chez nous, on est allés vivre chez Charlot.

Mais cette fois la coupe était pleine et je décidai de vendre pour revenir habiter dans Paris. Mais comment vendre une baraque qui, à chaque hiver, est menacée de jouer les sous-marins ! Le printemps revenu, toutes traces de dégâts disparues, je me mets en quête d'un acheteur éventuel. J'avais remarqué une usine à côté de chez nous qui fabriquait des panneaux pour les maisons préfabriquées. Une idée me vient. Je me procure le téléphone de l'usine et j'appelle en demandant à parler au directeur. Je me présente et constate avec plaisir qu'il connaît mon mari. Je lui explique alors qu'avec la vie d'artiste que nous menons, il n'est plus possible d'habiter si loin de Paris et que, peut-être, notre maison pourrait intéresser un de ses employés. Il ne trouve pas l'idée saugrenue. Je lui propose alors de venir visiter la maison. Il me fixe rendez-vous dans une heure. J'en profite pour aller faire quelques courses et quand je reviens, je le vois en train de remonter dans sa voiture en faisant un signe de violente dénégation à son chauffeur qui démarre avant que j'aie pu l'aborder. Dans mon esprit, pas de doute, il a été horrifié à la vue du taudis de la vieille dame. Je ne me démonte pas pour autant et je le rappelle aussitôt au téléphone :

— Monsieur, nous nous sommes manqués de peu. Je vous ai vu repartir pas content du tout et je ne crois pas me tromper en pensant que c'est le taudis de ma voisine qui vous déplaît. Mais j'ai des choses à vous expliquer à ce sujet. Soyez gentil, venez prendre l'apéritif, en voisin. Qu'est-ce que vous risquez ?

Mon bagou l'a fait rire et, une heure après, il prenait l'apéritif chez moi. C'était bien la proximité du taudis qui lui soulevait le cœur. Je lui ai alors expliqué que, l'ayant acheté en viager, je le vendais avec la maison et qu'une fois la propriétaire disparue — c'était une très, très vieille dame, précisai-je — il n'aurait qu'à le raser et se retrouverait avec un très beau terrain. Je me suis faite si convaincante qu'il s'est décidé à acheter la maison, non pas pour un de ses employés, mais pour lui-même. Naturellement, la vieille dame a mis beaucoup plus de temps que prévu à disparaître et le nouveau propriétaire m'en a un peu voulu. Pas trop tout de même, car nous sommes restés en très bons termes et quand nous avons ouvert, plus tard, notre propre cabaret, il a été un de nos plus fidèles clients. J'avais revendu ma maison, achetée cinq millions, près du double, cinq ans après. En tant qu'agent immobilier, malgré les gueulantes de Fernand, j'étais finalement pas si conne que ça ! En tant qu'épouse d'un mari plutôt volage, je ne l'étais pas non plus. Mais ça, c'est une autre histoire et elle n'a pas été drôle pour moi ! Je vais quand même la raconter puisque j'ai décidé de tout dire.

9

Vivre avec Sardou, c'était pas triste ! Mais il fallait une sacrée dose de patience pour supporter son drôle de caractère et comme la patience n'est pas ma vertu première, on passait notre temps à nous engueuler. Jamais pour les choses sérieuses, mais pour les broutilles, les petits riens de la vie quotidienne, on n'arrêtait pas de se faire des scènes. Des vrais sketches qui faisaient rire tous nos copains jamais dupes, eux, de nos fausses colères. On ne pouvait pas jouer aux cartes sans que ça se termine mal. Comme il ne faisait jamais attention, je gagnais forcément à tous les coups et, immanquablement, ça déclenchait un échange de répliques qui n'avaient rien à voir avec celles de Pagnol.

— T'as un cul quand même ! lançait-il.

— Mais non Fernand, t'as qu'à faire un peu attention.

— Non mais, tu vas pas me dire que tu sais jouer ?

— Je sais peut-être pas jouer, mais je sais que même à la bataille, il faut faire attention aux cartes si on veut gagner.

Là, en général, il me lançait un regard noir de colère et je me demandais si je n'allais pas recevoir son jeu à la figure. Il se contentait de le jeter sur la table et de se lever, très digne, en me lançant :

— Tu m'emmerdes, je joue plus.

Dois-je le préciser ? Il était très mauvais joueur.

En bon Méridional qu'il était, la femme devait être douce, aux ordres et ne jamais discuter. Avec moi, il était plutôt mal tombé. Un soir, au début de notre mariage, il m'annonce froidement :

— Je sors, je vais au cinéma.

Et il s'en va. Moi, j'étais en train de faire la vaisselle. Oh, elle a été vite finie, je vous prie de croire. Je me suis donné un coup de peigne et en route, moi aussi, pour le cinéma. Le plus drôle, c'est qu'on s'est retrouvés dans la même file d'attente devant le Gaumont.

— Mais qu'est-ce que tu fais là ? m'a-t-il demandé complètement stupéfait en me voyant.

— Ben, tu vois bien, je vais au cinéma comme toi.

Ce soir-là, il a compris qu'une Parisienne, c'est pas une Méridionale. Comme il n'avait aucun sens de l'heure, il lui arrivait, ayant faim, de s'indigner parce que le repas n'était pas prêt à 10 heures du matin. Il avait une autre manie qui m'exaspérait. Il oubliait toujours de me prévenir quand on avait un rendez-vous. Tout à coup, je le voyais planté devant moi, son chapeau sur la tête et me disant, l'air excédé :

— Eh bien, je t'attends !

Et j'apprenais, stupéfaite, que nous étions attendus dans un quart d'heure à une réception chez les Untel. Il jurait, naturellement, qu'il m'avait prévenue. Moi, je n'avais que le temps de me maquiller en catastrophe, de passer vite une robe et de courir le rejoindre dans la voiture avec mon chapeau de travers. Le comble, c'est quand, arrivé à la réception, il me faisait remarquer une femme parfaitement pomponnée, en général style « marquise de la motte en feu » et me glissait innocemment : « Il n'y a pas de danger que tu sois comme ça ! » L'étonnant, c'est que Fernand ne mettait aucune méchanceté dans ce genre de réflexions. Simplement, avec son incroyable candeur, il constatait la différence, sans penser une seule seconde qu'il y était pour quelque chose. C'était un enfant, Fernand, vivant dans son monde à lui, un monde fait de poèmes, de chansons, de sketches et d'opérettes. Et comme les enfants, Fernand avait ses jouets. Il y avait le bateau dont je vous ai montré un aperçu. Il s'arrangeait toujours pour l'avoir dans le port le plus proche de l'endroit où il chantait et comme il se déplaçait souvent, le bateau suivait, passant finalement plus de temps sur la route que sur l'eau. Il y a eu aussi la période « serins ».

Un jour, en se promenant quai de la Mégisserie, entre deux spectacles au Châtelet, il est tombé en arrêt devant un serin. Il l'a acheté avec une belle cage et l'a rapporté à la maison. Au bout d'une semaine, il a décrété que son serin s'ennuyait tout seul et lui a ramené une compagne. Ne faisant jamais rien à moitié, il a voulu tout savoir sur ses oiseaux et a commencé à acheter et à lire tous les livres sur le sujet. Naturellement le couple de serins a fait des petits et Fernand a acheté une autre cage, toute compartimentée, avec un nid spécial pour que la mère puisse se reposer en paix. Mais il y en avait une qui ne se reposait pas, c'était moi. Car, bien sûr, on m'avait chargée de nettoyer les cages. C'est fou ce que ces bestioles peuvent salir. Je n'arrêtais pas d'acheter des paquets de sable. Les serins, eux, n'arrêtant pas de faire des petits, on a acheté d'autres cages et la maison est devenue une vraie volière. On a eu, tenez-vous bien, jusqu'à vingt-huit serins. Fernand était aux anges, moi, beaucoup moins. En plus, ces pauvres serins, on leur perturbait la vie avec nos horaires d'artistes. Rentrant du boulot à 2 heures du matin, on les réveillait en allumant les lumières. Ça se mettait à piailler là-dedans, on ne s'entendait plus. Ils ne se calmaient que quand on éteignait tout pour aller se coucher. Mais avant d'éteindre, on recouvrait soigneusement les cages de draps noirs pour qu'ils ne nous réveillent pas avec le lever du jour.

Après les serins, ça a été les timbres-poste. Là aussi, on a été envahis. Dans notre chambre, il y en avait partout. Interdiction de toucher à quoi que ce soit et d'ouvrir la fenêtre. Un courant d'air risquait de faire envoler sa précieuse collection.

Avec les progrès de la technique, il a voulu s'amuser avec les magnétoscopes. Mais il piquait des colères terribles parce qu'il se mélangeait les doigts avec les boutons et n'arrivait jamais à régler correctement l'appareil. Son dernier « jouet » a été une caméra image et son. Là, il était absolument fou de joie. Il avait déjà une caméra pour tourner des films muets et il n'arrêtait pas de filmer Michel. Quand il a reçu cette merveille, il l'a emportée avec lui pour filmer le triomphe de son fils à l'Olympia. Puis, il a voulu faire un montage sonorisé de tous les films qu'il avait tournés. Il a donc enregistré un texte où il racontait toute l'enfance de Michel, depuis l'âge de deux ans jusqu'à ses premiers succès sur scène. Pour faire le montage son-image, il a porté le tout dans un magasin de Neuilly, car, à cette époque, malade et moi en tournée, il habitait chez Michel. Naturellement, il a perdu le reçu du magasin et a été incapable de se souvenir de l'adresse. Pendant des jours, il a fouillé le quartier. Impossible de retrouver la boutique! On a fait passer des annonces, on en a parlé dans la presse, on n'a jamais rien retrouvé. Il y a quelque part, au fond d'une boutique, oublié dans un tiroir, un merveilleux petit film sur Michel que je crains de ne voir jamais. A moins d'un miracle!

Avec un bonhomme pareil, toujours dans les nuages, pas question de lui demander de s'occuper des problèmes d'intendance. Il n'a signé qu'un chèque dans sa vie, pour s'acheter une paire de chaussures et si je n'avais pas vérifié, il la payait, ayant mis un zéro de trop, six mille nouveaux francs. Quand il fallait aller discuter de ses cachets ou se faire payer, c'était un veau qu'on menait à l'abattoir. N'osant rien exiger, il se faisait souvent rouler et piquait ensuite des colères terribles, mais c'était trop tard. Alors je l'accompagnais et je gueulais à sa place et avant de signer quoi que ce soit. C'est d'ailleurs comme ça que je me suis fait une réputation de mal embouchée. Mais c'était pour défendre mon mari.

Le monde de Fernand, c'était donc l'opérette, la chanson, les sketches, les histoires drôles. Il ne pensait qu'à ça, toujours à la recherche d'une rime, d'une chute pour une histoire, d'un scénario pour une opérette. Il écrivait partout et tout le temps sur des bouts de papier et, une fois rentré à la maison, il s'asseyait devant sa machine et, avec un seul doigt, il se mettait à taper. Ça pouvait durer toute la nuit et, bien souvent, il se couchait quand je me levais. De toute façon, il n'aimait pas dormir en même temps que moi. Angoissé comme tous les comiques, il avait peur d'avoir un malaise en dormant et préférait me savoir réveillée pour s'endormir tranquille. Il a écrit ainsi, pendant ses insomnies, les opérettes *On a volé une étoile* et

Miss Cow-boy, le scénario du film *le Voleur se porte bien* et pendant onze ans, il a écrit et mis en scène chaque année la nouvelle revue de chez Tonton. Un sacré boulot, je vous prie de croire!

Pas étonnant donc qu'avec tout ce qui tournait dans sa tête, il puisse passer à côté de ses copains et même de sa femme sans les reconnaître. Dans le genre distraction, il a même fait mieux. Il est rentré un soir rue Fontaine, a sonné et s'est vraiment trouvé tout bête quand, voulant entrer, le nouveau propriétaire lui a dit :

— Mais monsieur Sardou, vous n'habitez plus ici. Vous m'avez vendu l'appartement. Vous habitez maintenant, je crois, à Montesson.

C'est pas un gag de cinéma, c'est l'exacte vérité. Macho, colérique, un peu mufle et très distrait, vous allez me dire que je n'étais pas gâtée avec un tel mari. Détrompez-vous! Il avait un cœur si généreux, une manière si drôle de voir la vie, que malgré toutes nos engueulades qui, d'ailleurs, devenaient presque des distractions, pas une seule seconde, je n'ai regretté d'être la femme de Fernand Sardou. Et pourtant, ça n'a pas toujours été facile de l'être!

Tous les ménages connaissent des périodes de crise, plus ou moins longues, plus ou moins graves. On s'en sort comme on peut, brisés ou plus forts. La nôtre a duré quatre ans. Elle a été très dure pour moi, mais j'ai réussi à sauver mon ménage. Tout a commencé quand Fernand a joué au Châtelet.

A cette époque où la télévision existait à peine et le cinéma encore bien souvent en noir et blanc, le Châtelet offrait les spectacles les plus féeriques de Paris. Son directeur Maurice Lehmann assurait d'extraordinaires mises en scène où, dans un tourbillon de couleurs et de musiques, évoluaient des centaines d'artistes au milieu de somptueux décors. Il fallait avoir les épaules sacrément solides pour monter de tels spectacles, surtout que Maurice Lehmann les finançait avec ses propres sous, sans aucune subvention. Il était condamné au succès et, à force d'invention, de travail et de passion, les spectacles du Châtelet étaient toujours des triomphes.

Le Châtelet donnait quarante représentations par mois, avec matinée le jeudi et le dimanche. Ces jours-là, on vivait pratiquement au théâtre. On y entrait à 1 heure pour n'en sortir qu'à minuit. Les loges des vedettes étaient d'un confort parfait, de véritables appartements. On y prenait nos repas que je cuisinais à la maison avant de partir. Fernand restait maquillé toute la journée et, entre les représentations, s'allongeait sur le canapé pour se reposer. Très utile le canapé !

Dans cette usine à spectacles qui, avec les artistes, les choristes, les danseurs et danseuses, les musiciens et les figurants, employait pas moins de trois cents personnes, l'envers du décor voyait se dérouler de drôles de choses. Avec déjà cent vingt danseuses entre six à dix-huit ans, un homme là-dedans, c'était le loup dans la bergerie. Une bergerie où rôdaient aussi des louves : les mères des jeunes danseuses. Ces braves femmes étaient prêtes à tout pour pousser leur fille en avant, pour qu'elle décroche un meilleur rôle en séduisant une vedette de la distribution. Ces mères y mettaient d'autant plus d'énergie et de ruse qu'elles rêvaient de la voir réussir dans une carrière que, bien souvent, elles-mêmes avaient ratée.

Pour vous dire l'ambiance qui régnait dans les coulisses du Châtelet, l'administrateur de Maurice Lehmann, un vieux monsieur, m'a fait un jour cet étonnant aveu :

— Si je vous disais, madame Sardou, que quand je reçois une petite danseuse de douze ou treize ans et même moins, je laisse toujours ostensiblement ouverte la porte de mon bureau...

Eh oui, même les mômes étaient dangereuses. Avec l'exemple de leurs aînées, elles voulaient faire mieux et, poussées par leur mère, elles étaient prêtes à n'importe quoi pour décrocher la timbale, même à compromettre un vieil administrateur !

Remarquez, je parle du Châtelet parce que c'est une expérience que j'ai vécue, mais je crois que ça doit être un peu pareil dans tous les métiers. Je dirais même que c'est inévitable.

Flairant le danger pour Fernand qui allait jouer dans l'opérette de Francis Lopez *Pour Don Carlos,* avec Georges Guétary, j'ai tenu à mettre aussitôt les points sur les *i.*

— Fernand, il va y avoir un os !

— Qu'est-ce qu'il y a encore? Qu'est-ce que tu gamberges encore?

Toujours galant, mon homme, quand il sentait venir un problème. Il avait très bien compris de quoi j'allais lui parler et, agressif, il se tenait sur ses gardes.

— Tu vas devoir faire attention. Ici, c'est pas comme quand tu te balades en tournée, où tout le monde se sépare et s'oublie après la dernière représentation. Ici, ça va durer longtemps et il y en a déjà plein qui sont en train de faire leurs petits calculs pour savoir qui elles vont piéger. Alors je vais te donner un conseil. Tu en feras ce que tu voudras, mais au moins je t'aurai prévenu. Ces jolies danseuses, tu les sautes toutes si tu veux, mais ne fais pas la connerie de rester avec une seule, car, là, ce sera grave.

Il m'a regardée, estomaqué et vexé. Il ne supportait pas que je lise en lui comme dans un livre.

— Mais qu'est-ce que tu me casses les pieds avec ces histoires? Tu vois toujours le mal partout!

Bref, je suis gentille et je vous fais grâce de ses récriminations d'autant plus vives et colorées qu'il savait que j'avais, hélas, parfaitement raison. Je n'ai pas mis très longtemps à en avoir la preuve. Un soir, je suis allée le chercher à un bistrot où, après le spectacle, on allait souvent boire un verre. Très fière, je portais le manteau d'astrakan que Fernand venait de m'offrir. Mais, à peine entrée, je suis alertée par le regard venimeux jeté sur ma fourrure par une dame accompagnant une danseuse, manifestement sa fille. Gentiment, je fais part de ma découverte à Fernand :

— C'est elle ta dernière conquête. Rappelle-toi mes conseils. Change, ne reste pas avec elle. Rien qu'à voir la mère, je sais que ça finira en eau de boudin.

— Tu m'...embêtes! a grogné Fernand, furieux de se voir si vite découvert.

Naturellement, mes conseils n'ont servi à rien. Fernand était fait aux pattes et à la fin de la saison, la « passade » durait toujours. Moi, je me montrais le moins possible au Châtelet, mais je ne renonçais pas pour autant et, un jour, je suis allée au théâtre lancer ma déclaration de guerre.

Au Châtelet, comme dans tous les théâtres du reste, l'habilleuse est un personnage clé. Au Châtelet, il y en avait une par étage. Elles écoutaient tous les potins ou les confidences des artistes en les aidant à enfiler leurs costumes et se les racontaient par la suite. En une heure, tous les étages du Châtelet connaissaient la dernière blague de Luis Mariano ou la migraine de Tino Rossi. C'était radio gazette.

Donc, ce jour-là, je me pointe à la loge de Fernand pendant qu'il était sur scène et, tout à trac, je dis à Madeleine, son habilleuse :

— Écoutez-moi, Madeleine, vous allez faire une commission de ma part à qui vous savez. Vous leur direz que si certaines jeunes danseuses du Châtelet ont l'habitude de foutre en l'air les ménages, de provoquer même des suicides, vous leur direz que s'il y en a une qui se montrera coriace et qui ne se laissera pas faire, ce sera moi.

— Mais pourquoi vous me dites ça ? balbutiait Madeleine, faisant celle qui ne comprenait pas.

— Je dis ça comme ça parce que je ne peux pas mettre une annonce dans le journal ni placarder une affiche dans les coulisses du théâtre. Je le dis à vous pour que tout le monde le sache.

La réaction n'a pas tardé. Le matin, à Montesson, le courrier s'est mis brusquement à augmenter. Une des manœuvres des mères consiste à envoyer des lettres anonymes. Je ne l'ai appris que plus tard. Car, manque de pot pour la dame, c'était mon mari qui dépouillait le courrier, ne me laissant à lire que les factures. C'était donc un coup pour rien et en plus très maladroit. Car même si Fernand s'aveuglait sur l'origine de ces lettres qu'il brûlait soigneusement, il n'aimait pas du tout qu'on s'attaque à son ménage. Il voulait bien faire des âneries dehors, mais sa famille, c'était sacré. Il continuait néanmoins à prendre la défense de ces petites et ça donnait, à l'aube, avant d'aller au lit, des conversations du genre aigre-doux :

— Ces petites, il faut les comprendre. C'est fatal ce qui leur arrive. Elles gagnent très mal leur vie et elles ont besoin d'argent. Tu te rends compte, elles n'ont même pas de quoi se payer une paire de bottines !

— Toi, t'as une paire de bottines à offrir !

— Tu ne comprends rien, fulminait-il, furieux de voir que je me payais sa tête. Elles voient les autres qui sont couvertes de bijoux, elles voudraient avoir au moins une petite gourmette. A dix-huit ans, c'est normal!

Il y avait de la gourmette dans l'air.

— A dix-huit ans, on peut pas tout avoir. Tout le monde peut pas être la fille d'Onassis. Qu'est-ce qu'on avait, nous, à dix-huit ans? Rien! Faut commencer par le commencement!

Et sur ce, j'allais me coucher et, croyez-moi, je ne me sentais pas ces matins-là d'une gaieté folle. Et pourtant mon problème était loin de trouver sa solution. Le Châtelet faisant relâche pour les vacances, Fernand devait partir pour Marseille jouer dans le film *la Table aux crevés.* Moi, je restais à Paris, l'Européen ne faisant pas relâche. Naturellement, la « mère » connaissait la situation et craignant, sans doute, que loin de Paris, Fernand ne retrouve le goût de la liberté, elle a aussitôt sauté avec sa fille dans le premier train pour Marseille et d'office l'a installée dans le plumard de mon mari. Ce qui, entre nous, n'avait rien de difficile. Je savais bien qu'en me voyant toutes ces petites mômes se disaient : « Hé, la p'tite grosse, on va l'avoir au tournant, en deux coups de cuillers à pot! »

Là, ça a commencé à devenir sérieux entre Fernand et cette demoiselle. Le film terminé et le Châtelet rouvrant ses portes, ils sont revenus ensemble à Paris et, pour tout le monde, c'est devenu une liaison quasi officielle. Moi, stoïque, je faisais le gros dos. Je m'étais, dès les premiers jours de mon mariage, fait une certaine philosophie quant à la fidélité conjugale. Jamais, je n'ai eu la prétention de dire : « Moi, on ne me fait pas cocue! » Au contraire, je me suis toujours dit : « Pourquoi ça ne t'arriverait pas à toi? » Remarquez, c'est plus facile à dire qu'à supporter, mais j'avais tellement vu dans les cabarets des filles splendides et des mecs superbes qui se juraient le grand amour et se trompaient à qui mieux mieux, qu'il fallait vraiment être folle pour me croire à l'abri de pareilles mésaventures. Surtout après avoir épousé un gars comme Fernand. Quand j'étais gamine, dans la tournée « En plein pastis », il était obligé bien souvent de se réfugier dans la chambre de Rollin pour pouvoir dormir tranquille. C'était pas un don Juan, Fernand. Il courait pas après les filles. C'était pas la peine, il n'avait qu'à choisir. Naturellement, quant à dire non, pour ne pas faire de peine à quelqu'un, ça, c'était une autre paire de manches !

Alors je me disais : « Qu'est-ce que tu peux faire ? Tu vas changer de bonhomme ? Mais ce sera pareil, à moins de prendre un gars dont personne ne veut. Pour ne pas être cocue, il faudrait se mettre avec un affreux, c'est complètement idiot et c'est même pas sûr ! » J'essayais donc de me faire une raison, de me dire que tant que ce n'était qu'une coucherie, ça n'était pas trop grave. J'ai pourtant beaucoup souffert, mais j'ai supporté pour Michel, pour préserver notre famille. Je dois reconnaître que pendant les quatre ans qu'a duré cette histoire, Fernand a toujours été à peu près correct, prenant soin de sauver au moins les apparences.

La troisième année, je continuais à être harcelée de lettres anonymes, mais Fernand les déchirait avant que j'aie le temps de les lire. La quatrième année, la mère a décidé qu'il fallait en finir. Elle pressait sa fille pour pousser Fernand au divorce. Elle avait même prévu qu'on me verserait une pension mensuelle de cinquante mille francs et qu'on me laisserait la maison de Montesson. « Fais pas comme moi, devait-elle dire. Te laisse pas faire ! » Car, naturellement, elle était, comme la plupart de ces mères, elle-même divorcée. Je trouve criminel de donner de tels conseils à une môme et de reporter ses rancœurs sur sa fille. Comment voulez-vous qu'une gamine de dix-huit ans, qui en plus n'a pas beaucoup de cervelle, n'aille pas suivre de tels conseils et n'essaye pas de faire divorcer le malheureux tombé dans ses filets ?

Mais moi divorcer, il n'en était pas question. Je n'aurais pas eu de gosse, je ne me serais pas battue. Mais, moi qui n'avais pas eu de famille, je m'étais toujours dit que mon fils aurait sa mère et son père, qu'il serait élevé avec ses parents, au moins jusqu'à sa première communion. C'est pour cela que je n'ai jamais voulu céder. Je me contentais de me montrer la plus discrète possible. Je n'arrivais jamais au Châtelet à l'improviste. Je téléphonais toujours avant. Inutile de m'offrir en plus des surprises à la noix ! Les rares fois où j'y allais, je me montrais d'humeur égale, ne parlant à quiconque de mes problèmes. Personne n'a jamais su que je recevais des lettres anonymes.

Le harcèlement de la mère commençait à embêter Fernand. Lui, les aventures, il voulait bien les vivre dans la joie et l'insouciance mais pas dans les emmerdements. Alors il devenait nerveux et irritable, s'engueulant avec tout le monde, aussi bien avec moi qu'avec l'autre. Alors là, j'ai aussitôt fait une nouvelle mise au point.

— Écoute-moi bien, Fernand. Vis ta vie si tu veux, mais que tu fasses la gueule à la maison, il n'en est pas question. Je veux que tu sois gracieux et gentil. Me faire la gueule parce que tu as des problèmes ailleurs, ça, ça ne marche pas !

Ça a duré comme ça encore des mois et puis, un jour, à 2 heures du matin, au moment où on rentrait du boulot, le téléphone a sonné. Fernand était dans le garage et, comme c'était l'hiver, il remplissait la chaudière de charbon. J'ai donc décroché et au bout du fil, j'entends une voix qui me dit ceci :

— Alors madame, vous ne voyez pas que vous gênez ?

Devinant tout de suite à qui j'avais affaire, je prends ma voix la plus suave pour répondre :

— Mais non, madame, jusqu'à présent je ne me suis pas aperçue que je gênais et pourriez-vous me dire, s'il vous plaît, pourquoi je gênerais ?

— Vous n'avez vraiment aucun amour-propre, espèce de...

Je coupais court au chapelet d'épithètes malsonnantes qui suivit en raccrochant. Deux minutes après, nouvel appel.

— Alors madame, vous n'avez pas compris, il faut vous mettre les points sur les *i*. Ma fille ne va pas perdre son temps et attendre pendant des années que vous preniez votre décision.

Je raccroche. Fernand était toujours à fourrager dans la chaudière. Troisième sonnerie.

— Je n'ai pas encore fini, madame...

Aussitôt, je lui coupe la parole.

— Écoutez, madame. Ayez au moins la pudeur de vous tenir correctement et d'être bonne joueuse. Je ne vous ai fait aucun problème. Ne venez pas m'en faire, s'il vous plaît.

Fernand entrant sur ces entrefaites, je lui tends le téléphone. Il me regarde sans comprendre. Dans certaines situations, Fernand ne comprenait jamais très vite. Du coup, la mère raccroche.

— Mais qui pouvait bien téléphoner à cette heure-ci? demande mon mari sincèrement étonné.

— T'inquiète pas, on va rappeler.

Ça n'a pas manqué. Deux minutes plus tard, le téléphone resonne. Là, elle hurlait dans l'appareil.

— Je vais vous dire quelque chose, madame. Puisque vous ne voulez pas comprendre, si dans quelques semaines, la situation n'est pas réglée, je vais au commissariat déposer une plainte contre votre mari pour détournement de mineure.

Alors là, j'ai éclaté de rire.

— Madame, il faudra noter les numéros, parce que votre fille, faut pas exagérer, il n'y a pas que M. Sardou qui l'a rencontrée. Alors votre détournement de mineure, il va plutôt faire rigoler. Je vous conseille de trouver une autre histoire et je sais que, sur ce point, vous ne manquez pas d'imagination.

Elle avait déjà fait croire que sa fille était enceinte et qu'il fallait de l'argent pour l'avortement. Voyant que ses menaces me laissaient de glace, elle restait sans voix au bout du fil. Là-dessus, mon mari, qui enfin avait compris, voulut m'arracher le téléphone, mais je raccrochai avant qu'il n'ait pu s'en emparer et, le regardant droit dans les yeux, je lui ai simplement dit :

— Je t'avais pourtant prévenu!

Pour une fois, il resta muet. Il ne pouvait plus nier que j'avais toujours eu raison, que sa petite garce était loin d'être une sainte et qu'elle s'apprêtait même à l'embarquer dans un drôle de bateau. Il avait l'air penaud et triste comme un gosse à qui on vient de casser son jouet. Mais il a vite changé d'expression quand je lui ai annoncé que c'était déjà la quatrième fois que cette charmante dame m'importunait au téléphone. Il m'a alors regardée avec des yeux ronds et j'ai vu dans son regard l'éclat de la colère. D'un seul coup, il s'est jeté à l'eau :

— Bon, puisque c'est comme ça, c'est terminé!

Écoute-moi bien. Tu vas venir au Châtelet tous les jours et tu vas t'installer dans ma loge. Comme ça ce sera clair et net.

Cette fois, c'était à mon tour d'ouvrir des yeux ronds, mais après tout si ça pouvait sauver mon ménage, pourquoi pas ? J'ai donc fait ce qu'exigeait Fernand. J'ai campé dans sa loge pendant cent cinquante représentations, en interdisant l'accès par ma seule présence aux indésirables. C'est tout juste si, quand il était en scène, il ne voulait pas que je rôde dans les coulisses. Car ces mômes étaient terribles. Elles étaient capables de vous coincer derrière le décor. Ce genre d'embuscade est arrivé à bien des artistes, même aux plus vertueux. C'est bien simple, à chaque lever de rideau, il y en avait toujours un qui était en retard, qui n'arrivait qu'un quart d'heure après, ayant à peine fini de se rajuster. Cela faisait rigoler tout le monde, mais, au fond, ça n'avait rien de drôle.

La nouvelle de la rupture de Fernand s'est répandue dans le Châtelet comme une traînée de poudre. Lui, avait vraiment coupé les ponts, mais ça n'arrêtait pas le flot des lettres anonymes — cette fois, Fernand me les laissait lire — et la nuit le téléphone ne cessait de sonner. C'était l'horreur. Il a fallu que Maurice Lehmann s'en mêle pour qu'enfin tout rentre dans l'ordre. Les merveilleux décors du Châtelet, ça cachait parfois une vraie ménagerie de fauves. Tenez, un exemple de l'ambiance qui y régnait : Luis Mariano qui, pourtant, était la crème des hommes, a reçu un jour un serpent dans un paquet-cadeau.

J'ai vraiment passé quelques années pas drôles du tout. J'avais beau jouer les philosophes, j'étais quand même une jeune femme amoureuse de son mari et je me disais qu'un de ces quatre matins, avec ces conneries-là, je pouvais me retrouver toute seule avec mon gosse. Cela ne me faisait pas vraiment peur, j'ai jamais eu peur de travailler, mais je ne supportais pas l'idée de voir notre famille brisée et mon fils partagé entre son père et sa mère. Fernand non plus du reste, et cet amour de sa famille a dû l'aider à rompre. Il a repris sa petite vie tranquille avec ses bonnes habitudes près de nous. Il ne lui est même pas venu à l'idée qu'il avait quelque chose à se faire pardonner. Il avait décidé de rester avec moi. A ses yeux, ce geste héroïque suffisait à tout effacer.

Moi, je me suis quand même payé le luxe de donner des conseils à l'horrible mère :

— Tout ce que je peux vous dire, madame, c'est que vous élevez bien mal votre fille. Moi, vous savez, quand j'ai connu mon mari, c'était un petit chanteur, presque un débutant qui ne gagnait pas beaucoup d'argent. Votre fille ferait mieux de chercher au Châtelet un jeune gars qui, sans être une vedette, peut être un type très bien avec qui elle pourrait être tout simplement heureuse. Voilà, madame, les conseils que vous devriez donner à votre fille, plutôt que de la pousser à voler le mari d'une autre !

Moi, j'aurais jamais pu m'abaisser à ça. Je suis bien trop orgueilleuse. Moi, je veux des trucs à moi. Si j'ai une table, une chemise, une voiture, elle doit être à moi et rien qu'à moi. Quand j'ai vu que les amours de Fernand étaient vraiment finies, j'ai fait une croix sur cette histoire et je ne l'ai plus jamais emmerdé avec ça, sauf en plaisantant. Remarquez qu'il ne s'est pas assagi pour autant. Vous savez, quand un gars part en tournée pour des mois, on ne peut pas lui demander l'impossible. Mais ce n'étaient plus que des passades. Plus jamais, il n'a eu de liaison. D'ailleurs dans son esprit, il n'en avait jamais eu. C'était simplement, dans son raisonnement d'enfant un peu hypocrite, une passade qui avait duré plus longtemps parce qu'il était resté cinq ans au Châtelet à jouer opérette sur opérette.

Passé la quarantaine, Fernand n'était plus l'irrésistible jeune premier de ses vingt ans. Mais, même avec ses débuts de rondeurs, il plaisait toujours beaucoup à cause de son charme merveilleux, servi par une très belle voix. Il chantait très bien. Alors, au cours de ses tournées dans les dancings, vous imaginez ce qui pouvait arriver ! C'est pas parce qu'un homme a dit oui, en trente secondes, à M. le Maire que, par la même occasion, il ne va plus être le même. Moi, je n'ai jamais pu me faire de telles illusions. Je me suis, une fois pour toutes, foutue devant une glace, bien regardée et j'ai aussitôt tiré les conclusions qui s'imposaient. Pourtant, à vingt ans, j'étais pas plus moche qu'une autre. J'aurais même pu, avec un peu d'imagination, me croire ravissante. Non, j'ai tout de suite préféré ne me faire aucune illusion sur mon pouvoir de séduction.

10

Dégoûtée des charmes vraiment trop humides des bords de la Seine, j'ai donc vendu la maison de Montesson et acheté un appartement, au cœur de mon Paris à moi, en face du Moulin-Rouge, dans une petite rue, la rue Pierre-Haret. Une belle surface! On avait cent soixante mètres carrés, mais en piteux état. Tout était à refaire. On a tout remis à neuf et tout repeint avec mon fidèle M. Lemoine. C'est à ce moment-là que l'éducation de Michel a commencé à nous poser un problème.

Il allait avoir dix ans et devenait un enfant particulièrement turbulent. Cela ne m'effrayait pas. Je trouvais même cela plutôt normal. J'aurais été beaucoup plus inquiète si j'avais eu un enfant bien sage qui ne bougeait pas de sa chaise. Pour des artistes qui travaillaient, comme nous, jusqu'à l'aube, élever un enfant, lui faire sentir notre affection tout en le surveillant, ça n'est pas des plus facile. Jusqu'ici, on avait réussi à ce que Michel soit un petit garçon heureux qui ne manque de rien.

A Montesson, il allait à l'école communale et on avait engagé une jeune fille pour s'occuper de lui. Je me souviens, elle venait de Normandie et ses parents, des vrais péquenots bien rougeauds, l'avaient accompagnée pour voir chez qui leur gamine de seize ans allait travailler. Quand on leur a dit que nous étions artistes, ils nous ont regardés des pieds à la tête comme si nous étions l'incarnation du diable. J'ai vu le coup où ils allaient ramener leur fille avec eux. J'ai réussi à les rassurer, leur expliquant qu'ils n'avaient rien à craindre, qu'on n'allait pas traîner leur fille avec nous dans les cabarets ou dans des lieux de perdition et que son rôle serait de rester à la maison pour s'occuper de Michel. J'aurais aussi bien fait de la laisser repartir. C'était pas une lumière, elle était plutôt gourde. Enfin, apparemment, car un matin, en rentrant du boulot, je trouve que ça empeste la cigarette dans la maison. Je vais aussitôt réveiller Michel pour lui demander si c'est lui qui s'est mis à fumer.

— Mais non, c'est pas moi qui fume, s'est-il défendu. C'est elle et ses copains. Dès que vous êtes partis, ils viennent tous. Ils sont une dizaine dans la salle à manger. Ils boivent et ils fument.

Je vous prie de croire que ma Normande n'est pas restée longtemps. J'ai aussitôt télégraphié à sa mère pour qu'elle vienne chercher son cher trésor et on lui a vite trouvé une remplaçante, car il n'était pas question qu'on laisse Michel seul à la maison. Ma mère adorait son petit-fils et était toujours prête à s'en occuper. Mais, avec l'âge, elle faisait une véritable maladie de la persécution et voyait des drames partout. Elle n'était donc pas la nounou idéale.

En panne de jeune fille, on lui a quand même demandé de venir garder un jour Michel à Montesson. Il devait avoir six ans et je chantais à l'Alhambra. Entre la matinée et la soirée, la concierge me fait dire qu'on me demande au téléphone. Je descends dans sa loge et tombe sur Michel au bout du fil. Pour un gosse de six ans, il s'était plutôt bien débrouillé. A cette époque, le téléphone automatique n'existait pas à Montesson. Il fallait appeler la poste, donner son numéro et celui qu'on voulait obtenir. Michel avait donc appelé la poste et expliqué à la préposée que sa mémé se trouvait mal et qu'il fallait joindre sa mère à l'Alhambra où elle travaillait. Émue par cette voix de gosse, la postière avait aussitôt téléphoné au music-hall et m'avait mise en communication avec Michel.

— Mémé est malade, me dit-il. Elle est tombée par terre.

Mon sang ne fait qu'un tour. Aussitôt, d'une voix très calme pour ne pas l'affoler, je lui dis de ne pas bouger, que j'arrive tout de suite. Je cours dans les coulisses où je retrouve Fernand qui attendait le lever du rideau.

— Démerde-toi, lui dis-je. Fais ce que tu veux, raconte n'importe quelle histoire, chante mes chansons à ma place, mais, moi, il faut que je file à Montesson chercher Michel. Ma mère a eu un malaise.

Et sans lui laisser le temps d'en demander plus, je fonce me mettre au volant de la Dauphine. Moi qui ai horreur de conduire et qui me fais toujours engueuler parce que je me traîne comme un escargot, ce soir-là j'ai oublié ma trouille et le trajet République-Montesson a été fait sur les chapeaux de roues. A peine arrivée, j'ai constaté que ma mère allait déjà mieux. J'ai mis une paire de chaussons à Michel, lui ai enfilé un pull-over, l'ai installé sur la banquette arrière, demandé à la voisine de rester avec ma mère et, sans prendre le temps de souffler, j'ai remis le cap sur la République, cramponnée à mon volant, martyrisant ma boîte de vitesses et doublant tout le monde. Fernand n'a pas eu à chanter à ma place. Je suis arrivée sur scène juste à temps pour ma première chanson. Cette nuit-là, Michel ne nous a pas quittés, dormant dans notre loge et se faisant ensuite trimbaler de cabaret en cabaret. Et en rentrant à l'aube à la maison, avec lui endormi dans les bras de son père, je me suis juré que plus jamais il ne resterait sans bonne garde.

Pourtant, il lui est encore arrivé de se retrouver tout seul à la maison et, cette fois-là, je ne suis pas non plus près de l'oublier. La jeune fille engagée pour garder Michel était partie sur un coup de téléphone lui annonçant que sa mère était malade. Dans son affolement, elle avait complètement oublié de me prévenir à l'Européen où je jouais *Baratin.* En plein spectacle, coup de téléphone de Michel. Il était déjà plus grand et se servait très bien du téléphone. Ce qu'il m'annonce me met en transe. La fille s'est tirée et lui a mal au ventre, vraiment très mal. Moi, impossible de quitter l'Européen. Entre deux scènes, j'appelle mon chirurgien, un homme merveilleux, et lui explique la situation.

— Ne vous inquiétez pas, madame Sardou, je vais tout de suite chez vous.

Je retéléphone à Michel pour le prévenir de la venue du

docteur et, morte d'angoisse, je reviens sur scène tenir mon rôle de blanchisseuse millionnaire. Faire rire le public avec l'angoisse au cœur, je vous prie de croire que c'est un exercice que je ne souhaite à personne. Une demi-heure plus tard, appel du chirurgien.

— Madame Sardou ? Bon, je suis chez vous. J'ai examiné Michel. Il est en train de nous faire une crise d'appendicite. Ne vous tracassez pas, je l'emmène immédiatement à ma clinique pour l'opérer. Et surtout pas d'affolement. Tout se passera très bien. Je fais mon travail et vous, faites le vôtre. Continuez à jouer tranquillement.

Tout s'est en effet très bien passé. Mais, ce soir-là, jouer tranquillement, comme me le conseillait gentiment mon docteur, c'est plus facile à dire qu'à faire.

Une fois installés dans notre nouvel appartement, rue Pierre-Haret, on a inscrit Michel à l'école communale, rue de Bruxelles et là, les problèmes ont commencé. Quand sa grand-mère allait le chercher à la sortie de l'école pour le ramener à la maison, il lui disait :

— T'inquiète pas Mémé, je vais rentrer tout seul.

En fait, il se caltait square Vintimille retrouver sa bande de copains. Michel était la terreur du square. Il jouait aux Indiens, montant à l'assaut du campement des Blancs représenté par trois malheureuses bonnes femmes en train de tricoter tranquillement sur leur banc et celles-ci n'appréciaient pas du tout d'être encerclées par une bande de gamins braillards et vociférants. Quand, prévenue par ma mère affolée, j'accourais au square Vintimille, j'apercevais de loin une plume rouge émergeant d'un nuage de poussière. C'était Michel menant sa tribu à l'assaut des méchants Blancs. Même escapade le jeudi. Au lieu d'aller au catéchisme, il allait jouer à l'Indien ou affronter la bande adverse qui, lui, semait la terreur square Saint-Pierre. Remarquez, à part affoler les vieilles dames, il ne faisait rien de mal et il fallait bien qu'il dépense son trop-plein d'énergie, mais je ne pouvais pas passer mon temps à cavaler au square pour remettre la main sur mon Sioux. Il fallait que Michel soit mieux surveillé et pour cela, la seule solution, c'était la pension. Quand j'en ai parlé à Fernand, naturellement ce fut aussitôt la grande scène de l'indignation.

— Avoir un fils pour ne le voir qu'une fois par an, c'est pas la peine ! On le garde avec nous.

Voir notre fils qu'une fois par an ! Ce genre d'exagération, c'était bien du Fernand ! Naturellement, Michel se rangeait du côté de son père. Entre eux, il y a toujours eu une formidable complicité. Instinctivement, Michel avait très vite senti la différence entre nous deux. Quand c'était grave ou sérieux, il s'adressait toujours à moi. Pour aller au cinéma ou faire une connerie, il demandait alors à son père.

Avec Michel, Fernand retrouvait son âme de gosse, qu'il n'a d'ailleurs jamais tout à fait perdue. Je me souviens, on était encore à Montesson et on venait d'offrir un train électrique à Michel. Ce soir-là, on devait aller à une réception et, pour l'occasion, Fernand étrennait un nouveau smoking superbe. J'ai toujours tenu à avoir un mari très élégant et c'est moi qui lui choisissais ses chemises, ses cravates et ses costumes. Quand on fait notre métier, je trouve qu'on doit être toujours très bien habillé. Donc, ce soir-là, Fernand avait mis son nouveau smoking et, horreur ! qu'est-ce que je découvre au moment de partir ? le père et le fils, à plat ventre sur le plancher, en train de jouer au train électrique. Ah, le smoking était dans un bel état quand Fernand s'est relevé ! J'avais beau gueuler, mes deux mecs, ça les faisait marrer. Ils se ressemblaient beaucoup. Encore maintenant, quand je vois Michel marcher sur une scène, je crois voir mon mari. Il pique les mêmes colères que lui. Cela passe comme un coup de mistral sur la Canebière et puis après, plus rien. A croire qu'on a rêvé ! Déjà quand il était tout petit, il me faisait ce genre de colères. On habitait encore rue Caulaincourt, il devait donc avoir dans les deux ans. On passe un jour devant la pâtisserie et Michel réclame un gâteau. Moi, je n'étais pas du genre à céder à tous les caprices pour avoir la paix. Je raisonne donc mon gamin, en lui disant qu'il ne va pas manger un gâteau au moment où on va passer à table. Mais lui voulait son gâteau. La colère le prend. Il commence à crier, à hurler, à trépigner puis, carrément, à se rouler par terre sur le trottoir. Moi, quand j'ai vu ça, je l'ai tout simplement planté là et suis partie sans me retourner. J'avais pas fait vingt mètres que je l'ai entendu trotter derrière moi. Il m'a rattrapée et, sans un mot, m'a repris la main, comme s'il ne s'était rien passé.

Donc, quand j'ai décidé de mettre Michel en pension, le père et le fils faisaient bloc contre moi. Mais je n'ai pas cédé et j'ai fini par convaincre Fernand que c'était la solution la plus raisonnable. On l'a donc inscrit dans une pension à Montmorency. Dans ces établissements, il faut toujours marquer le linge de l'élève d'un numéro. Là, détail curieux, ce numéro devait également se trouver sur la cuiller, la fourchette et le couteau. Vous vous rendez compte du chantier quand, après la vaisselle, il fallait ranger les couverts. Cette pension, c'était gentillet, pas mal, mais enfin pas extraordinaire. On n'était pas vraiment emballés.

Un beau jour, Fernand part en tournée avec Édith Piaf et les Compagnons de la Chanson. Parlant de ses tracas à Fred Mella, celui-ci lui parle d'une pension formidable, le Montcel, à Jouy-en-Josas. C'était en effet très bien. La pension, tenue par des Suisses, était au milieu d'un parc immense, avec piscine, terrain de handball, de volley-ball et manège d'équitation. Élèves et professeurs prenaient leurs repas ensemble dans une très belle salle à manger. Pas de dortoir. On pouvait choisir entre une chambre particulière ou la partager avec un autre pensionnaire. L'éducation était à l'américaine. La journée commençait par le salut aux couleurs. La matinée était réservée aux études et l'après-midi aux sports. Le soir, pour le dîner, les élèves s'habillaient avec pantalon de flanelle, blazer et cravate. C'était absolument merveilleux, mais, naturellement, ce n'était pas donné. C'était même bigrement cher. Tant pis, on s'est dit qu'on se serrerait un peu la ceinture et qu'on bosserait encore davantage. Pour se faire un peu plus de sous, on a même repris le tandem et on est allés vendre du poisson. Charlot nous le livrait au prix de gros et on allait le revendre au détail. Un jour, à un carrefour, Fernand donne un coup de frein intempestif, le tandem dérape et notre cageot de soles va se déverser aux pieds d'un agent qui se met à rigoler et nous aide à ramasser notre cargaison. Pour le remercier de sa gentillesse, Fernand lui a mis une sole dans chaque poche.

On avait donc inscrit Michel au Montcel et j'avais reçu

une liste impressionnante pour le trousseau. Il fallait la tenue pour le dîner, celle pour les sports, une autre pour les cours, une autre pour les sorties. Bref, il y en avait une panière pleine que j'avais empruntée au théâtre. Le jour de la rentrée des classes, on hisse la panière sur le toit de notre Dauphine, on la fixe comme on peut avec des sangles et nous voilà partis pour Jouy-en-Josas. A l'entrée du parc, on a stoppé net. C'était plein de Rolls, de Bentley et de Cadillac. J'ai aussitôt dit à Fernand d'aller garer dehors notre modeste Dauphine et, tenant Michel par la main, on a fait une entrée à pied discrète dans ce monde tout nouveau pour nous. Impressionnée, j'ai dit à mon fils :

— Michel, tu fais bien attention à ne pas faire de bêtises, car on est sûrement les plus cons de la pension. A la première ânerie, on va se faire virer et tu ne retrouveras jamais un endroit pareil.

Une fois Michel installé dans sa chambre, le directeur nous a reçus et nous a annoncé qu'on pourrait revenir voir Michel dans quinze jours. Quinze jours plus tard, on se pointe à la pension, pour apprendre qu'il est privé de sortie ; mais le directeur nous rassure aussitôt :

— Ne vous inquiétez pas, Michel n'a rien fait de mal. C'est une coutume de la maison de punir les élèves en les privant de leur première sortie. On leur montre ainsi qu'on ne badine pas avec la discipline, mais le motif de la punition n'est vraiment pas grave.

Quand enfin, quinze jours plus tard, on a pu voir Michel, la première chose qu'il nous a dite, très fier, c'est :

— Tu sais maman, on n'est pas les plus « cons » de la pension. Pas du tout ! Tout le monde connaît papa !

Il s'était tout de suite adapté à sa nouvelle vie et fait plein de copains qu'il a toujours retrouvés plus tard avec plaisir. Ce n'était pas un élève surdoué, ni idiot non plus. Tout simplement, il ne travaillait pas, sauf les derniers mois de l'année, histoire de ne pas être le dernier de la classe. Moi, j'étais sévère ; Fernand, pas du tout. Quand, pour punir Michel de ses mauvais résultats, je le privais de quelque chose, Fernand s'empressait d'aller le lui donner en douce. Ce qui était complètement stupide, surtout qu'il rêvait d'avoir un fils avec des diplômes, lui qui n'en avait aucun. Il ne faisait vraiment pas ce qu'il fallait pour ça. Moi, à force de tarabuster Michel, de lui répéter que ce qu'il ne voulait pas apprendre maintenant, il serait obligé de l'apprendre plus tard et qu'il y mettrait deux fois plus de temps, j'ai réussi à le faire un peu mieux travailler.

Si on avait réussi à régler le problème des études de Michel, il restait celui des vacances. Noël, par exemple, était la période de l'année où on travaillait le plus. Pas question de quitter Paris à ce moment-là pour prendre un peu l'air. On ne pouvait pas non plus condamner Michel à rester le derrière sur une banquette à nous regarder jouer au théâtre ou chanter dans les cabarets. Heureusement, sa pension organisait des vacances aux sports d'hiver. Naturellement, ça n'était pas gratuit. En raclant les fonds de tiroir, on avait quand même réussi à l'inscrire. Après ça, il n'y avait plus grand-chose pour l'argent de poche. Alors Michel est allé voir Charlot, son parrain, qui lui a donné quelques billets. Son père a complété en douce et moi, finalement, je lui ai aussi glissé un petit quelque chose avant le départ, mais assorti de prudentes recommandations :

— Surtout ne dépense pas tout ton argent bêtement d'un coup. Si tu ne fais pas de bêtises, tu en as assez pour payer tes remonte-pentes, acheter tes goûters et même t'offrir un restaurant.

Quand il est revenu, il m'a rapporté un foulard, un petit coucou pour son père et un autre cadeau pour son parrain et sa marraine. Malgré ces dépenses, il lui restait encore cinquante francs. Je l'ai chaudement félicité pour son sens de l'économie. Trop peut-être, car l'année suivante, il est revenu sans cadeau, sans un sou et même avec des dettes. Mes trop chaleureuses félicitations avaient dû le rendre méfiant sur l'intérêt de faire des économies et il s'était offert avec ses copains un fastueux réveillon au cabaret.

Pour les vacances d'été, on essayait toujours de trouver une combine pour qu'il ne passe pas tout l'été à Paris. Une année, Fernand l'a emmené avec lui à Saint-Tropez où il devait tourner avec Louis de Funès dans le célèbre *Gendarme de Saint-Tropez.* Michel était ravi de partir seul avec son père. Moi, je devais rester à Paris pour travailler. Il allait pouvoir faire toutes les bêtises dont il aurait envie et je ne serais pas là pour l'emmerder à lui nettoyer les oreilles ou l'obliger à se laver les dents. Et en effet, il a été heureux comme tout, toujours fourré place des Lices, au café des Arts, chez Jean-Marie Rivière qui l'avait tout de suite adopté. Un jour, Rivière me téléphone :

— Écoute, Jackie, me dit-il. Ton mari a terminé son travail sur le film, mais pour Michel les vacances ne sont pas finies. Laisse-le-moi. On s'occupera bien de lui.

— Mon fils, à douze ans, tout seul à Saint-Tropez! Non, mais ça ne va pas?

Moi, en bonne mère, j'imaginais tout de suite tous les dangers : les mauvaises fréquentations, la drogue. Michel est venu me supplier au téléphone :

— Mais maman...

— Il n'y a pas de « mais maman », tu rentres tout de suite!

Naturellement, son père a aussi pris l'appareil pour plaider sa cause :

— Mais maman, il sera pas mal. Il y a une dame très bien pour s'occuper de lui.

— Rien du tout, fis-je inflexible. Vous rentrez tous les deux ou sinon il ne repart plus jamais.

Ils sont rentrés pas contents du tout, mais ils sont rentrés. Les autres étés, pendant quelques années, on a découvert les joies du camping. Des amis en étaient fanatiques et le pratiquaient à l'île de Ré, dans le bois de Trousse-Chemise. Moi, tout ce que je ne connais pas m'intéresse. Nous voilà donc décidés à tenter l'expérience et partis à l'assaut d'un magasin de sports nous procurer l'équipement nécessaire. Et je t'achète une tente, et je t'achète une table pliante et des chaises et un réchaud et des casseroles et des thermos et des lits de camp, enfin tout le fourbi indispensable au campeur en campagne. Par miracle, on arrive à tout caser dans la Dauphine, en bourrant le coffre, en laissant à Michel juste de quoi poser ses fesses sur la banquette arrière et en arrimant ferme le reste sur la galerie. Au retour, quand il a fallu tout remballer, ce fut une autre paire de manches. Au départ, notre matériel tout neuf était parfaitement plié, mais après un mois de camping, impossible de le réduire au même volume. Il a fallu quatre voitures, celles des copains, pour que tout tienne.

L'année suivante, on s'est offert une caravane, tout en gardant la tente qui servait de pièce de réception. On avait une table de douze couverts, mais plusieurs fois, en se serrant, on a réussi à y tenir à trente. Il y avait toujours plein de copains qui débarquaient. C'était sympathique, mais comme repos, c'était pas vraiment l'idéal ! Les hommes, eux, se marrent bien au camping. Ils vont à la pêche, jouent à la pétanque, tapent le carton. Mais pour les bonnes femmes, toujours en train de cuisiner, astiquer, ranger, ça ne les change pas beaucoup de leur ménage à la maison. Je me souviens qu'une fois on avait trimballé la caravane à Vichy, où on donnait des représentations au casino. Le directeur, qui habitait un château, nous avait prêté son parc pour y camper. Comme je jouais et chantais tous les soirs, j'avais exigé d'avoir une femme de ménage. Fernand avait levé les bras au ciel :

— Une femme de ménage dans une caravane, mais on n'a jamais vu ça !

— Tu me vois sur scène les mains en lambeaux et les cheveux dégueulasses ? avais-je rétorqué. On peut pas laver la vaisselle et aller chanter après !

Fernand, ça le dépassait. Tout devait se faire tout seul et dans la joie. En fait le camping, c'est encore plus de boulot qu'à la maison. On trouve ça bien quand on n'a pas les moyens de se payer l'hôtel et le restaurant. J'acceptais cependant sans trop râler parce que pour Michel, c'était vraiment merveilleux. Il courait partout, allait chercher les moules et les huîtres, accompagnait son père à la pêche en mer. Fernand s'était acheté un bateau la troisième année et il était le plus heureux des hommes. A force d'aller toujours au même endroit, on retrouvait les mêmes personnes et Michel avait plein de copains pour faire les quatre cents coups. Il revenait de là avec une mine superbe et ça me consolait de mes vaisselles de trente couverts.

Le seul véritable ennui à l'île de Ré, c'était que pour accéder à ce paradis, il fallait sacrément s'armer de patience. Trois à quatre heures d'attente, certains jours, pour attraper le bac de La Palice ! On était là à taper le carton dans les caravanes pour tuer le temps ou à se raconter les petits événements de l'année entre voisins dans la file d'attente. Allant régulièrement toujours au même endroit, on finissait par tous se connaître. Un jour, je me souviens, il y a même une brave dame qui m'a abordée en me demandant :

— Pardon madame, vous n'êtes pas Mme Jackie de Trousse-Chemise ?

J'ai trouvé ça très mignon car nous campions effectivement toujours à côté du ravissant bois de Trousse-Chemise. Mais après l'infarctus de Fernand, j'ai décidé qu'on ne pouvait pas courir le risque de piétiner ainsi des heures sous la canicule, ni de se retrouver bloqués sur l'île, car c'était le même cirque pour en repartir et on a renoncé aux joies du camping à l'île de Ré. Surtout que l'incurable distraction de Fernand multipliait les risques. Un jour, revenant assoiffé de la pêche, il s'est emparé de la première bouteille venue et s'est envoyé une énorme lampée d'eau de Javel dans l'estomac. Heureusement, il y avait un toubib dans le camping qui a aussitôt fait le nécessaire pour le soigner. L'année suivante, une voisine de caravane vient prendre de ses nouvelles et lui demande, en rigolant, s'il avait bien digéré son eau de Javel. Fernand lui a fait une horrible grimace : à nouveau victime de sa distraction, il venait juste de vider un verre de vinaigre. Quand on veut vivre comme des romanichels, il faut s'attendre à tout. Un autre jour, un copain prend sa bagnole pour aller faire une balade. Une étincelle jaillit de son pot d'échappement et, d'un seul coup, les aiguilles de pins sur le sol se mettent à griller à une allure incroyable. Heureusement qu'on était tous là à jouer tranquillement à la belote. On s'est précipités sur les vaches à eau qui étaient toujours pleines et on a réussi à maîtriser rapidement ce début d'incendie. On n'aurait pas été là, le copain foutait le feu à la pinède sans même s'en apercevoir. Le camping, c'est vraiment pas de tout repos !

En 1961, Fernand est descendu en Camargue pour tourner dans le premier film de Johnny Halliday *D'où viens-tu Johnny ?* Moi, j'étais bloquée, une fois de plus, à Paris où je m'occupais du cabaret « Chez Fernand Sardou » qu'on venait d'ouvrir sur la butte Montmartre, rue Lepic.

Comme c'étaient les vacances, Michel a pris le train tout seul pour rejoindre son père et celui-ci étant, comme d'habitude, à court d'argent, j'en avais confié à Michel en lui disant d'y faire bien attention. A son arrivée, il le donne à son père qui le fourre dans sa poche et emmène son fils au restaurant. Au moment de régler l'addition, impossible de mettre la main sur les billets. Michel fait alors remarquer à son père qu'il est allé aux toilettes avant de passer à table et que peut-être là... Fernand s'y précipite et retrouve effectivement les billets dans la cuvette. A quatorze ans, Michel avait déjà plus de tête que son père.

Sur le tournage, Michel a fait la connaissance de Johnny. Ça l'a ébloui. C'était la première fois qu'il voyait une vedette de près. Il ne le lâchait plus d'une semelle et, d'un seul coup, il s'est mis à écrire des chansons qu'il allait lui porter aussitôt dans sa roulotte. Cette insistance ne plaisait d'ailleurs qu'à moitié à Johnny qui s'en plaignait un peu à Fernand.

— Il est bien gentil ton fils, mais il me colle un peu à toujours être fourré dans ma roulotte.

Un jour, pour se débarrasser de cet admirateur encombrant qui voulait à tout prix lui faire lire sa dernière chanson, Johnny lui a refilé sa chemise en cadeau. Michel en était fou de joie. C'est comme ça, en Camargue, sur le tournage de ce film, qu'est née sa vocation. Bien que fréquentant, depuis sa plus tendre enfance, les coulisses des cabarets et des théâtres, il n'avait jamais manifesté la moindre intention de marcher sur les traces de ses parents. A aucun moment, je ne l'avais entendu chanter ou même fredonner. La seule fois où il avait parlé de son avenir, c'était pour dire que, plus tard, il serait chirurgien. Je lui avais fait alors remarquer que ce métier nécessitait de longues études et qu'il aurait intérêt à se mettre tout de suite à mieux travailler. Il n'en avait plus jamais parlé.

Pendant ces vacances en Camargue où il découvrait sa vocation, Michel a accompli un exploit qui a fait dresser les cheveux sur la tête de son père. Un dimanche, Fernand l'avait emmené voir un jeu de taureau-ball. C'est une distraction locale d'un genre très particulier. Imaginez une planche horizontale fixée par son milieu en haut d'un mât, comme les balances à bascule qu'on voit dans les jardins d'enfants, mais installée à quatre ou cinq mètres du sol, en plein milieu d'une arène. A chaque bout de la planche pendent des cordes. Le jeu consiste à faire entrer dans l'arène un taureau que des jeunes du pays, habitués à ce genre d'exercice, commencent à exciter. Le taureau leur fonce alors dessus et, pour lui échapper, le garçon poursuivi, au lieu de se réfugier derrière la palissade, empoigne une des cordes et se trouve hissé dans les airs par ses copains qui tirent sur les cordes à l'autre bout de la planche. Comme vous voyez, vraiment une distraction locale, réservée aux fils de gardians. Fernand et Michel s'installent donc sur les gradins. Mon mari, qui cependant détestait la violence, avait une passion pour la corrida et tout ce qui s'en approchait. Le voilà donc en train de pousser ses « olés » habituels comme tout aficionado qui se respecte et, dans son excitation, il ne remarque pas que Michel vient discrètement de quitter sa place. Quelques minutes plus tard, ses « olés » s'étranglaient dans sa gorge. Dans l'arène, le gamin cavalant devant le taureau, empoignant la corde et échappant de justesse aux cornes du fauve, c'était Michel ! Fernand a cru avoir un malaise. Il s'est précipité en bas des gradins, courant tout autour de la palissade, hurlant après son fils en lui ordonnant de quitter l'arène immédiatement. Mais faisant celui qui n'entendait rien, Michel a continué jusqu'à la fin du jeu. Bien sûr, je n'ai connu cet exploit que bien plus tard, car mes deux bonshommes ne se sont pas pressés de me le raconter. C'est vous dire que Michel n'était pas un garçon des plus faciles à tenir en main.

On me demande souvent si d'élever un enfant dans un milieu d'artistes, réputé de mœurs légères, ne nous a pas posé des problèmes ? Je crois justement que non. L'éducation de Michel sur les mystères de l'anatomie a été très vite faite et sans complexes. Fréquentant presque tous les dimanches les coulisses des théâtres où nous jouions et où on passait notre temps à s'habiller et à se déshabiller, il a tout de suite été habitué à voir les danseuses cavaler dans les couloirs en petite tenue. Il n'a jamais eu à nous poser de questions du genre : « Maman, comment c'est fait une fille ? », il n'avait qu'à regarder. Pour lui, c'était normal, comme pour un enfant qui, élevé dans la charcuterie, ne s'étonne pas de voir débiter un cochon. Naturellement, ce genre d'éducation n'est pas toujours compris par les personnes étrangères au spectacle. Les réflexions qu'un enfant d'artistes peut parfois laisser échapper en public peuvent être aussi très mal interprétées. Un samedi, nous revenions du Montcel dans l'autobus et Michel s'est soudain écrié bien fort :

— Maman, je meurs de faim ! Mais cette fois, je ne veux ni saumon, ni caviar, ni foie gras, je veux des nouilles.

La gueule des voyageurs dans l'autobus ! Horrifiés par le snobisme de ce gosse de riches en blazer et cravate. Pourtant, la vérité était toute simple. C'était à l'époque de notre cabaret à Montmartre où l'on présentait un dîner-spectacle. Par souci d'économie, on finissait les restes entre nous : les fonds de pots de caviar et les morceaux de saumon près de la queue, bref, tout ce qui n'était plus présentable au client.

Quand un enfant, comme Michel, est élevé sans hypocrisie, les yeux grands ouverts sur certaines réalités de la vie, il est normal qu'il n'attende pas cent ans pour se livrer à ses propres expériences, surtout s'il n'est ni idiot ni vilain garçon. Michel a dû faire ses premiers pas de séducteur quand il avait seize ans. Cette année-là, on devait, après nos vacances à l'île de Ré, aller à Genève avec les tournées Tichadel. Je me souviens même qu'on répétait nos sketches dans le bois de Trousse-Chemise, à la grande joie des campeurs. Michel, encore en vacances, était venu avec nous à Genève. Dans le cabaret où nous nous produisions, passait aussi un numéro de danseuses espagnoles. J'ai tout de suite vu que Michel était très intéressé par les joueuses de castagnettes. Il s'est en même temps lié d'amitié avec un jeune équilibriste qui s'appelait Little John. Il faisait un numéro d'acrobatie sur une canne et il est longtemps passé au Lido. Lui et Michel se sont mis à sortir ensemble tous les soirs après le spectacle. On ne disait rien. Après tout, il était en vacances et, à seize ans, on n'allait pas tout d'un coup l'empêcher de jeter sa gourme. Mais c'est à Vichy, où on a fait ensuite escale, qu'on a vraiment eu la preuve que Michel avait sauté le pas. C'est à l'occasion de cette halte que le directeur du casino nous avait offert son parc pour installer notre caravane. Il nous avait même prêté des chambres du château pour loger les garçons qui jouaient dans nos sketches. Or, un soir, après une réception tardive, nous regagnions notre caravane, tenue bien propre par la femme de ménage, quand je vois deux de nos gars en train d'arpenter la pelouse au clair de lune.

— Alors, les enfants, c'est le clair de lune qui vous empêche d'aller dormir? leur dis-je en plaisantant.

Comme ma réflexion provoque un mélange de gêne et de fou rire réprimé, je cherche à en avoir l'explication et elle m'est donnée à demi-mot. Michel avait fait une conquête et trouvant la caravane un peu exiguë pour la recevoir, il avait emprunté leur chambre en leur jurant que ce ne serait pas long.

— Ou il s'est tout simplement endormi, conclut l'un d'eux, ou c'est vraiment pas un feignant!

Fernand a eu un petit soupir. Ce genre d'aventures devait lui rappeler sa jeunesse. Mais, ce soir-là, au fond de lui-même, il devait aussi être très fier de son fils.

Naturellement, après ces débuts d'émancipation, les retours à la pension ont dû lui sembler pénibles. Michel a cependant tenu bon pendant encore à peu près un an, jusqu'à ce soir où le directeur du Montcel m'a téléphoné.

On était en plein dîner-spectacle. Sur un fond de musique et de chansons, j'entendais le directeur m'expliquer d'une voix qui se voulait rassurante que Michel et un autre pensionnaire avaient disparu de leur établissement; qu'après une brève enquête, il avait appris que les fugueurs avaient l'intention de gagner le Brésil. Et toujours avec la même voix polie et calme, ce brave directeur précisait qu'après un tel incident, il était au regret de ne pouvoir reprendre Michel chez eux quand tout serait rentré dans l'ordre. C'était impossible, si l'on voulait faire respecter la discipline, de créer un tel précédent. Michel n'était nullement un mauvais sujet. Il était tout simplement resté trop longtemps en pension. Il avait du caractère et réussirait dans la vie.

Je raccrochais enfin et mis Fernand au courant de la fugue de son fils. Tout en continuant de diriger le spectacle, on a mis sur pied un plan de recherches. Trois maîtres d'hôtel ont été désignés pour se rendre tout de suite dans les gares, pendant que Fernand décidait de foncer à Orly.

Mon mari les a retrouvés là. Ils venaient de demander deux billets pour Rio. Le copain avait l'argent, mais devant leur jeune âge, les employés méfiants les faisaient patienter en attendant d'obtenir des renseignements sur ces étranges voyageurs. Michel a expliqué à son père qu'il en avait marre de la pension et des études, qu'il voulait gagner sa vie et qu'après avoir vu Belmondo dans *l'Homme de Rio,* ils avaient décidé d'aller au Brésil pour monter une boîte de strip-tease. Pas bête, hein!

Fernand a ramené Michel rue Lepic. Quand je l'ai vu rentrer, je n'ai rien dit. De toute façon, je n'allais pas me mettre à hurler devant les clients. Car pendant tout ce ramdam, le spectacle continuait et, à la place de Fernand, avec le sourire et dans la bonne humeur, je présentais les numéros. On n'allait tout de même pas embêter la clientèle avec nos petites histoires de famille. Michel est allé se coucher sans rien dire. Le lendemain, il nous a répété ce qu'il avait déjà dit la veille à son père : il ne voulait plus rester en pension. Il voulait travailler et gagner sa vie. Pas un seul instant il n'a précisé qu'il voulait faire une carrière de chanteur. En fin de compte, c'est son père qui a décidé pour lui :

— Quand, moi aussi, lui a dit Fernand, je n'ai plus voulu aller à l'école, mon père m'a fait travailler dans son cabaret à Taza. J'ai commencé à essuyer les verres. Eh bien, tu vas faire pareil.

Michel a donc commencé comme garçon dans la salle. Mais comme mon mari avait monté pour le spectacle un sketch où chantaient tous les serveurs, Michel s'est retrouvé sur la scène par la même occasion et c'est comme cela qu'on a découvert que ce môme, qu'on n'avait jamais entendu chanter, avait une sacrée jolie voix et bougeait sur une scène comme s'il avait fait ça toute sa vie. Du coup, son père lui a écrit un petit sketch inspiré de la chanson de Johnny, *Pour moi la vie va commencer* et qui a valu à Michel son premier cachet. Il touchait trente francs par soirée.

Michel a tout de suite compris que s'il voulait réussir dans ce métier, il avait tout à apprendre. Il a donc commencé à hanter les autres cabarets, pas pour faire la fête, pour observer tout ce qui s'y faisait, pour découvrir quel genre lui convenait le mieux. Bref, il faisait ses classes et, naturellement, il y avait les récréations.

Cela avait commencé avant même qu'il ne quitte la pension. Le samedi et le dimanche, Michel était toujours fourré au Châtelet où son père jouait *l'Auberge du cheval blanc*. A chaque entracte, Fernand voyait arriver dans sa loge deux ravissantes petites danseuses qui venaient rire et papoter. Fernand bichait et voyait déjà revenir les bonnes vieilles habitudes d'autrefois. Ses illusions sont tombées d'un seul coup le jour où Françoise, la plus jolie des deux, a demandé pourquoi Michel n'était pas là et a pris un air très déçu en apprenant qu'il ne pourrait pas venir. Fernand a compris tout de suite qu'il ne fallait plus rêver, que le temps des « bonnes habitudes » était passé pour lui et que, en revanche, son fils avait hardiment pris la relève.

Aussi quand Michel a commencé à chanter, Fernand a tout de suite pensé qu'il serait mieux, encadré par deux jeunes danseuses et il a engagé Françoise et sa copine. Et en effet, cela donnait un très joli numéro.

Les jours passent. Un après-midi, Michel nous demande s'il peut inviter à dîner les parents de Françoise. Naturellement on accepte. Le dîner a lieu et à la fin du repas, Michel nous déclare sans ambages :

— Eh bien voilà, c'était notre dîner de fiançailles. J'ai l'intention de demander la main de Françoise à ses parents.

— Et nous, dis-je estomaquée, à nous, tu ne demandes rien ? Enfin Michel, réfléchis ! Tu n'as pas de situation et tu n'as que dix-huit ans !

C'est la mère de Françoise qui, curieusement, est venue à la rescousse de Michel.

— Mais moi, madame, quand je me suis mariée, je n'avais que dix-sept ans et mon mari dix-huit. Et vous voyez, nous sommes toujours ensemble !

Et pourtant les parents de Françoise étaient d'un milieu très bourgeois. C'était moi, l'artiste, l'enfant de bohème qui voulait faire entendre raison aux tourtereaux :

— Mais où vont-ils habiter ? Comment vont-ils vivre ?

Tous deux ont alors répondu sur un ton très calme, beaucoup plus calme que le mien, et avec un merveilleux sourire :

— Ne vous inquiétez pas. Vous savez, on se débrouillera très bien.

J'étais vaincue. Je sentais qu'il n'y avait rien à faire contre la volonté de ces deux-là. C'est ce que j'expliquais bientôt à mon docteur qui était aussi mon confident et qui ne comprenait pas que je laisse faire une chose pareille :

— Pourquoi je ne laisserais pas faire ? Qu'est-ce que ça changera que je le veuille ou non ce mariage ? Quand un garçon, surtout le mien, veut quelque chose, rien ne peut l'en empêcher.

Ils se sont mariés deux mois après et ont donc commencé à vivre ensemble, installés dans un petit appartement. Françoise dansait au Casino, puis aux Naturistes. C'était peut-être affolant de voir un môme de dix-huit ans, à peine sorti de pension, se lancer ainsi tête baissée dans la vie, mais finalement ce n'était pas plus mal. Être sorti de l'école pour entrer dans la vie d'homme marié, cela a évité à Michel toutes les conneries que font souvent les jeunes dans cette période critique. Michel, lui, a dû prendre immédiatement ses responsabilités. Il fallait à tout prix qu'il gagne sa vie car il n'avait nullement l'intention de vivre aux crochets de sa femme. Alors il a tout fait et tout essayé. Aussi bien chanter dans des cabarets minables qu'ouvrir les portières des taxis aux clients devant Chez Patachou.

Cette année-là, on n'a vraiment pas eu le temps de respirer. On avait à peine réalisé que notre petit ne voulait plus de la pension, que le voilà lancé dans la vie, engagé au cabaret, fiancé et maintenant marié. Tout ça en deux coups de cuiller à pot et, en plus, pendant ce temps-là notre cabaret était en train de faire faillite. Ça, Michel, quand il prend ses décisions, il fonce. Mais, le soir, quand on s'est retrouvés, Fernand et moi, dans notre chambre, on s'est sentis bien seuls.

11

A vous raconter l'entrée dans la vie au pas de charge de mon gamin, je me suis laissé entraîner un peu loin et il me faut maintenant revenir en arrière pour vous expliquer pourquoi et comment deux enfants de bohème comme nous ont voulu se lancer dans une affaire de spectacles et y ont laissé leur chemise.

En 1957, le Libertys a fermé ses portes. Le cabaret battait de l'aile depuis quelque temps car Tonton se mettait à avoir des lubies. Un jour, il m'avait pénalisée de deux mille francs sous prétexte que j'étais arrivée deux minutes en retard. En fait, c'était une façon hypocrite de rogner mon cachet. Ce genre de méthode, avec moi, ça ne marche jamais. Je suis allée lui dire ce que j'en pensais et comme il ne voulait pas me rendre mon dû, je lui ai aussitôt tiré ma révérence. Après onze ans pour mon mari et dix-sept ans pour moi dans ce cabaret, on est partis, Fernand et moi, du jour au lendemain. Pour Tonton, ça a quand même été un coup dur, car, chaque année, Fernand lui écrivait tous les nouveaux sketches de son spectacle et en assurait la mise en scène. Tonton avait naturellement déclaré, après notre départ, qu'il se débrouillerait très bien tout seul. C'est vrai que personne n'est irremplaçable, mais quelques mois plus tard le Libertys fermait ses portes. On en a été très tristes car c'était toute une page de la vie parisienne qui était tournée, une page où Fernand avait beaucoup écrit.

Mon mari a repris sa petite valise et a fait un peu plus

de galas et de tournées. Il gagnait très bien sa vie, mais le cœur n'y était plus. Il s'angoissait pour l'avenir.

— Tu sais, me disait-il de plus en plus souvent, je suis fatigué de courir d'une ville à l'autre. Il y a les jeunes qui arrivent et un de ces quatre matins, on ne voudra plus de moi.

Comme tous les comiques, Fernand était un défaitiste pas possible. Il n'y a rien de plus triste qu'un comique et il fallait toujours lui remonter le moral. Mais cette fois, il n'avait pas tout à fait tort. Il était peut-être temps de songer à nous trouver une situation plus stable et, puisque le Libertys n'existait plus, pourquoi ne pas essayer de ressusciter dans un cabaret à nous cette ambiance très parisienne que beaucoup regrettaient ? Quand on a une idée en tête, même si c'est une connerie, il faut tout faire pour la réaliser.

Me voilà donc plongée, une fois de plus, dans la lecture attentive des petites annonces et, un jour, je découvre un cabaret à vendre sur la butte Montmartre, tout en haut de la rue Lepic. Je cours aussitôt le voir. L'endroit s'appelait le « Belzébuth », c'était pas très reluisant et la patronne en voulait onze millions. Je mets en vente mon appartement remis à neuf de la rue Pierre-Haret et j'en tire douze millions et demi. C'était un peu juste, car il fallait en plus faire quelques travaux. Rien que la cuisine, c'était un vrai taudis ! Mais quand on a donné le premier coup de pioche, tout a menacé de s'écrouler à cause de la rue Lepic qui est très en pente. Il fallait tout refaire et tout consolider. La facture allait être de vingt-quatre millions. Heureusement, Charlot, avec sa générosité habituelle, nous a avancé l'argent :

— T'inquiète pas, disait-il. Tu me rembourseras quand tu pourras.

On a donc commencé les travaux. Une vraie vie de fous. Je m'occupais des entrepreneurs et des papiers pour les autorisations pendant que Fernand travaillait dur à la préparation du spectacle. En même temps, on jouait tous les soirs ensemble dans une comédie musicale *l'Impasse de la fidélité*. La journée, Fernand tournait dans je ne sais plus quel film et moi dans *la Vérité*, le film de Clouzot avec Brigitte Bardot. On ne dormait presque plus et on était dans un état affreux.

On a quand même réussi à ouvrir notre cabaret, baptisé « Chez Fernand Sardou », le 7 septembre 1960. L'ouverture a plutôt été loupée. Pour une raison idiote, la vedette du spectacle n'est pas venue. Ouvrir un nouveau cabaret sans vedette, c'est vraiment pas une chose à faire. Seconde erreur, nous n'arrivions, nous, qu'à minuit, après notre comédie musicale. Faire patienter le public jusqu'au milieu de la soirée, même en le faisant dîner et en lui présentant un spectacle de bric et de broc, ce n'était pas possible. J'ai donc abandonné l'opérette pour qu'il y ait au moins une personne de la famille à accueillir les gens chez Fernand Sardou et, très rapidement, j'ai aussi renoncé à ma tournée dans les autres cabarets pour ne plus chanter que dans le mien.

Mais on ne s'improvise pas patronne du jour au lendemain. Il ne suffit pas d'accrocher une enseigne au-dessus d'une porte, de mettre des petites lampes à abat-jour sur les tables et de présenter un bon spectacle pour connaître le succès. Il faut attirer la clientèle et savoir la garder. Et encore, vous pouvez être plein tous les soirs et ne pas faire un rond de bénéfices si vous n'avez pas des dons d'expert-comptable. Dans ce domaine, on avait tout à apprendre et on l'a appris à nos dépens.

Par exemple, pour des néophytes, rien de plus volage que la clientèle. Un soir vous refusez du monde et le lendemain vous chantez devant deux clients. Cela nous est véritablement arrivé et ce soir-là, on a donné notre spectacle avec autant de conviction que si la salle était pleine. Mais vous pouvez avoir tout le talent du monde, un spectacle joué devant deux personnes n'aura jamais la même chaleur que quand il est applaudi par cent. On en était tellement conscients que, ce soir-là, on a refusé de présenter l'addition à nos deux solitaires. Pour un commerçant, un tel comportement est une véritable hérésie! Oui, mais voilà, nous, nous étions d'abord artistes avant d'être commerçants. Remarquez, notre générosité, cette fois-là, s'est révélée payante. Nos deux invités étaient des grands pontes de Sud-Aviation et, emballés par notre spectacle, ils nous ont envoyé toutes leurs relations.

Finalement, il nous a fallu six mois de rodage avant que le succès ne vienne, mais en six mois, on avait bouffé toutes nos réserves financières. Avec le succès, on s'est crus sortis de l'auberge. C'était désormais plein tous les soirs et les gens faisaient la queue sur le trottoir pour obtenir une table chez nous. Le spectacle de Fernand était très drôle et on avait vraiment ressuscité l'ambiance du Libertys. Seulement, toujours aussi peu commerçants, on n'était pas assez chers et, si on arrivait à étaler enfin nos frais, les bénéfices étaient trop maigres pour songer à rembourser nos dettes et celles-ci, par l'incroyable générosité de Charlot, allaient encore faire un sacré bond.

Un jour, je rentrais de chez le coiffeur et je le vois arriver, l'air heureux comme tout.

— Tiens, dit-il. Je t'ai fait un cadeau. La boutique à côté est en faillite. Je l'ai rachetée pour toi. Avec le monde que vous avez en ce moment, il faut vous agrandir.

Ce cadeau-là, j'aurais mieux fait de le refuser. Pendant quelque temps, on n'a pas touché à cette boutique et puis, comme le succès ne cessait de grandir et qu'on refusait de plus en plus de monde chaque soir, j'ai trouvé idiot de ne pas utiliser le cadeau de Charlot. Je pensais qu'il suffirait de pousser le mur !

Je me lance donc dans les travaux et, malheur de moi, le service de sécurité des bâtiments me tombe sur le dos. Des coriaces, ceux-là. J'avais déjà eu affaire à eux pour les premiers travaux. Pendant des années, ils avaient fermé les yeux sur les infractions du Belzébuth avec son installation électrique qui pouvait foutre le feu à tout le quartier, mais, à moi, ils n'avaient fait aucun cadeau. Et là, quand j'ai voulu occuper la boutique, ils ont décrété que le plafond était trop bas pour ouvrir cette salle au public. Ils ne toléraient pas l'installation d'une cuisine. Il a fallu tout mettre à l'envers, déplacer l'escalier, changer des poutres qui pesaient des tonnes et régler une facture de trente millions. Bon prince, Charlot allongeait le pognon sans broncher. Manque de pot, l'année 1963 a été désastreuse. Crise dans les affaires et plus personne dans les cabarets. En plus, la concurrence devenait sévère. Notre succès faisait des jaloux qui, pour me tirer dans les pattes, me réservaient des tables bidon. Mais la plaisanterie n'a pas duré longtemps. Au bout de quatre fois, j'avais repéré les farceurs et je ne retenais plus rien du tout.

On commençait lentement à remonter la pente, quand, brusquement, la machine s'est détraquée. Je n'ai jamais pu comprendre ce qui s'est passé dans la tête de Charlot. Depuis quelque temps, il n'était plus le même. Il avait quitté Paris pour vivre dans le Midi, à Marseille. Tout l'argent qu'il avait gagné semblait lui avoir brouillé le cerveau. Notre bon Charlot qui considérait Fernand comme son frère, qui était le parrain de notre fils, qui avait toujours été d'une générosité folle pour moi, Charlot est devenu impossible, accusant tout le monde de vouloir le voler. Et un beau matin, il nous a envoyé du papier bleu. Il exigeait qu'on lui rembourse nos dettes, sans quoi il nous mettait en faillite. Fernand a sauté dans le premier train pour Marseille pour tenter de le faire revenir à la raison. Peine perdue, Charlot n'a même pas voulu le recevoir et Fernand est rentré désespéré. C'était la catastrophe. On ne pouvait même pas se lancer dans une querelle d'avocats. Charlot et nous, on avait le même. Un moment, on a pensé qu'il voulait devenir propriétaire du cabaret. Absolument pas ! Charlot voulait ses sous, un point c'est tout ! A nouveau, ce fut la ronde infernale des démarches administratives et des rendez-vous avec les huissiers. Et bien sûr, c'est moi qui me tapais tout ça, puisque Fernand n'étant pas compétent, d'ailleurs, j'avais signé tous les papiers et tout était à mon nom.

En 1965, on a été mis en faillite, juste après le mariage de Michel. C'est même la dernière fête qu'on a pu faire Chez Fernand Sardou. La propriétaire des murs disposait d'une clause résolutoire. Ah, le maquis des règlements ! Si elle la faisait agir, on devait quitter les lieux sans un centime. Naturellement, elle ne nous a pas fait de cadeau. Dans ces cas-là, personne ne vous en fait et on s'est retrouvés sans un sou et avec trente millions de dettes. Dans le cabaret, il y avait pour dix-sept millions de matériel. Ce matériel, le syndic de faillite l'a vendu pour deux cent vingt-cinq mille francs. C'était monstrueux. Tous nos meubles ont été saisis. Les huissiers ne nous ont rien laissé. Non, j'oubliais, je suis injuste. Ils nous ont laissé un des deux lits jumeaux que j'ai laissé à Fernand et moi, on m'a prêté un matelas. S'être lancé dans une telle entreprise pour assurer la sécurité de ses vieux jours et se retrouver par terre sur un matelas, c'était vraiment pas une réussite.

On a dormi un an par terre sur notre matelas avant de pouvoir s'acheter un sommier et quelques meubles. Dans notre débâcle, on avait heureusement pu trouver un toit pour nous abriter. Avant la faillite, j'avais pris en location un appartement rue Ganneron. Je voulais que mon oncle y habite avec ma mère qui était incapable de vivre seule. Mais il n'avait pas voulu et l'appartement était resté vide. Sentant notre situation devenir périlleuse, je l'avais prudemment gardé pour avoir un havre en cas de naufrage. Bien m'en avait pris. Avec un toit et un lit, on pouvait voir venir. On n'est pas enfants de la balle pour rien. Là, je plastronne un peu, car, en réalité, on avait plutôt le moral à zéro et encore on ignorait la suite.

Un soir, après une journée passée à Ermenonville chez notre ami Jean Richard, Fernand ressent brusquement une douleur fulgurante à la poitrine. J'appelle aussitôt le médecin qui diagnostique un infarctus et décide une hospitalisation d'urgence. Avec l'avalanche de soucis qui nous était tombée dessus depuis des mois, il fallait pas s'étonner que mon mari, angoissé comme il l'était déjà quand tout allait bien, se mette à broyer du noir et fasse un accident cardiaque. L'ennui avec ce genre de maladie, c'est que pour en guérir, il faut surtout se reposer, débarrassé de tout souci. Quand vous vous retrouvez couvert de dettes pour le restant de vos jours et que pratiquement tout ce que vous pourrez gagner servira à les rembourser, il est difficile de voir l'avenir en rose.

Réussir à gagner de quoi survivre n'était déjà pas une mince affaire. J'avais beau aller frapper courageusement à toutes les portes, aucune ne s'ouvrait. Dans notre métier, on n'aime pas beaucoup ceux qui perdent. Je commençais à désespérer quand une offre tout à fait inattendue m'est tombée du ciel.

Un jour que je passais rue Fontaine, une bonne femme m'aborde :

— Ah, madame Sardou ! Vous qui connaissez beaucoup de monde, est-ce que vous ne connaîtriez pas quelqu'un pour me faire mes remplacements de vacances dans un bar de la rue Frochot ?

Je connaissais cette dame, elle était très connue à Pigalle : elle avait plusieurs établissements avec « hôtesses ». Dans ma tête, aussitôt, ça fait « tilt ». Je prends mon air le plus grande dame possible :

— Non, pour l'instant je ne connais personne... mais, si vous m'en croyez capable, chère madame, je pourrais peut-être essayer.

— C'est que...

— Rassurez-vous, je sais ce que vous allez me dire. Mais, voyez-vous, mon mari est actuellement souffrant ; seule à la maison, je m'embête, je tourne en rond, j'ai envie de tout casser, alors je pense que ça me changerait les idées...

Et que ça arrangerait bigrement mes finances, mais ce n'était pas la peine de le lui dire. Bien sûr, ma proposition la surprend un peu, mais comme ça l'arrange elle aussi, elle ne cherche pas à approfondir. Me voilà le jour même en fonctions.

J'avais fait beaucoup de choses dans ma vie, mais barmaid chez une taulière, ça, pas encore. Il faut un commencement à tout.

Il y avait à peu près une douzaine de filles dans ce « bar ». Un prolétariat qui, celui-là, croyez-moi, ne fait pas les trois huit ! Elles arrivaient l'après-midi à 17 heures et s'en allaient le lendemain matin vers les 11 heures. Mon travail ? Il fallait tenir la comptabilité de toutes les prestations de ces demoiselles, compter le nombre de bouteilles et surtout de demi-bouteilles qu'elles faisaient ouvrir. La demi-bouteille était en effet la consommation minimum qu'elles devaient faire boire aux clients pour avoir le droit de sortir avec eux. Ce n'était en effet qu'un bar : il offrait la rencontre et les consommations, mais pas les chambres et c'est dans les hôtels du voisinage que tout se concluait.

Mais la comptabilité se compliquait d'un tas de règlements entortillés qui rendaient mon travail effroyablement difficile. Si un client revenait, la fille recevait un pourcentage plus fort. S'il revenait une autre fois, la fille touchait des royalties encore plus importantes. Je ne sais pas si vous voyez ce que ça peut donner en matière de calculs ! Il fallait qu'avec ma petite tête, je fasse le point de ces indexations, réglées sur les retours de pigeons. Pour un poste à responsabilités, c'était un poste à responsabilités ! Dans cette organisation modèle, il y avait aussi une comptabilité spéciale pour les rabatteurs. C'étaient les chasseurs-portiers et assimilés, enfin toute la faune des abords de boîtes de nuit de Pigalle, qui glissaient l'adresse aux noctambules tentés par ces folles nuits de Montmartre qui font tant rêver les bourgeois de Hambourg, de Caracas ou de Castelnaudary.

Ce n'est pas tout ! Je servais également au bar. J'allais dans la salle mettre des disques d'ambiance pour le bain de romantisme. Je débarrassais la table et contrôlais aussi la recette du bar. Je surveillais même la patronne qui, de temps en temps, piquait négligemment des pourboires dans la caisse. On est maître chez soi ou pas !

Bref, moitié expert-comptable, moitié bonne à tout faire et un peu contrôleur des marchés.

La patronne devait penser qu'il fallait vraiment que je me morfonde à la maison pour m'offrir un dérivatif de cette taille-là. Et attendez, c'était toujours pas tout. Vers les 6 heures du matin, il fallait commencer à refaire les comptes, cette fois pour payer les filles. Et comme à force d'avoir fait déboucher les bouteilles, elles étaient pleines comme des gadoues, elles commençaient à se disputer telles des chiffonnières. Ça finissait par des bagarres et elles se foutaient joyeusement sur la gueule. Moi, comme au catch, j'arbitrais, je rentrais dans ces crêpages de chignon, je séparais, j'engueulais, bref, on pouvait tout reprocher à la nature de mon travail, sauf le manque d'animation. Attendez, c'est toujours pas tout. A l'aube et au jour naissant, les bars des environs commençaient à fermer les uns après les autres. Mêlé aux paumés du petit matin, le personnel de ces établissements, histoire de se remettre sur pied avant de retrouver bobonne et les enfants, venait prendre au comptoir une dernière consommation. Encore une, et on va se coucher ! Et hop, je repartais pour faire les comptes de ce nouvel arrivage, relaver les verres, tout ça en faisant bonne figure, blaguant, renvoyant la balle, aimable, bien causante, bien commerçante, joyeux drille, marrante, bonne fille rigolarde et tout le tremblement.

Enfin, à midi, adieu Berthe! Je n'avais que le temps de filer à l'hôpital pour aller voir Fernand. Dans la rue Frochot traînait toute la faune épuisée des forçats de la bringue nocturne, les travelos du coin, délavés, avec la barbe qui commençait à pousser sous leur maquillage. Tout ça était d'une tristesse épouvantable, rien de commun avec ce qu'on voyait sur la scène quelques heures auparavant dans leurs boîtes de frétilleuses, dans le clinquant des faux bijoux, dans la magie de la musique et des projecteurs. Ces cons de chasseurs jouaient à la passe anglaise sur le trottoir et allaient perdre en une heure ce qu'ils avaient gagné dans la nuit. Pourtant, après mes heures de bar, dans ces odeurs de renfermé, de mégots, de corps humains pas nets, de Nivéa-crème, de parfums lourds et de champagne répandu, cette rue de bringueurs fatigués et des traîne-misère du pavé nocturne m'apparaissait comme un bain d'air pur. Fernand, le pauvre, se morfondait de son état, de son immobilité, de son impuissance et s'éclairait en me voyant arriver.

J'essayais de le faire rire en lui racontant mes tribulations de sous-maîtresse intérimaire, car ce genre d'endroits est, vous vous en doutez, un cinéma permanent. Ce qu'on peut y rencontrer comme tordus, maniaques, exhibitionnistes, faux barons et faux marquis, faux milliardaires, faux durs et autres givrés de toutes sortes, c'est pas croyable! Il y en avait un qui venait de temps en temps, je le vois encore : cheveux plaqués, imper beige clair, col relevé, démarche chaloupée qui se veut virile et menaçante, un genre Humphrey Bogart de bal de bonniches se donnant des airs de conspirateur. On n'imagine pas à quel point ces demi-fous, rouleurs de mécaniques, peuvent fabuler. Un jour, je le vois arriver plus « manteau couleur de muraille » que jamais. Il s'approche à pas comptés du téléphone posé sur la caisse devant moi, décroche sans faire de numéro, regarde à droite et à gauche dans le plus pur style méchant de feuilleton américain *Incorruptibles* ou *Columbo,* avec un air chargé de mystère et de sous-entendus. Et je l'entends alors dire (il fait tout pour que je l'entende) : « Mission accomplie... » et pffuit, il repart du même pas.

A quel point cinéma et télé tourneboulent les gens!

Des cinglés comme ça, ce genre de bar en voit passer des quantités. C'est leur miroir aux alouettes. Mais en moi-même, me rendant compte de cette déchéance que je côtoyais, je me disais : « Je ne sais pas ce que l'avenir te réserve, ma petite, mais ce qui est rassurant, c'est que ça pourra difficilement être pire ! » Je ne veux pas me donner de gants, mais je ne connais pas beaucoup de gens qui auraient pu supporter une telle épreuve. Cachant mes états d'âme, je parais de couleurs pittoresques ma sordide vie de taulière. Fernand s'intéressait, riait, parfois un peu jaune, car il était navré de me voir dans un tel endroit. Mais mes récits lui changeaient les idées et je n'en demandais pas plus. Je lui parlais aussi de Michel et de ses mésaventures sous les drapeaux. Son père lui avait proposé de faire jouer ses relations pour que son service militaire ne vienne pas briser ses débuts dans la chanson qui se révélaient prometteurs. Il était déjà passé à Bobino où sa première chanson *le Madras* avait eu beaucoup de succès. Mais Michel avait refusé tout piston. Il ferait son service militaire comme tout le monde. Il avait commencé à faire ses classes à Montlhéry et sa première lettre n'avait pas été très optimiste :

« Ma chère petite maman, mon cher papa,
C'est vraiment la plus grande connerie que j'aie jamais pu faire : entrer dans une caserne... »

A peine arrivé, on lui avait piqué tout son argent. Comme il n'avait pas de lacets à ses chaussures et pas un sou pour s'en acheter, il avait écopé de deux jours de prison. Beau début pour un artiste qui n'a pas la vocation militaire ! Au lieu de se révolter, l'artiste a tout simplement composé une chanson : *le Rire du sergent.* Finalement, comme il était marié, il a pu, ses classes terminées, obtenir l'autorisation de rentrer presque tous les soirs chez lui. Françoise était enceinte et ça, Fernand, d'être bientôt grand-père, ça lui remontait le moral de façon formidable.

Comme parler de l'avenir de son fils à Fernand était le meilleur remède contre sa déprime, je lui rapportais tous les petits détails le concernant. Il travaillait dur à de nouvelles chansons pour sortir un nouveau disque. L'inspiration ne lui manquait pas. Ce Sardou-là risquait bien d'être le plus grand de la famille. Et en riant, je disais :

— Tu verras, papa, qu'un jour on ira l'applaudir à l'Olympia!

Et un merveilleux sourire illuminait le visage de Fernand. En le laissant à ses réconfortants rêves de gloire pour son fils, je m'éclipsais pour aller me reposer quelques heures avant de retourner rue Frochot à 5 heures. Comme le bar, à cette heure-là, était encore calme, c'était le moment des confidences. Les filles s'épanchaient dans mon giron et me racontaient leur histoire, toujours la même, la complainte de l'éternelle paumée, pas très variée, je vous prie de croire! Elles commencent par se faire filer un môme dans le tiroir. Maudites par la famille, chassées par la mère, il ne leur reste plus qu'à travailler pour vivre. Bien sûr, elles pourraient faire des ménages, mais le tapin leur semble moins fatigant. Elles commencent à « se défendre » de bar en bar, puis bientôt de trottoir en trottoir et tombent, inévitablement, sous la coupe d'un mac. On a l'impresario qu'on mérite! Aucune profession libérale basée sur la concurrence, les aléas du marché et les dons artistiques ne peut s'en passer! Il me fallait pourtant bien du courage pour commencer la soirée en écoutant d'aussi décourageantes jérémiades et, certains soirs, je me demandais avec angoisse combien de temps j'allais encore pouvoir tenir le coup. Je me disais que seul un miracle pourrait me tirer de là.

Et le miracle a eu lieu. Un jour mille fois béni, je reçois un coup de téléphone du théâtre du Palais-Royal, me demandant si j'étais libre pour tenir un rôle dans *Désiré* de Sacha Guitry. Si j'étais libre?!!!

Je crois que Jean-Michel Rouzière, le directeur de ce théâtre si agréable, ne s'est jamais douté de ce que ce contrat a représenté pour moi. Sans demander mon reste, j'ai couru à cet endroit où tous les soirs, depuis près d'un an, j'entrais la gorge serrée et j'ai donné ma démission à la patronne de mon bordel. Car, ne soyons pas hypocrites, ce « bar à hôtesses », ça n'était pas autre chose. Mais soyons justes, il nous a bien sauvé la mise. Moi, qui ai roulé ma bosse un peu partout, il n'y avait que là-dedans que je n'avais pas travaillé : c'est fait. J'ose même dire que c'est bien fait. Quand on se trompe, il faut payer. J'ai payé très cher, nous avons payé très cher, car, vous pouvez me croire, c'était lourd, non seulement physiquement, mais surtout moralement.

Fernand a fini par se rétablir et bientôt deux grandes joies nous ont enfin rendu le sourire. Nous avons eu une merveilleuse petite-fille, baptisée Sandrine. Le baptême s'est déroulé en toute simplicité, là où ses parents s'étaient mariés, à la petite église du Sacré-Cœur. A la sortie de la cérémonie, on a croisé Mgr Marty, alors archevêque de Paris. En voyant ce couple si jeune avec son bébé, il a eu un sourire ému, s'est approché de nous et a tracé une croix sur le front de Sandrine. Fernand était très fier de ce supplément accordé par un dignitaire de l'Église.

La seconde joie fut toute professionnelle. Fernand fut engagé pour partir en tournée, jouer le rôle de César dans *Marius,* la merveilleuse comédie de Pagnol. Les mauvais jours semblaient finis. Certes, on avait toujours les créanciers aux fesses et on savait que jamais on ne roulerait sur l'or, mais, au moins, avec moi jouant Guitry et Fernand Pagnol, on faisait à nouveau notre vrai métier.

12

Après ce chapitre pas très gai — hélas, pas le seul — voici maintenant les pages les plus roses de ma vie, un souvenir que je garde précieusement au creux de ma mémoire et que je ne peux évoquer sans un brin d'émotion.

En 1969, Fernand est engagé pour jouer dans la série *le Petit Théâtre de Jean Renoir.* Le tournage a lieu dans le Midi, à Velaux, près de Marseille. Moi, je n'avais rien à faire dans cette histoire, il n'y avait pas d'emploi pour moi. J'accompagnais simplement Fernand, en bonne épouse, pour profiter de quelques jours au soleil pendant qu'il transpirait devant les caméras. Velaux, c'est un petit village comme tous ceux du Midi, avec ses rues calmes et étroites, sa place avec sa fontaine et ses platanes dont l'ombre est bien agréable à l'heure de la sieste.

Je connaissais bien l'endroit, parce que j'y avais tourné un film avec Fernandel : *le Chômeur de Clochemerle,* en 1953. Pour les besoins du scénario, on avait changé les façades des commerçants. Le boucher était devenu garagiste et le boulanger bistrot. Mais surtout, il y avait des manèges sur la place qui faisaient trépigner d'envie Michel. Il devait avoir six ans et je l'avais emmené avec moi pour lui faire un peu respirer le bon air du Midi. Comme on avait besoin de gosses pour la figuration, Michel avait été engagé et comme son travail était de tourner sur les chevaux de bois, pensez s'il était fou de joie ! De plus, non seulement c'était gratuit, mais il était même payé. Il n'en revenait pas.

Seize ans plus tard, me revoilà donc à Velaux, non plus avec Fernandel, mais Jean Renoir et Fernand et sans Michel qui passait ses vacances avec sa femme à l'île de Ré. Parmi les personnages, il y avait un curé. Chose étonnante, pour une fois, ce n'était pas mon mari, spécialiste des rôles en soutane depuis son succès dans l'opérette *Méditerranée* au Châtelet avec Tino Rossi. On avait trouvé mieux que lui, et je peux le dire sans blesser sa mémoire, car celui qui tenait ce rôle était un véritable curé, celui de Cabriès, une petite paroisse près de Marseille avec une merveilleuse petite église du XIIe siècle. Le père Ray était un personnage typiquement provençal, plus vrai que nature, tout ce qu'il y a d'affable, ouvert, une personnalité unique qui parlait le provençal comme plus personne ne le fait. Fernand était tout heureux de pouvoir encore bavarder avec quelqu'un dans la langue de Mistral. Ils ne se quittaient pas pendant le tournage et moi, comme je ne travaillais pas dans ce film, je faisais souvent causette avec ce brave homme. Un jour qu'il me félicitait sur la longévité de notre union — cela faisait vingt-quatre ans, presque un record dans un métier comme le nôtre — j'avais été amenée à lui expliquer que malheureusement je n'avais pas pu me marier à l'église. Je ne veux pas dire qu'il ait manifesté de la surprise ou du regret, il était trop délicat pour ça. Mais je sentais que, vu l'amitié qu'il nous portait, cela devait lui faire un peu de peine. Alors je lui ai dit la vraie raison : il avait été impossible de se procurer l'acte de baptême de Fernand quand nous avions écrit à sa paroisse, à Avignon, pour le demander. Il fut surpris :

— Vous êtes sûre, Jackie, que M. Sardou a bien été baptisé ?

— Ah ça, mon père, je vous le jure devant Dieu ! Il n'aurait aucune raison d'inventer une chose pareille. Eh bien tenez, puisqu'on en parle, dans quinze jours nous serons le 7 juillet et ce sera notre anniversaire de mariage. Vingt-quatre ans juste !

— Et si je vous le trouve, moi, cet acte de baptême ?

— Alors là, mon père, si vous trouvez l'acte de baptême, vous ne dites rien à personne et vous nous faites notre mariage à l'église. On ne le dit même pas à Fernand : ce sera son cadeau de noces.

Voilà donc le père Ray qui se déplace, va à droite et à gauche, remue ciel et terre et, finalement, apprend qu'à la date que je lui avais indiquée, il y avait bien un Fernand baptisé à Avignon, mais que ce Fernand ne s'appelait pas Sardou, mais Plantin. Ça a été la révélation ! Mais bien sûr qu'on était bêtes de ne pas y avoir pensé ! Toute l'explication était là ! Comme son père ne l'avait reconnu que sept ans plus tard, il avait été inscrit sous le nom de Plantin, celui de sa mère. Et lorsque j'avais demandé et redemandé l'acte de baptême de Fernand Sardou, ils n'avaient pas été assez futés à la sacristie pour faire le rapprochement ! Pourtant des Fernand, à cette église et ce jour-là, il ne devait pas y en avoir des paquets !

Folle de joie, me voilà donc à l'ouvrage. Dans le plus grand secret je prépare tout jusqu'au repas de mariage. Mon saint homme de curé avait dégoté à côté de Cabriès une auberge ravissante où la cuisine était sensationnelle. Le père Ray n'estimait pas chrétien de mépriser les plaisirs que Dieu avait manifestement créés à notre intention. J'avais demandé à un vieil ami de Fernand, Nello, de lui servir de témoin. Nello était un ancien acrobate cycliste dont le numéro de cirque était international et qui, la retraite venue, s'était retiré à Arles, sa ville natale où il dirigeait l'hôtel Nord-Pinus. Passionné, comme Fernand, de corrida, il recevait chez lui toute la fine fleur des toreros. Le deuxième témoin, le mien, était un ami charmant que nous avions rencontré pendant le tournage, André Bernard. Il était le manager de Manitas de Plata, mais aussi archiviste et collectionneur des documents les plus rares et les plus complets sur le cinéma et particulièrement sur Sacha Guitry. Il s'était marié avec la chanteuse Josy Andrieux.

Bref, j'avais tout préparé ou plutôt tout « manigancé » sans en souffler le moindre mot à Fernand, ayant fait jurer aux témoins de garder le secret. Puis tout à coup, une crainte m'a saisie. Je me suis demandé s'il n'y avait peut-être pas un os ! Et si ça n'allait pas lui plaire, à Fernand ? Ou même plus, carrément lui déplaire ? Après tout ces histoires de religion, c'est délicat. Fernand, sans être pratiquant, n'avait rien contre l'Église, mais passer tout d'un coup devant M. le curé vingt-quatre ans après être passé devant M. le maire, ça pouvait peut-être lui paraître tout à fait inutile. Bien sûr dans le ménage, depuis toujours, c'était moi qui décidais de tous les problèmes d'intendance, sans même lui en parler pour ne pas l'arracher à ses rêveries nécessaires à ses cogitations d'artiste. Mais cette fois, je me demandais si je n'outrepassais pas mes droits. Il faut croire que ça me turlupinait, car lui, toujours dans les nuages, s'est aperçu, pour une fois, que j'avais l'air un peu bizarre depuis quelque temps et, inquiet, s'est mis à vouloir en connaître la raison. Alors, je me suis jetée à l'eau :

— Tu sais, papa, j'ai embringué quelque chose, mais voilà que tout à coup, au dernier moment, je me demande si tu vas être d'accord.

Je le vois surpris, presque incrédule.

— Pas possible... Tu me demandes mon avis aujourd'hui ? Tu n'es pas malade, ma chérie ?

Je ne pouvais plus reculer. Alors, allons-y :

— Eh bien voilà ! Tu te souviens qu'on n'avait jamais pu trouver ton acte de baptême ? Eh bien, le curé de Cabriès, lui, il l'a retrouvé. Et si tu veux, pour notre anniversaire de mariage, il peut nous marier à l'église... Enfin si tu veux, bien sûr. Car si tu ne veux pas...

Il paraît que j'avais l'air malheureux, anxieux. Il ne m'avait jamais vue comme cela. Sa réaction a été explosive :

— Comment « si je veux » ! Mais bien sûr que je veux ! Et comment que je veux ! Comme ça, cette fois, nous serons vraiment mariés !

Me voilà folle de joie, rayonnante de bonheur, déchaînée. Je ne me reconnaissais pas. Je me savais sentimentale comme toutes les bonnes femmes, même celles qui le cachent, mais midinette à ce point-là, j'aurais pas cru ! Je n'arrêtais pas de chanter : « Je me marie demain, ça va changer ma vi-i-e... » Le soir, nous répétions un spectacle au théâtre municipal de Toulon. Une fois de plus, on « doublait ». Cinéma dans la journée et théâtre le soir. Je chantais toujours et le directeur du théâtre me demanda pourquoi j'étais si gaie et, moi, ne pouvant plus me taire, je lui explique tout. A côté de nous, il y avait un journaliste, mais, toute à mon bonheur, je n'y ai pas prêté la moindre attention.

Un soleil merveilleux se levait sur ce 7 juillet de fête. Nous voilà partis, Fernand, moi, Youyou le chien et les témoins, pour Cabriès. Le curé nous attendait. Il avait préparé son église d'une façon charmante, avec des fleurs partout et deux fauteuils au milieu de la nef. Tout à coup son front se plisse. Et les enfants de chœur ? Où sont-ils ces fadas ? Peuvent jamais être à l'heure ! Ah, les voilà ! Ils arrivent coudes au corps, essoufflés.

— Et alors, les petits, où vous étiez ? On commençait à se faire du mauvais sang.

— On était partis aux mourguettes, répond le plus déluré, penaud quand même.

Les mourguettes, dans le Midi, c'est les escargots. Ils étaient partis remplir quelques paniers à salade et, tout à leur tâche, ils avaient laissé passer l'heure. Le temps de déposer les escargots à la sacristie, ils passent leurs tuniques blanches en catastrophe et viennent entourer le prêtre. C'est charmant, campagnard, émouvant. Je nage dans le bonheur. L'office commence dans la lumière douce des cierges et les jolies transparences des vitraux. Le petit sermon du brave père Ray fut un chef-d'œuvre d'intelligence et de bonhomie. Je l'ai encore en mémoire :

« Cher Fernand, chère Jackie. Je ne vais pas vous faire faire une confession. Vous êtes de braves gens, je vous connais et je vous suis depuis longtemps. Vous n'avez ni tué ni volé personne : les autres choses vous sont pardonnées ! Et, d'unir un couple aussi sympathique est, pour moi et mon petit royaume, une grande joie. J'adore les comédiens. Et aujourd'hui, ce n'est pas du théâtre, mais vraiment deux êtres qui sont heureux d'être unis pour le bon et le mauvais pour l'éternité. »

Je ne peux pas dire que, dans ma vie, j'ai souvent passé mes dimanches à la grand-messe — si je le disais, on ne me croirait pas — mais ce jour-là, Fernand et moi, nous étions tout remués. Nous avions les larmes aux yeux et je crois que ce mariage a été, pour l'un comme pour l'autre, un des grands moments de notre vie. Le père Ray avait préparé le disque de *la Marche nuptiale* et nous avons quitté l'église de plus en plus bouleversés par ce climat d'amitié, de gentillesse et de simplicité. Quand les portes se sont ouvertes, nous avons débouché sur le parvis où le soleil splendide de la matinée nous a jailli à la figure. Il y avait là tous les enfants de chœur, les petites filles et les habitants du village qui nous jetaient du riz porte-bonheur. Je pleurais comme une madeleine et, pour me réconforter, ils m'ont entraînée au petit café local où j'ai gagné un couvert à salade, le gros lot de la maison, en jouant au loto des bistrots du Midi, frère de la belote et de la pétanque, passions des braves gens de ce pays béni.

Comme pour notre premier mariage, je n'avais rien eu, ce couvert à salade valait pour moi tous les bijoux de tous les Cartier du monde. Je l'ai encore. Malheureusement, j'ai cassé le manche en porcelaine.

Enfin, après avoir embrassé toute la marmaille qui était là et les habitants du pays, étonnés quand même de voir ces deux gros couillons en train de se marier et de pleurer, nous sommes partis déjeuner. Un repas sublime et rustique, un climat merveilleux de gentillesse et de bonté, comme j'aime : un vrai mariage, avec de vrais amis, le mariage que nous n'avions pas eu et qui prouvait qu'il ne faut jamais désespérer.

Le lendemain matin, coup de téléphone. C'est un journaliste. Tiens, ça s'est su ! Il nous demande des détails. A peine raccroché, nouveau coup de téléphone, puis ils se succèdent sans interruption. J'ai d'abord cru que c'était une blague, mais non. Tous les journaux du Midi et de Paris appelaient pour nous demander si c'était vrai que nous nous étions mariés. Un déferlement qui n'arrêtait pas. Même — tenez-vous bien — le *New York Times* s'en est mêlé, puis la radio et la télévision. Tout ça venait naturellement du journaliste discrètement embusqué dans les coulisses du théâtre de Toulon et auquel je n'avais pas prêté attention. Nous étions dépassés par les retombées de cette histoire que nous n'avions absolument pas prévues. A tel point que c'est par la presse et la radio que, stupéfait, Michel fut mis au courant. Je ne l'avais pas prévenu pour qu'il ne se croie pas obligé d'interrompre ses vacances pour venir assister à la cérémonie. Il nous a écrit aussitôt pour nous faire part de sa déception :

« Comment ! J'apprends que vous n'étiez pas mariés et vous ne m'avez pas prévenu ! Moi qui avais toujours regretté de n'avoir pas assisté à votre mariage ! »

C'était vrai. Tout petit, il nous posait toujours des questions, celles que posent la plupart des enfants : « Tu t'es mariée à quel âge ? Et toi papa ? Et moi, où j'étais ? » A cette époque où on n'apprenait pas aux enfants de trois ans, dès la maternelle, les mystères de la reproduction, nous avions beaucoup de mal à lui expliquer que nous nous étions d'abord mariés et que, deux ans après, il était né. Un jour, il a réfléchi très fort à ce problème, puis il nous a déclaré :

— En somme, si j'étais né deux ans plus tôt, je serais venu à votre mariage !

Telle est l'histoire de ce mariage pas comme les autres où vingt-quatre ans se sont déroulés entre la cérémonie civile et la cérémonie religieuse, record qui n'est sans doute pas près d'être battu. Pour Fernand et surtout pour moi, ce fut une belle page de notre vie. Pour une fois, il y avait quelque chose de totalement joli à raconter dans les journaux sur le mariage de deux artistes. Oui, vraiment une très jolie page !

13

Les années qui suivirent furent illuminées par l'irrésistible ascension de Michel vers le succès. On peut supporter bien des soucis et des peines quand votre fils vous apporte autant de joies. A le voir grimper aussi aisément, mais en fait avec beaucoup de courage et d'opiniâtreté, vers les sommets du hit-parade, Fernand disait souvent : « Bientôt, je ne serai plus que le père de Michel Sardou ! » Il le disait sans aucune amertume, au contraire avec la joie et la fierté de voir le nom des Sardou toujours sur scène après trois générations et plus brillant que jamais.

Le succès de Michel ne s'est pas fait tout seul. Il a commencé par un coup d'audace. Au cours de nos tournées, à travers la France et la Belgique, nous inspections naturellement tous les disquaires pour voir si le dernier disque de Michel, avec sa chanson *Nous n'aurons pas d'enfant* se vendait bien. Or on ne le trouvait presque jamais. Fernand en avertit son fils qui annonça à son éditeur qu'il le quittait. Vexé, l'autre lui affirma qu'il ne réussirait jamais dans la chanson. C'est tout juste s'il ne le traita pas de petit con. Il ne fallait surtout pas dire ça à Michel !

Il a aussitôt monté sa propre société avec deux copains qu'il aimait bien. Le premier était le compositeur Jacques Revaux, presque un ami d'enfance puisqu'il était le fils du boucher de la rue des Abbesses où Michel allait acheter la viande. Le second était Régis Talar qui se lançait dans l'édition. Tous les trois se sont mis à travailler ferme, aidant Michel à trouver sa voie et il l'a trouvée avec *les*

Bals populaires. Il a écrit cette chanson avec Vline Buggy, la fille de Geo Koger, le parolier, avec qui Fernand et moi, nous avions joué l'opérette de nos débuts *En plein pastis* et en plus elle était la bru de notre chirugien attitré. Le monde est vraiment petit. Lancé par ce succès, Michel n'allait plus s'arrêter. Il a commencé à partir en tournée avec ses deux associés. Le trio s'entassait avec tout le matériel dans une vieille Volkswagen. A partir de ce moment-là, Fernand et moi, nous n'eûmes plus qu'une idée : aller voir et applaudir notre fils sur scène. On passait notre temps à étudier le Chaix pour voir si, de la ville où nous étions en tournée, il n'était pas possible de rejoindre celle où chantait Michel. Le nombre de crochets, de détours, de zigzags à travers la France pour aller applaudir notre merveille, je ne vous dirai pas. C'était d'autant plus compliqué que je n'étais pas toujours dans la même tournée que Fernand et il fallait nous entendre nous téléphoner les meilleurs horaires pour atteindre à temps la ville désirée. Nous nous y retrouvions, le temps de savourer les applaudissements du public, en y ajoutant les nôtres bien sûr et, ensuite, chacun de nous repartait de son côté, non sans avoir auparavant étudié à quelle prochaine étape on pouvait encore se retrouver. On a jamais autant voyagé.

Depuis ses premiers enregistrements, Michel allait tous les six mois chercher ses droits d'auteur à la SACEM. On le payait directement en espèces, le chèque n'étant obligatoire qu'au-delà des cent mille centimes. Après *les Bals populaires,* il se rend comme d'habitude à la caisse :

— Ah non, monsieur Sardou, lui dit le caissier, aujourd'hui vous devez aller au guichet des chèques.

Tout fier, Michel s'y présente et, incrédule, lit le chiffre inscrit sur le chèque. Il le relit même plusieurs fois pour être sûr de ne pas se tromper de zéro. Le cœur battant d'une joie folle, il découvre qu'il a gagné sept millions de centimes. Il court à la banque déposer son trésor et en retire aussitôt un million en billets tout neufs et bien craquants. Il se précipite alors à la maison et, avec l'air « vachement décontracté », il tend la liasse à son père en lui disant : « Tiens papa, c'est pour ton mois de février. »

Fernand avait l'obsession du mois de février, le mois où

les cabarets sont vides parce que les gens ont dépensé tout leur argent pendant le réveillon et commencent à économiser pour les vacances. Sa « févriérite » était depuis des années un sujet de plaisanterie entre nous. Michel n'a jamais su que ce soir-là sa « plaisanterie » nous a fait pleurer comme deux gosses.

Et après, il y a eu l'Olympia ! Michel y a fait sa première avec Enrico Macias. Le directeur de l'Olympia n'aimait pas beaucoup qu'on lui impose quelqu'un dans ses programmes, mais il avait assez de flair pour deviner que le choix de Michel n'était pas une erreur. Michel passait en numéro un. C'est redoutable d'ouvrir une soirée. Les gens ne sont même pas tous arrivés, la salle n'est pas encore chauffée et vous n'avez que trois chansons pour vous défendre. Michel s'en est remarquablement tiré. Il avait à peine fini sa dernière chanson que je me précipitais sur un téléphone pour appeler Fernand, en tournée à Bordeaux et d'une phrase, j'ai calmé son angoisse :

— Papa, il a été merveilleux ! C'est gagné !

Il y avait même mieux que ça. Bruno Coquatrix, qui était toujours derrière le rideau au moment du salut, a fait signe à Michel et, lui tendant un papier, lui a dit : « Tiens, signe ça ! »

C'était un contrat pour un deuxième passage quatre mois plus tard, en vedette américaine, c'est-à-dire à la fin de la première partie, juste avant l'entracte. Il est donc revenu, quatre mois après, dans le spectacle de Jacques Martin, avec trente minutes de chansons. Cette fois, Fernand était avec moi dans la salle, applaudissant à tout rompre. Le rideau baissé, Coquatrix a tendu un nouveau papier à signer à Michel : son engagement pour son premier passage en vedette. C'est ainsi qu'en une seule saison, Michel est passé du lever de rideau à la vedette américaine et de la vedette américaine à la vedette tout court. C'est un fait assez rare dans les annales de l'Olympia.

Le lendemain de son triomphe, les journaux ne tarissaient pas d'éloges sur le talent de Michel. Cette fois, c'était vraiment la consécration. On s'en est, nous, tout de suite rendu compte de manière très précise. Dès le lendemain, des gens qui, depuis notre faillite cinq ans plus tôt, changeaient de trottoir en nous apercevant, ont brusquement retrouvé notre numéro de téléphone. Ça n'arrêtait pas de sonner.

— Allô, bravo pour Michel, je vous l'avais toujours dit... et vous, comment allez-vous ?

— Comme il y a cinq ans, très bien.

La réponse était plutôt froide, mais, de toute façon, il en faut beaucoup plus pour doucher l'enthousiasme des parasites de notre profession.

La plus heureuse de tous dans la famille, c'était encore ma mère. Elle adorait son petit-fils. Pour le premier passage de Michel à Bobino, elle qui n'avait jamais su mettre un sou de côté, elle avait décidé de lui offrir son costume de scène. Et elle l'a fait. Le costume, une veste en velours côtelé bleu turquoise et un pantalon noir, que Michel portait à Bobino était payé par sa grand-mère. Malgré ses succès, elle continuait à le considérer comme un petit garçon et, quand il chantait à l'Olympia, elle allait lui porter, les jours de matinée, son goûter dans sa loge.

Ma mère est morte, un an après le succès de son petit-fils à l'Olympia. Elle est morte brutalement d'une crise cardiaque. Sa disparition nous a fait à tous beaucoup de chagrin. Pour me consoler, je me disais que dans sa vie pas très gaie, elle avait au moins connu la joie de voir son petit-fils triompher sur la scène du plus grand music-hall parisien.

Une fois que Michel a connu le succès, il n'a cessé de dire à son père :

— Papa, va à la pêche, laisse tomber et va à la pêche puisque c'est ton bonheur !

Fernand ne voulait rien entendre. Sa vie, c'était d'être sur une scène pour chanter, raconter des histoires, jouer des sketches. Et puis, lui et moi, nous nous faisions un point d'honneur de payer nos dettes. La faillite de notre cabaret laissait un trou de trente millions de centimes. Nous nous étions engagés à tout rembourser, sou à sou, en travaillant. Cela allait prendre du temps, car, au début, on ne pouvait mettre que cinq cents francs de côté par mois, mais nous ne voulions rien devoir à personne. Le problème était d'échapper à la rapacité des créanciers. Ces gens-là, si on les écoutait, ils ne vous laisseraient même pas de quoi vous payer un sandwich. Pour déjouer leurs recherches, nous avons surtout travaillé en province. Les tournées ne restant jamais plus d'une journée ou deux dans la même ville, les huissiers n'avaient pas le temps de remplir leurs paperasses que nous étions déjà loin. Ces tours de passe-passe n'étaient pas une manière de nous défiler. Pas du tout ! Après avoir travaillé comme nous l'avions fait toute notre vie, nous estimions avoir le droit de ne pas vivre comme des clochards et de garder pour nous de quoi vivre décemment. Mais chaque mois, régulièrement, on a remboursé une partie de nos dettes. Maintenant, je continue encore à le faire.

Naturellement, une fois que j'ai eu la chance merveilleuse de jouer au théâtre à Paris, ces messieurs n'ont plus eu aucun mal à me mettre la main dessus et, après la mort de mon mari, ils ont voulu employer les grands moyens en obtenant la saisie-arrêt de tous mes cachets. Mais, moi, on ne m'a pas comme ça ! Je suis allée trouver ces messieurs et, froidement, je leur ai mis le marché en main. « Si vous maintenez votre décision, moi, j'arrête aussitôt de travailler. Je me mets au chômage, je vais vivre chez mon fils et vous n'aurez plus jamais un sou. Ne soyez pas idiots, laissez-moi travailler en paix et je continuerai à vous rembourser régulièrement comme je l'ai toujours fait. » Devant mon air décidé, ils ont vite compris où était leur intérêt et ont fait lever leur saisie-arrêt.

Donc, loin de songer à prendre sa retraite, Fernand continuait à travailler comme un forçat. Tout en l'approuvant, je ne pouvais m'empêcher d'être rongée d'inquiétude. Manifestement, la fatigue s'accumulait et ses angoisses le minaient de plus en plus. A nouveau, il n'arrivait plus à s'endormir avant l'aube, pas avant que, moi, je ne m'éveille, tellement il craignait d'avoir une nouvelle attaque pendant mon sommeil. J'ai alors décidé de renoncer à tout engagement pour ne plus le quitter. Je n'allais plus nulle part pour ne pas le laisser seul à la maison. Je le suivais partout dans ses tournées, restant dans sa loge quand il était sur scène, ayant bien en tête ce qu'il fallait immédiatement faire en cas d'alerte. La première eut lieu à Marseille ou il jouait *l'Auberge du cheval blanc.* Le malaise l'a pris sur scène, une horrible douleur à la poitrine. J'ai aussitôt appelé une ambulance et prévenu l'hôpital où le Dr Seratimini, un homme merveilleux, l'a sauvé en veillant sur lui toute la nuit en salle de réanimation.

Cette volonté de travailler coûte que coûte a tout de même donné à Fernand l'une de ses plus grandes joies professionnelles. Un jour, l'un des deux frères Béhars, impresarios dont l'accent savoureux et les bourdes, volontaires ou non, faisaient la joie des gens du spectacle, téléphone à Fernand.

— Fite, fite, monsieur Sardou, il faut venir. Jean Mercure veut que vous jouiez dans *Six comédiens qui cherchent un compositeur.*

Mentalement, Fernand traduit aussitôt dans sa tête *Six personnages en quête d'auteur,* titre de la pièce de Pirandello, et se demande si Béhars n'est pas en train de lui monter une énorme farce. Il ne voyait pas bien pourquoi Jean Mercure avait besoin de lui, l'habitué des vaudevilles et opérettes, pour jouer du Pirandello. Ce n'était absolument pas une blague. Jean Mercure voulait réellement Fernand Sardou qui, naturellement, était mort de trac de devoir affronter une pièce classique pas du tout dans son répertoire habituel. Mais Jean Mercure avait vu juste. Fernand s'est très bien tiré de toutes les difficultés et son succès au Théâtre de la Ville lui a procuré un immense bonheur.

Il supportait pourtant difficilement de me voir renoncer à ma carrière pour m'occuper exclusivement de lui et cela justement au moment où celle-ci prenait pour moi une tournure inattendue. Après *Désiré* de Sacha Guitry, on me proposait maintenant de partir en tournée avec Robert Lamoureux pour jouer *Knock* de Jules Romains. Romains après Guitry, c'était inespéré ! Réprimant une envie folle d'accepter ce rôle, courageusement, j'ai dit non. Mon refus a naturellement provoqué la colère de Fernand, mais j'ai tenu bon. Il devait partir pour La Trinité-sur-Mer faire trois galas pour l'ouverture de l'établissement d'Alain Barrière. Pas question de le laisser y aller seul. Je l'ai donc accompagné en Bretagne où nous sommes restés une dizaine de jours. Il faisait un temps merveilleux et Fernand découvrait la Bretagne comme un enfant, allant de menhir en menhir, de rocher en rocher, fasciné par cette mer si différente de sa Méditerranée. Ce fut comme un voyage de noces.

Au retour Fernand devait passer au cabaret La Belle Époque et je m'apprêtais à l'y accompagner chaque soir, fidèle à mon rôle d'ange gardien, quand un coup de téléphone a tout fait changer. On me demandait si je refusais toujours de jouer dans *Knock*. Malgré toute mon envie, je n'avais aucune raison de changer d'avis et je me cramponnais à ma volonté de dire non. Mais Fernand a su trouver l'argument pour m'ébranler.

— C'est vraiment trop bête! Je veux que tu le fasses. Si ce n'est pas pour toi, fais-le pour moi. J'ai besoin d'être rassuré. S'il m'arrive quelque chose, je veux savoir que tu as pris ta place dans la comédie.

Finalement, j'ai accepté, mais je ne voulais à aucun prix qu'il reste seul, surtout la nuit. J'ai demandé qu'il aille vivre chez Michel à Neuilly et, après avoir laissé une liste de toutes mes recommandations, je suis partie en tournée. Chaque jour, je téléphonais pour prendre de ses nouvelles et il me disait de ne pas m'inquiéter, que tout allait bien et qu'il était ravi de pouvoir jouer tous les jours au grand-papa gâteau avec Romain, le dernier-né de Michel. J'ai profité de trois jours de relâche pour revenir à Paris fêter en famille, le 26 janvier 1976, l'anniversaire de notre fils. Vingt-neuf ans, célèbre, marié, divorcé, remarié avec Babette et déjà père de trois enfants, Michel menait sa vie à un rythme qui nous laissait pantois. Remarquez que nous non plus, on n'avait jamais beaucoup traîné dans nos pantoufles, mais là, vraiment, on était plutôt soufflés. On avait réuni des amis pour ce dîner d'anniversaire. Vers 11 heures, Fernand s'est préparé pour aller chanter au cabaret. Il a dit au revoir à tout le monde, moi, il m'a embrassée et il est descendu pour prendre le taxi qu'il avait appelé. J'ai couru pour l'embrasser une nouvelle fois, mais le taxi était déjà parti et je suis remontée désappointée. C'est la dernière fois que je l'ai vu. Le soir même à minuit, j'ai repris le train pour rejoindre la troupe. Le 29, Fernand est descendu dans le Midi pour participer à l'émission *Midi-Première* avec Danièle Gilbert et aller ensuite à Toulon répéter *l'Auberge du cheval blanc*. On était convenus de se retrouver à Lyon. Le 30 Fernand m'a téléphoné à Genève pour me dire qu'il passait le lendemain à la télévision et on a longuement bavardé ensemble. Après plus de trente ans de mariage, on avait toujours plein de choses à se raconter. Avant de raccrocher, il m'a dit : « Surtout, ne va pas voir *les Dents de la mer*, tu aurais peur. » J'ai horreur des films qui font peur et il a ajouté : « Au revoir maman, à bientôt à Lyon. »

Ce sont les derniers mots que j'ai entendus de mon mari. Le lendemain, j'ai regardé l'émission. Je l'ai vu chanter et, de sa main, il a fait « au revoir » à tout le monde. J'ai éteint le poste et je suis allée déjeuner au bord du lac de Genève où Robert Lamoureux nous avait tous invités. Le soir, en rentrant du spectacle, nous avons fait un petit souper dans la chambre de l'administratrice, Madeleine Foujane. J'avais demandé qu'on m'y passe la communication de mon mari. J'étais en train d'écouter les informations : le rapt du petit Patrick Henry m'avait impressionnée et je voulais savoir s'il avait été retrouvé. Toujours pas. J'ai fermé le poste. A ce moment-là, le téléphone a sonné. « Ah, c'est Fernand ! » dis-je à Madeleine qui vient de décrocher et me répond : « Non, ce n'est pas ton Fernand, c'est ton Michel. » J'aurais dû m'inquiéter. Jamais Michel ne nous appelait. C'était convenu entre nous, il nous communiquait ses itinéraires, les numéros des hôtels où il descendait et c'était nous qui l'appelions, mais j'étais toute à la joie d'entendre mon fils.

— Allô, maman ? J'ai quelque chose de très grave à te dire. Papa est mort.

Il y a eu un grand temps vide. Cela m'a semblé immense. C'était comme si on venait de m'ouvrir en deux. Tout se brouillait. Je sentais d'un seul coup mon corps se défaire, ma tête s'engourdir. Je ne savais plus ce qu'il fallait faire et j'écoutais sans bien comprendre ce que mon fils me disait au bout du fil : « Tu vas prendre le premier avion à Lausanne, maman, je t'attendrai à l'aéroport de Paris et nous prendrons un avion pour Toulon tout de suite après... » Sous ses indications précises, je sentais le mal que mon fils avait à maîtriser son émotion et je répondais « oui, oui » d'une voix à peine audible. J'étais effondrée. Quand j'eus raccroché, mes amis comédiens sont arrivés. Ils avaient entendu à la radio, juste après les informations concernant Patrick Henry, l'annonce de la mort de mon mari. J'avais tourné le bouton juste à ce moment-là. Heureusement, car si j'avais appris cela brutalement par la radio, je ne sais pas ce que j'aurais fait. L'apprendre par la voix de mon fils avait déjà été suffisamment dur.

Le lendemain, à l'aube, Madeleine Foujane et le comédien Le Goff m'ont accompagnée à l'aéroport de Lausanne. Dans le taxi, je serrais dans mes bras mon petit chien Ringo, comme pour trouver un peu de réconfort et lui ne bougeait pas comme s'il comprenait ma détresse. Soudain, on a entendu, à la radio du taxi, Fernand en train de chanter *Aujourd'hui peut-être,* puis le speaker annoncer : « Vous n'entendrez plus la voix du charmant comédien Fernand Sardou. Celui-ci vient de disparaître à Toulon... » J'aime autant vous dire que l'expression avoir la gorge serrée n'est rien à côté de ce que j'ai ressenti à ce moment-là. Bien sûr, je ne suis pas la seule à avoir perdu subitement un être cher, mais il n'y a pas beaucoup de personnes qui quelques heures après la mort de leur mari l'entendent chanter à la radio. C'était terrible! J'ai revu des films où il avait joué. Cela m'a fait un grand choc, mais cela ne m'a jamais été aussi pénible que de l'entendre chanter. Même maintenant, dix ans après, cela me cloue sur place.

Michel m'attendait à mon arrivée à Paris. Nous n'avons pas pu nous dire un mot. Je ne pouvais pas m'empêcher de pleurer, mes larmes coulaient toutes seules. Simplement, je ne quittais pas la main de mon fils, de notre fils. Tout défilait dans ma tête, les bons et les mauvais souvenirs, tous pêle-mêle. On a beau se dire, prévoyant la catastrophe, qu'il faut s'y attendre et qu'on sera forte. Eh bien, pas du tout! Quand cela vous tombe dessus, vous vous retrouvez écrasée, anéantie.

A Toulon, on a pris un taxi. Michel, sachant combien j'ai peur en automobile, a demandé au chauffeur de rouler doucement, précisant : « Ma mère est malade en voiture. » A l'arrivée à l'hôpital, le chauffeur n'a jamais voulu qu'on le paye. « C'est en souvenir de M. Sardou que j'aimais beaucoup! » a-t-il expliqué. Par ce simple geste, c'était vraiment le Midi qui rendait hommage à Fernand.

Devant l'hôpital, il y avait énormément de monde. La famille, les cousins, les amis et le public, son public, tous étaient là, silencieux devant notre douleur. On nous a conduits à la morgue. Jamais, je n'avais voulu voir un mort, même pas ma pauvre mère. Mais mon mari, lui, je voulais le voir. Il n'était pas marqué du tout. Il avait même un petit sourire au coin des lèvres, comme s'il allait dire une blague. Le seul mot que j'ai pu dire en l'embrassant, c'est « pardon ». Pardon de l'avoir laissé seul, pardon pour le mal que j'aurais pu lui faire, pardon pour nos disputes si ridicules maintenant, pardon pour n'avoir peut-être pas été telle qu'il aurait voulu, enfin pardon pour tout.

Nous sommes ensuite allés à l'hôtel pour essayer de nous reposer quelques heures avant de prendre l'avion de retour pour Paris. Michel s'était occupé de toutes les formalités pour ramener le corps de son père à Paris en prenant tous les frais à sa charge. Dans mon abattement, je ne me souvenais même plus qu'avant de partir en tournée, j'avais pris un abonnement à Europe-Assistance pour Fernand. Je l'avais mis bien en évidence dans sa valise. Je ne m'en suis souvenue que quatre ans plus tard, quand Patachou, dont le mari était aussi mort subitement à l'hôtel, m'a raconté que grâce à cet organisme, elle n'avait eu à s'occuper de rien. Moi, je l'avais complètement oublié. Hébétée, je n'arrivais à me fixer sur rien, avec toujours le même tourbillon de souvenirs dans ma pauvre tête. J'entendais sans cesse la voix de Fernand dire, je l'avais entendue tous les matins pendant des années, « Maman, mon petit tafé au lait. » Fernand s'amusait ainsi à imiter le défaut de prononciation de Michel enfant qui remplacait tous les *c* par des *t* et ce petit « tafé au lait » était devenu un rite.

Nous sommes donc rentrés à Paris pour l'enterrement à l'église Saint-Pierre de Neuilly. Il y avait un monde fou et on sentait que tous ces gens avaient vraiment de la peine, que les larmes n'étaient pas pour la galerie, comme au théâtre. Ce qui m'a fait le plus de mal, ce fut le chagrin des vieux copains de mon mari. Il y en avait un surtout, Edmond Ardisson. Il était le souffre-douleur de Fernand qui n'arrêtait pas de le taquiner, mais pas méchamment, dans la gentillesse. Ils s'adoraient et étaient inséparables. Au théâtre, à l'hôtel, au restaurant, Ardisson était toujours derrière Fernand, plus fidèle que son ombre. Ils n'arrêtaient pas de faire des blagues ensemble comme deux gosses. De le voir pleurer à chaudes larmes, ce fut intolérable.

Dès qu'il avait appris la mort de Fernand, le brave curé de Cabriès, celui qui nous avait mariés à l'église, s'était mis aussitôt en rapport avec l'église de Neuilly pour pouvoir venir y prononcer son sermon. Il le fit avec l'accent du Midi et avec une simplicité très émouvante. A la fin de la messe, avec tous ses copains et tous ceux qui étaient venus par affection pour mon fils, nous avons conduit mon mari au nouveau cimetière de Neuilly. Puis, après avoir reçu les condoléances, je suis rentrée épuisée chez Michel. Je me souviens très bien. J'avais dans la voix comme une sorte de petit cri rentré, étouffé mais lancinant que je ne pouvais maîtriser. Ce qui venait de m'arriver me semblait impossible. Trente-trois ans de ma vie étaient rayés d'un seul coup, d'un seul.

14

Le soir même de l'enterrement de son père, Michel devait chanter à Besançon. Malgré tout son chagrin, il a décidé de faire face à ses engagements et il est parti. De toute façon, c'était encore sur scène qu'il se sentait le plus près de son père. Moi, je suis restée chez lui, n'osant pas retourner dans notre appartement rue Ganneron. En réalité, je ne savais plus très bien où j'étais, incapable de sortir de mon hébétude. A tel point que mon fils a pris pour moi une énergique décision : il m'a acheté un billet pour rejoindre la troupe à Lausanne.

— Maman, m'a-t-il dit doucement, il faut que tu retravailles. C'est la meilleure chose que tu puisses faire.

La troupe n'avait pas absolument besoin de moi puisque la comédienne Louisette Rousseau avait repris mon rôle au pied levé. Sans difficulté, car au moment de signer mon contrat, je lui avais conseillé de se préparer à mon éventuel remplacement, « car, lui avais-je précisé, si Fernand éternue, je rentre immédiatement à Paris ». Mais je sentais, du fond de mon abattement, que mon fils avait raison. Seul le travail pouvait me sortir de là.

Me voilà donc sur le quai, avec ma petite valise, serrant Ringo dans mes bras. Seule, car Michel n'avait pu m'accompagner, étant déjà reparti sur les routes pour son travail. Et de me voir seule sur ce quai, comme abandonnée, brusquement je me suis mise à pleurer, mais à pleurer ! C'était affreux ! Je sanglotais à tel point qu'une dame s'est approchée de moi et m'a demandé si j'étais malade et si j'avais besoin de quelque chose. Je suffoquais tellement que j'étais incapable de lui répondre. Je me sentais perdue, complètement désemparée de me retrouver toute seule dans cette gare, moi qui, pendant plus de trente ans, avais toujours eu Fernand à mes côtés. Essayant en vain de maîtriser mes sanglots, j'étreignais mon petit Ringo contre moi. Vous dire mon cauchemar durant ce voyage, c'est impossible !

A Lausanne, mes amis sont venus me chercher à la gare et j'ai trouvé un bouquet de jolies roses dans ma chambre d'hôtel. Cette attention de l'administratrice Madeleine Foujane m'a fait chaud au cœur. Puis je suis allée au théâtre où j'ai retrouvé ma loge et mes petites affaires. Dans *Knock,* je jouais la Dame en noir, une grosse paysanne avec d'énormes jupons, un chapeau de paille enfoncé sur la tête et un grand panier en osier sous le bras, le tout du plus beau noir. Je ne suis déjà pas ravissante, mais là, j'étais franchement hideuse. Mon mari, d'ailleurs, en venant voir le spectacle à Boulogne, n'avait pu réprimer une grimace et m'avait avoué : « Vraiment, je n'aime pas te voir comme ça. » Le pauvre, c'est pourtant dans ce rôle qu'il m'aura vue pour la dernière fois.

On a frappé les trois coups et la pièce a commencé. Quand est venu mon tour d'entrer en scène, je me suis avancée comme une somnambule. Ma première réplique, dite avec un fort accent paysan, commençait ainsi : « Mon mari... » Je n'ai pas bronché, j'ai tout récité sans rien oublier. Mais, depuis cette représentation et dans tous les théâtres où j'ai joué, à chaque fois que j'entre en scène, je vois au-dessus des fauteuils d'orchestre, au beau milieu de la salle, immense, emplissant presque tout le théâtre, le visage de mon mari qui me regarde. Partout où je joue ou chante, il est toujours là. Et je suis sûre que c'est pareil pour Michel. Chaque fois qu'il chante sur scène, son père doit être en face de lui. C'est une sensation extraordinaire. Peut-être est-il là pour me protéger ! Je veux le croire, car depuis sa disparition je n'ai pas arrêté de travailler, décrochant des rôles de plus en plus intéressants, exactement ce qu'il avait pressenti en m'obligeant à jouer dans *Knock.*

Fernand était bien le seul à avoir eu cette intuition. Moi, jamais je n'aurais imaginé que, la cinquantaine passée, j'allais me mettre à jouer des rôles classiques sur une scène de théâtre. Ce métier vous réserve de ces surprises, c'est d'ailleurs ce qui fait son charme et sa fascination. Mais moi, pour avoir droit à la surprise, j'ai dû commencer par faire l'andouille pendant cinquante ans. Remarquez que je ne renie rien de ce que j'ai pu faire dans le vaudeville, l'opérette ou le cinéma. Cracher dans la soupe n'est absolument pas mon genre. Mais je peux dire sans honte que tout ce que j'ai pu jouer pendant ces cinquante ans, c'est plutôt une suite d'âneries. Sans honte, parce que ces « âneries » nous ont permis de vivre, d'élever correctement notre fils et, croyez-moi, ne nous ont pas laissé que des mauvais souvenirs.

Je crois que c'est encore le cinéma qui détient la palme pour le nombre de rôles que j'ai pu y tenir. Rôle est d'ailleurs un bien grand mot pour ces brèves apparitions où je n'avais que quelques répliques à dire. En fait, c'était tout juste mieux que des panouilles et jamais très varié. Au cinéma, c'est connu, on est vite classé. Moi, au catalogue des spécialités, j'ai tout de suite été inscrite à la rubrique « rondeur ». Dès qu'il fallait une concierge, une nourrice, une belle-mère irascible, une pute sur le retour, une poissonnière ou une marchande de journaux, hop, par ici la p'tite grosse! Bien sûr, j'aurais préféré qu'on me propose de jouer Mme Sans-Gêne, mais je ne regrette absolument pas cette kyrielle de petits rôles car ils m'ont permis de découvrir le monde fascinant du cinéma.

Mon premier rôle, je l'ai décroché grâce à Daniel Normand, le mari de ma copine Ketty. Le film s'appelait *Si ça peut vous faire plaisir* et la vedette était Fernandel. Mon mari, qui était très copain avec lui, y jouait aussi. Cela se tournait à Marseille. Quand je suis arrivée pour commencer mes scènes, lui avait fini les siennes et repartait pour Lyon jouer autre chose. Je me suis donc retrouvée toute seule pour affronter mon premier rôle au cinéma, celui d'une fleuriste. Pour ma première scène, je devais donner la réplique à Fernandel lui-même. Parlez d'un début! C'était David contre Goliath. Moi, j'ignorais tout des trucs du cinéma et lui, pour ça, c'était un Chinois du tonnerre de Dieu. Il avait une science de la caméra extraordinaire. Mine de rien il essayait de me faire rire. Il pouvait toujours y aller. J'avais tellement la pétoche que personne n'aurait pu me dérider. Vous pensez, débuter dans le cinéma avec un monstre sacré comme Fernandel, il y avait de quoi frémir de la tête aux pieds. Heureusement Daniel Normand et mon amie Ketty étaient là pour me réconforter.

« Ne t'inquiète pas, tout ira bien. » Je ne sais pas si tout a bien été mais j'aurais préféré que Fernand soit là. Je pense que si j'ai été maladroite, Fernandel ne m'en a pas voulu puisque j'ai ensuite tourné de nombreux films avec lui, et, quand je lui racontais ce souvenir de mes débuts, il était le premier à en rire. J'avais donc commencé à mettre les pieds dans le cinéma, et cela a continué puisque de petit rôle en petit rôle j'ai fait plus de cinquante films. Bien plus tard, je suis convoquée par un metteur en scène en renom qui me reçoit, très digne, dans une immense pièce, assis derrière un énorme bureau. Il m'a d'abord, sans un mot, détaillée des pieds à la tête, puis, pendant trois quarts d'heure, il m'a interrogée sur ma carrière. Moi, je lui avoue que j'ai surtout fait du music-hall et très peu de cinéma. Après cet interminable interrogatoire, il me retourne autour, réfléchit et déclare :

— Bon, c'est tout à fait ça. Vous êtes tout à fait le personnage. On vous convoquera.

Et moi, comme une andouille, je m'en vais sans même demander ce qu'était ce personnage. Six semaines plus tard, je suis convoquée un matin au studio de Saint-Maurice et là ce monsieur m'explique mon rôle :

— Voilà, madame, vous avez un bébé et vous êtes chez le photographe où votre bébé ne veut absolument pas se faire photographier. Excédée par ses hurlements, pour le faire rire, vous vous mettez à quatre pattes et vous faites le chien en aboyant.

J'aime autant vous dire que j'ai immédiatement changé de couleur et de ton. M'avoir interrogée pendant trois quarts d'heure comme si on allait me faire jouer *Phèdre* et me retrouver à quatre pattes en train d'aboyer ! J'étais folle de rage. Ce monsieur aurait dû avoir la correction de me préciser mon rôle. A ce moment-là, j'aurais accepté ou refusé, mais là, me piéger comme ça, c'était inadmissible ! En plus, couchée à l'aube, j'avais dû m'arracher du lit à

7 heures du matin, j'étais déjà pas à prendre avec des pincettes.

— Monsieur, ai-je articulé bien distinctement avec des yeux qui lançaient des flammes. Votre scène, je vais la tourner, mais il n'y aura pas de deuxième ni de troisième prise, je ne la tourne qu'une fois et vous me paierez comme convenu car je ne me suis pas levée à 7 heures du matin pour aboyer gratis!

Je me suis mise à quatre pattes, j'ai aboyé autour du môme et j'ai aussitôt quitté le plateau sans me soucier de savoir si la prise était bonne ou non.

Je me suis offert un autre coup d'éclat ou coup de gueule, comme vous préférez, avec Henri-Georges Clouzot. Béhars, mon impresario, m'avait averti que pour son film *la Vérité,* avec Brigitte Bardot, Clouzot cherchait une concierge. Il la voulait grande, maigre et âgée de soixante ans. Bien sûr, je ne cadrais absolument pas avec cette description, mais comme j'avais déjà à mon actif une véritable panoplie de concierges et que tourner avec un grand metteur en scène m'intéressait, je me suis dit que je ne risquais rien à tenter ma chance. Je décidai donc de me rendre à l'audition et d'affronter le caractère de Clouzot qu'on disait impossible. Ce jour-là, je ne me maquille pas et me coiffe les cheveux tout tirés en arrière, j'endosse un vieil imperméable et enfile des godasses plates. On m'aurait donné trois francs rien qu'en me voyant. J'arrive au bureau de Clouzot où attend tout ce que Paris pouvait compter de nanas, style concierge : une vingtaine de bonnes femmes. Quand vient mon tour d'être reçue, je ne me laisse pas impressionner par le regard noir de Clouzot et j'attaque aussitôt :

— Voilà monsieur, je sais que vous cherchez une femme grande, maigre et âgée de soixante ans. Moi, je suis petite, grosse et je n'ai que quarante ans, mais je suis venue quand même au cas où vous changeriez d'avis en me voyant.

— Lisez-moi ça, m'a-t-il simplement répondu en me tendant une feuille de papier.

Je lis quelques phrases et il me coupe aussitôt :

— C'est drôle, je connais cette voix.

— C'est normal. Vous êtes venu hier au cabaret Le

Liberty's où je chante dans un sketch parodique sur Édith Piaf et les Compagnons de la Chanson.

— C'est exact et ce sketch est très bon. Mais alors, vous êtes la femme de Fernand Sardou ?

Je confirme, soulagée de découvrir que le terrible Clouzot pouvait aussi être charmant. Il réfléchit un moment et me dit :

— Écoutez, madame, vous n'êtes pas du tout ce que je cherche, mais jusqu'ici vous êtes celle qui lit le mieux le texte que je vous ai donné.

— Eh bien, monsieur, il ne me reste plus qu'à attendre en espérant que personne ne le lise mieux que moi.

J'ai attendu trois mois avant de recevoir mon contrat. J'étais convoquée pour le premier jour de tournage et la première scène était pour moi. A cette époque, en 1960, on vivait en pleine folie. J'étais en train d'acheter le cabaret de la rue Lepic, je jouais le soir au théâtre *les Chansons de Bilitis* et je répétais *l'Impasse de la fidélité* que je devais jouer avec Patachou. Entre les notaires, les entrepreneurs, le théâtre et les répétitions, je n'avais pas une minute à moi. Mais je ne pouvais pas refuser de tourner dans un film avec Clouzot.

J'étais quand même vachement sur mes gardes. C'est jamais évident de tourner la première scène d'un film. L'équipe n'est pas encore rodée et tout le monde est un peu tendu, surtout avec un type aussi explosif que Clouzot. Aussi, j'étais au studio dès 7 h 30 du matin. On me colle sur le dos une robe de laine, plus une lourde pèlerine sur les épaules. La scène se passait en hiver. En réalité, on était en plein mois d'août et il faisait une chaleur à crever. A 9 heures, on commence à tourner. Ma scène consistait à monter un escalier pour aller porter le courrier à Brigitte Bardot. Je monte, descends, remonte. Clouzot déplace sa caméra, change les éclairages. Je remonte, redescends, reremonte mon escalier. Ce manège a duré plusieurs heures. A la fin, Clouzot s'est énervé :

— Madame, crie-t-il, vous ne faites pas ce que je vous demande !

Du haut de mon escalier, je lui ai brutalement répliqué avec ma voix de canard qui porte toujours très loin :

— Monsieur, je ne risque pas de le faire. Vous-même,

vous ne savez pas ce que vous voulez, vous êtes en train de le chercher.

La foudre serait tombée sur le plateau, cela aurait été tout pareil. Ils étaient tous abasourdis. Jamais personne n'avait parlé sur ce ton au père Clouzot. Je vois encore la tête du preneur de son. La bouche ouverte, les yeux effarés, il me regardait comme un diable jailli de sa boîte.

Eh bien, Clouzot n'a pas bronché, car j'avais visé juste. Au contraire, très gentiment, il a déclaré :

— Vous avez raison, madame. Donnez une chaise à madame et épongez madame. Voulez-vous boire quelque chose ?

Il y avait en effet de quoi éponger madame. Après quatre heures à cavaler dans cet escalier, j'étais complètement en nage. Ensuite tout s'est très bien passé. Clouzot a trouvé l'endroit idéal où mettre sa caméra et on a mis enfin la scène en boîte. C'était un réalisateur terriblement exigeant qui voulait que tout soit parfait. Que l'emplacement de sa caméra ne lui plaise pas, qu'il mette deux heures pour le trouver, c'était parfaitement son droit, mais que, comme tous les bonshommes qui se respectent, il m'en rende responsable avec une parfaite mauvaise foi, ça il n'en était pas question. Quand j'ai raconté ça, le soir, à Fernand, il m'a traitée de folle. Pour répondre comme ça à Clouzot, il fallait avoir perdu la raison ! Je n'avais rien perdu du tout. Au contraire, je crois bien que ce jour-là, j'ai gagné l'estime de Clouzot. J'ai souvent remarqué que ce genre de bonhomme prend un secret plaisir à foutre la trouille aux autres, mais si vous ne vous laissez pas faire, ça devient doux comme un agneau.

Voilà pour mes histoires de cinéma ! Vous voyez, il n'y a pas de quoi se pavaner à la une des journaux ! Avec le théâtre, j'ai quand même eu plus de chance et de bonheur.

J'ai commencé à jouer au théâtre dans des conditions pas banales. Un jour, on me téléphone pour me demander de remplacer une comédienne qui tenait à l'Ambigu le rôle d'une poissonnière dans *Jeff,* une pièce de Raoul Praxi, et qui venait de tomber malade. Comme, à ce moment-là, je faisais la blanchisseuse dans *Baratin,* j'ai commencé par refuser, puis en étudiant mieux le problème, j'ai découvert que cette poissonnière n'arrivait qu'au troisième acte alors que la blanchisseuse disparaissait au second. En ne traînant pas dans mes pantoufles, ça pouvait coller. C'est donc comme ça, en cavalant en taxi de la scène de l'Européen à celle de l'Ambigu, que j'ai fait mes débuts dans la comédie et que, pour la première fois de ma vie, j'ai découvert le trac.

Jusque-là, j'avais toujours ignoré cet horrible malaise qui vous tord l'estomac et vous met les jambes en flanelle avant d'entrer en scène. Peut-être parce que dans les opérettes, l'orchestre joue déjà avant le lever de rideau et que la musique vous entraîne. Là, à l'Ambigu, rien ! Un silence de mort pendant qu'on frappe les trois coups et que le rideau monte lentement vers les cintres. Une véritable panique s'est alors emparée de moi. Je me suis dit : « C'est pas possible, il n'y a personne dans cette salle. Je vais jouer devant des fauteuils vides ! » La salle était pleine, mais dans mon affolement et avec les sunlights dans la figure, je ne voyais qu'un trou noir. Il a fallu les premiers rires du public pour que je retrouve mes esprits. Chaque soir, j'ai ressenti la même angoisse. Même encore maintenant, c'est une minute très désagréable. Je vous jure qu'à côté des levers de rideau en fanfare des opérettes, le silence des levers de rideau au théâtre est drôlement impressionnant. D'ailleurs, j'ai déjà averti mon fils de ce curieux phénomène pour qu'il ne soit pas décontenancé quand cela lui arrivera pour la première fois, car, c'est sûr, Michel, avec le talent qu'il a, jouera un jour au théâtre.

L'étape suivante, des années plus tard — dans ce métier, il faut être patient — ce fut mon engagement par Jean-Michel Rouzière au théâtre du Palais-Royal pour jouer dans *Désiré.* Je faisais la cuisinière. Ce n'est pas un très grand rôle. Mais jouer du Sacha Guitry dans une mise en scène de Pierre Dux, c'était un plaisir que je n'avais jamais connu. Et ensuite, ce fut la tournée avec *Knock,* brutalement interrompue par la mort subite de Fernand. Ma carrière au théâtre se serait peut-être arrêtée là si mon fils, pour m'arracher à mon chagrin, ne m'avait forcée à rejoindre la troupe à Lausanne. Cette décision m'a sauvée et, peu à peu, entourée par mes camarades, accaparée par mon travail, j'ai commencé à me ressaisir. Mais mon contrat stipulait qu'arrivée à Dijon, je devais laisser mon rôle à mon amie Louisette Rousseau. Je suis donc revenue à Paris, et là, j'ai trouvé le courage de rentrer dans notre appartement de la rue Ganneron. Encore une dure épreuve à surmonter ! Je ressentais une horrible sensation de vide, de silence écrasant. Cela me faisait froid comme une glacière ! J'avais une envie folle de repartir, mais je me suis dit : « Non, tu vas rester, il faut que tu restes ! » Pour m'accrocher à quelque chose, je me suis plongée dans la paperasserie en retard. Mais, en même temps, j'ai été saisie d'une peur atroce et j'ai fait changer toutes mes serrures et ajouter des verrous de sécurité. Même dans la rue, ma solitude m'effrayait. J'étais paniquée de ne plus avoir Fernand à côté de moi et j'ai cru que j'allais à nouveau craquer. Heureusement, au bout de huit jours, j'ai reçu un coup de téléphone de Madeleine Foujane me demandant si je pouvais venir remplacer Louisette Rousseau tombée malade. Si je pouvais ? Et comment ! J'ai aussitôt fait ma valise, pris mon petit Ringo sous le bras et couru à la gare prendre le premier train pour aller les rejoindre et jouer *Knock* avec eux jusqu'à la fin de la saison.

Pendant ce temps-là, mon fils me cherchait un appartement pour que je sois plus près de lui. A mon retour à Paris, je lui dis ma décision de continuer à vivre rue Ganneron. Finalement, c'était encore là que je me sentais le moins mal, au milieu de mes souvenirs. Et puis, je ne voulais surtout pas être un souci permanent pour Michel. Quand le moral n'allait pas fort, je me disais aussitôt : « Ma fille, il faut te secouer pour ton fils. Il ne faut pas qu'en entrant en scène il se demande si tu n'es pas en train de broyer du noir ! » Je connaissais trop l'importance de son nouveau spectacle et l'énergie qu'il y dépensait pour, lui aussi, oublier sa peine. Je n'avais surtout pas à lui causer un souci supplémentaire. Aussi, moi qui détestais ça, j'ai accepté toutes les invitations aux cocktails, sorties ou soirées. Cela m'obligeait à me maquiller, à courir chez le coiffeur, chez ma couturière pour essayer mes nouvelles robes. Cela me faisait bouger et sortir de chez moi. Je voulais qu'on dise à Michel : « Tiens, j'ai vu ta mère, ça va, elle ne se laisse pas aller. » Je pense y avoir réussi, mais, croyez-moi, ça n'a pas toujours été facile. Je ne suis pas du genre à me couvrir de fleurs, pourtant je suis fière d'avoir remporté quelques petites victoires.

J'ai gagné l'une d'elles au cabaret « La Belle Époque. » On m'a demandé d'y remplacer Ginette Garcin qui devait partir pour tourner un film. Cela faisait un sacré bout de temps que j'avais arrêté le tour de chant. Il fallait me rebâtir tout un répertoire et le travailler. Et me voilà en train de répéter mes chansons partout, chez moi, dans ma salle de bains — c'est là que je répète le mieux — mais aussi dans la rue. En me voyant ainsi chantonner, il s'est naturellement trouvé des gens bien intentionnés pour dire : « Eh bien dis donc, celle-là, elle a vite fait de se consoler ! » Passons. Après un mois de répétitions à tous les vents, j'étais prête pour passer à La Belle Époque. Un très grand ami, Jean-Pierre Mottier, m'a accompagnée. Pendant six ans, il avait écrit toutes mes chansons et celles de Fernand. Sa disparition l'avait beaucoup touché et il comprenait ce que je ressentais en venant dans cet établissement. C'était le cabaret où Fernand avait chanté pour la dernière fois. Vous dire que ce soir-là, je n'avais pas la gorge serrée ni le cœur battant, serait un gros mensonge. Mais quand j'ai terminé ma dernière chanson, j'ai su que je venais de remporter une petite victoire.

Sur ma lancée, j'ai accepté un autre défi : jouer dans l'opérette *Méditerranée* avec Andrex. Celui-ci avait repris le rôle de Fernand. Quand je me suis retrouvée le premier soir, avec lui chantant à la place de mon mari *les Paroissiens de mon village,* j'ai eu comme un malaise et il m'a fallu tout mon courage pour ne pas m'évanouir sur scène.

Ensuite, Jean-Michel Rouzière m'a appelée pour la comédie musicale *Féfée de Broadway* de Jean Poiret avec Jacqueline Maillan, Michel Roux, Roger Carel et Jacques Jouhanneau. C'était très drôle et comme le rire est contagieux, ça m'améliorait nettement le moral. J'allais donc beaucoup mieux quand, patatras, ma santé s'est détraquée et alors là, comme emmerdements j'allais être servie. Jugez vous-même !

Ça a commencé par une brûlure sous un sein qui irradiait jusqu'au milieu du dos. En trois jours, j'avais la moitié du corps couvert d'une peau de crocodile. Je me tapais un superbe zona. On me bourrait de calmants pour atténuer la souffrance car cette saleté fait horriblement mal. J'ai voulu continuer malgré tout à travailler. Danielle, mon habilleuse, un amour de femme, m'avait fabriqué un petit caraco que je mettais à même la peau pour que ma robe pailletée ne me fasse pas trop souffrir. J'avais mal à hurler, mais je continuais quand même jusqu'au jour où, en entrant en scène, j'en ai eu les larmes aux yeux. Là, je me suis dit : « Ma fille, il faut t'arrêter. » Comme les vacances arrivaient, ça tombait bien. Les traitements pour le zona, je les connais tous. Vous dire qu'ils sont efficaces, j'ai des doutes. On me bourrait de médicaments qui m'abrutissaient. Je restais prostrée dans un fauteuil, à moitié endormie ou sans aucun ressort. Après tout un été de soins divers, variés et sans résultats (on a même voulu m'opérer), j'ai décidé de cesser tout traitement et de remonter sur scène. Vexé peut-être, mon zona est parti comme il était venu, sans prévenir.

A peine quelques jours de répit et me voilà, un beau matin, avec une douleur derrière la cuisse. Une vraie vacherie! Cette fois, c'était une sciatique. Elle ne m'a pas lâchée pendant sept à huit mois. Naturellement, je continuais de jouer et comme dans les théâtres, c'est tout plein d'escaliers raides comme des échelles, j'étais vraiment pas à la fête. J'ai tenu bon à coup d'infiltrations.

Libérée enfin de ma sciatique, j'allais bientôt connaître une expérience beaucoup plus éprouvante. Un beau jour, je ressens de très vives douleurs dans le sein droit. Ça me faisait comme des coups d'épée et ça me lançait d'une drôle de façon. J'aime autant vous dire qu'on pense immédiatement au pire. Je suis allée en consultation où on m'a recommandé de me faire faire une mammographie et d'aller voir le Dr Durand à l'hôpital Curie. Sans en parler à personne et surtout pas à mon fils, je me rends donc à Curie. Voir, dans la salle d'attente, tous ces gens plus ou moins atteints, ces enfants, même très jeunes, venus pour se faire soigner, c'est un spectacle qui vous remet les choses en place. Pendant que j'attendais mon tour, je me disais : « Bon, si tu as un cancer, tu n'es pas la seule. Courage, maintenant ça se soigne très bien! » Mais quand on m'a appelée à mon tour, je n'en menais pas large. Me voilà devant le Dr Durand, un grand type débordant de sympathie et de chaleur humaine. Dans ces cas-là, je vous prie de croire qu'on apprécie. Il m'examine soigneusement et veut aussitôt me rassurer : « Madame, vous êtes en train de faire un superbe abcès. Mais pour plus de sûreté, je vais quand même vous faire un prélèvement. » En attendant les résultats, ça tournait dans ma tête comme un leitmotiv : « T'as un cancer. T'as un cancer ! » Impossible de penser à autre chose et quand le Dr Durand m'a confirmé le résultat prouvant que je n'avais qu'un abcès, je suis restée incrédule. Il m'a alors montré la lettre qu'il envoyait à mon médecin traitant. Je n'y ai pas compris grand-chose. Je n'ai vu que ces deux mots « aucune malignité ». Avec un bon sourire, le Dr Durand m'a expliqué que mon abcès était la conséquence de tout ce que je venais d'endurer avec la mort de mon mari. « Vous avez tout simplement, dit-il, ce que la sagesse populaire appelle " avoir les sangs retournés ". » Je vous fais grâce des compresses bouillantes, traitements et coup de bistouri pour me libérer de cet abcès qui donnait à mon sein toutes les couleurs de l'arc-en-ciel, croyez-moi, j'ai dégusté, mais il serait indécent de me plaindre quand je pense à ceux que j'ai côtoyés dans la salle d'attente de l'hôpital Curie.

Cela a duré quand même un an et demi ! Ce bon Dieu d'abcès ne voulait pas se résorber. Enfin, il a percé. L'horreur ! Un flot de pus qui part du bout du sein, j'aurais jamais cru ça possible. Je suis retournée voir le Dr Durand qui m'a gardée trois jours pour me faire une petite opération, histoire d'empêcher d'autres abcès. Je m'en suis quand même tapé un second et je suis retournée voir le Dr Durand qui, après m'en avoir débarrassé, m'a dit : « Cette fois, je ne veux plus vous voir. »

Pour mettre un terme provisoire à ma litanie de petites misères, un mot sur ma « rupture de coiffe ». Vous ne savez pas ce que c'est ? Moi, si et, là encore, ça n'a rien de drôle. Un beau matin, je me réveille avec une petite douleur dans le bras droit. Je ne m'en inquiète pas trop car, à mon âge, au réveil, on a toujours mal quelque part. Je me lève donc et vais pour faire ma toilette. Impossible d'attraper mon verre à dents. Mon bras n'obéissait plus, il restait comme mort contre ma hanche. J'arrive tant bien que mal à passer une robe et, une fois de plus, me voilà chez mon toubib. J'avais une « rupture de coiffe », c'est-à-dire une déchirure dans un muscle du bras. Aussitôt branle-bas habituel ! Radio sur radio, piqûre sur piqûre, kiné sur kiné pour essayer de me remettre mon bras d'aplomb. Les résultats étaient loin d'être évidents et personne ne pouvait me dire combien de temps cela allait durer. Naturellement, incapable d'attraper une petite cuiller, il me fallait quelqu'un pour m'aider à manger, à faire ma toilette et à m'habiller. Ce cirque a duré deux ans. Deux ans pour que je puisse récupérer l'usage de mon bras à 70 p. cent. Encore maintenant il y a des gestes qui me sont impossibles. Quand je me suis vue ainsi handicapée, pour pouvoir au moins me déshabiller toute seule, j'ai fait changer les fermetures Éclair de mes robes. Au lieu de les avoir derrière, je les avais devant. Mais pour certaines robes, ce n'était pas possible et elles gardaient leur fermeture dans le dos. Comme j'aimais bien ces robes, je continuais à les mettre quand je sortais le soir avec des amis. Ceux-ci étaient au courant et ne s'offusquaient pas quand, me déposant devant chez moi rue Ganneron, je leur demandais d'ouvrir et de faire glisser ma fermeture Éclair. Les gens du quartier qui promenaient leur toutou me jetaient des regards intrigués, se demandant ce qu'on pouvait bien me faire dans le dos sur le trottoir à une heure aussi tardive de la nuit. Mais personne n'a été plus étonné que ce chauffeur de taxi qui m'a ramenée un soir, après un dîner chez des amis. J'avais complètement oublié, avant de les quitter, de leur demander le petit service habituel. Un vrai moment de panique ! Si personne ne m'aidait, je n'avais plus, arrivée chez moi, qu'à me prendre une paire de ciseaux pour sortir de ma robe. J'ai préféré prendre mon courage à deux mains pour solliciter l'aide du chauffeur :

— Monsieur, est-ce que ça ne vous ennuierait pas de me défaire ma fermeture Éclair ?

Le gars, un superbe Noir, m'a regardée complètement ahuri.

— Ne vous inquiétez pas, je vous assure que ça s'arrêtera là. C'est à cause de mon bras qui est bloqué.

Manifestement, il était en train de se faire des idées du genre : « La vieille, elle veut se faire sauter » et cette éventualité n'avait pas l'air de l'enchanter du tout.

15

Comment je n'ai pas sombré dans la dépression après ces tuiles en cascade, je me le demande encore. Le travail m'a beaucoup aidée. Car bras bloqué, jambe raide ou sein douloureux, je n'ai jamais cessé de travailler pour autant. Seul, mon zona a réussi à me faire quitter les planches pendant un mois et c'est d'ailleurs en remontant sur scène que j'ai réussi à m'en débarrasser. Ma rupture de coiffe, elle, ne m'a pas empêché de jouer dans *Chéri* au Théâtre des Variétés. Heureusement, je n'étais que dix minutes en scène et la plupart du temps assise devant une table. De toute façon, même si mon rôle avait été plus pénible, pour tout l'or du monde je n'aurais pas voulu quitter cette scène, car la vedette de *Chéri* était Michèle Morgan. Excusez-moi, mais il faut que j'ouvre ici une parenthèse.

Michèle Morgan n'est pas une simple vedette, c'est une star, une très grande star. Elle est plus que belle, elle est superbe. Elle a un charme fou, une élégance, une allure et surtout une incroyable gentillesse. Contrairement à ce qu'on pourrait croire, elle n'est ni froide ni distante ; elle a un cœur et une tendresse que je n'aurais jamais soupçonnés. Je suis partie trente jours avec elle en tournée et pendant trente jours je n'ai cessé de l'admirer. Elle avait, quand la foule l'acclamait, une manière de s'excuser auprès de nous de se faire ainsi remarquer qui était touchante et que je n'ai vue qu'à elle. Il n'y avait vraiment pas lieu d'être jaloux de sa popularité. Elle mérite vraiment la ferveur de son public qui n'oubliera jamais l'héroïne de *Quai des brumes* et de tant d'autres films. Hein, ça vous étonne de me voir m'emballer ainsi pour une artiste ! C'est vrai qu'on m'entend plus souvent râler que chanter les louanges de quelqu'un. Mais quand l'occasion se présente de dire tout le bien qu'on pense d'une personne, il ne faut surtout pas s'en priver : c'est trop rare. Michèle, vous ne saurez jamais à quel point vous avez été une de mes grandes joies de ce métier. Merci d'être vous. Sans le savoir, vous m'avez merveilleusement aidée.

Dans cette bagarre quotidienne pour surmonter chagrin et misères physiques, je ne dois pas non plus oublier mes fidèles copines, Choupette et Ketty, toujours là dans les bons comme dans les mauvais jours. Ah, les copines ! Quels rôles elles ont joués dans ma vie d'artiste ! Sans Ketty, aurais-je jamais fait du cinéma et sans Choupette, aurais-je autant de bons souvenirs ? Et ma Jeannette qui, malheureusement, n'est plus là et à qui je dois d'avoir fait le seul héritage de ma vie. Oh, il n'était pas fabuleux, mais les conditions dans lesquelles il s'est fait méritent d'être contées.

Jeannette, comme Choupette, était une copine de ma mère avant de devenir la mienne. Elle aussi était danseuse au Moulin-Rouge et toutes les semaines, on allait dîner chez elle. Elle vivait avec Jean, ce plombier que j'appelais papa et qui m'avait avancé l'argent pour acheter mon bougnat pendant la guerre. Quand, ayant à nouveau besoin d'argent, je lui avais demandé une nouvelle avance, il avait refusé tout net ; je l'avais alors soupçonné de vouloir me mettre en faillite pour me racheter mon bougnat et le donner à sa femme. Cette attitude m'avait fortement déplu et j'avais cessé de le voir, mais je restais en contact avec Jeannette qui, elle, était adorable, sans lui faire part naturellement de mes soupçons. Je ne lui en ai parlé que des années plus tard, après que son mari fut mort. Elle est tombée des nues et m'a juré qu'elle n'était au courant de rien. On a donc continué à se voir régulièrement. Comme elle était seule, je l'invitais à passer le réveillon avec nous. Quand je partais pour quelques jours, j'allais lui porter Ringo pour qu'il lui tienne compagnie, car elle adorait mon chien. Une année, on l'a même emmenée avec nous en vacances à Noirmoutier. Après la mort de Fernand, je la rencontre un jour dans la rue Lepic. Elle toussait à fendre l'âme. Devant mon inquiétude, elle me déclare que ce n'est rien et qu'elle rentre chez elle, villa Dancourt. C'était quelques jours avant Noël et il neigeait tant qu'il pouvait.

— Pas question que tu rentres seule chez toi dans un état pareil ! Tu vas venir chez moi, décidai-je.

Une fois à la maison, j'ai fait venir un docteur qui, après examen, m'a avoué qu'elle était très malade et qu'il fallait l'hospitaliser. Jeannette a refusé. J'ai alors appelé Choupette à la rescousse qui est aussitôt arrivée. Peut-être l'écouterait-elle plus que moi. On était vraiment trois bonnes copines et on devait d'ailleurs passer le prochain réveillon toutes les trois ensemble. Choupette a réussi à convaincre Jeannette d'entrer à l'hôpital. On l'a accompagnée et, après un nouvel examen, le docteur m'a annoncé un cancer du poumon. Bien sûr, Jeannette m'a demandé ce que m'avait dit le docteur, je lui ai garanti qu'elle avait une pleurésie. Mais, je n'ai pas dû la convaincre, car brusquement elle m'a priée de lui jurer sur mes enfants que c'était vrai. Qu'auriez-vous fait ? J'ai juré. Mal sans doute, car elle a alors exigé que je lui trouve un notaire : elle voulait faire son testament.

— Mais, tu as tout ton temps, lui ai-je dit.

— Non, non, je veux faire mon testament. T'as qu'à demander à Tantine.

Tantine, c'était une autre copine qui habitait au-dessus de chez elle et qui nous parlait toujours de son gendre notaire. Je téléphone donc à Tantine qui me donne son adresse et je me rends chez ce notaire qui m'accueille à bras ouverts :

— Madame Sardou, je connais bien Jeannette puisqu'elle habite en dessous de chez ma tante, mais je vous connais aussi car je suis le notaire de votre fils !

Voyez comme le monde est petit ! Je lui explique le désir de Jeannette et il accepte d'enregistrer le testament de mon amie. Quand cela a été fait en présence de deux témoins et à l'hôpital, Jeannette m'a fait appeler et m'a dit :

— Voilà, je t'ai faite ma légataire universelle du peu que j'ai. Mon appartement villa Dancourt est à toi.

— Mais Jeannette, il n'y a aucune raison...

— Raison ou pas raison, de toute façon, je n'ai plus personne. Autant que ça aille à toi et pas à l'État ! Et puis, c'est pas pour toi, c'est pour Ringo !

Elle avait une passion pour mon chien. Je la reverrai toujours avec Ringo, allongé sur la table, les pattes en l'air et elle l'embrassant en lui disant : « Hein Ringo, on s'aime tous les deux ! »

Une fois le notaire parti, elle m'a dit :

— Écoute-moi bien, dans mon appartement, j'ai caché mes économies. Ne jette pas la boîte à ordures. Dans le fond, il y a un sac en plastique avec deux mille francs dedans. Dans la boîte à œufs il y a cent mille et autant sous la planche à repasser.

J'ai cru qu'elle délirait. Pas du tout ! Quand je suis allée, avec Choupette, dans son appartement où régnait un savant fouillis, j'ai bien découvert tous les billets dans les cachettes indiquées. Il n'y en avait pas pour une fortune. Pour gagner sa vie, Jeannette avait fabriqué des carcasses d'abat-jour. Elle s'était tuée au travail à manier le chalumeau pour amasser ces économies. J'étais partagée entre le rire et l'émotion en les découvrant dans ces cachettes incroyables. Le lendemain, quand je suis allée la revoir à l'hôpital et que je lui ai dit que j'avais bien tout trouvé, elle a eu un sourire heureux et elle m'a dit :

— Avec cet argent, je sais que toi tu t'occuperas de mon enterrement.

— Mais Jeannette, même s'il n'y avait rien eu dans ta boîte à ordures, je te donne ma parole d'honneur que je ne t'aurais pas laissée dans la rue.

Elle est morte trois mois plus tard, en mars 1980, à soixante-quinze ans. Le fisc m'a pris 60 p. cent de mon héritage. Une fois son enterrement payé, il ne m'est pas resté grand-chose. Mais jamais je n'oublierai la gentillesse de ma bonne Jeannette et je veille à ce que sa tombe soit toujours bien entretenue.

Il serait injuste de ne pas citer Ringo parmi les personnes qui m'ont aidée de leur présence dans ces jours sombres. Considérer un teckel à poils durs comme une personne va peut-être choquer certains, mais pour moi, un chien c'est une personne. J'en ai toujours eu. Même quand je n'avais pas de quoi vivre, j'avais un chien. Et que ce soit Ricky, mon petit fox, Youyou, mon caniche, ou Caroline — Caroline du Chêne du Fiacre s'il vous plaît — un superbe bouvier des Flandres, tous ont toujours fait partie de la famille. Mais Ringo a été mon préféré, il ne me quittait pratiquement jamais et il s'est montré extraordinaire de tendresse quand je me suis retrouvée seule.

Peu avant la mort de Fernand, j'avais profité de quelques jours de relâche pour remonter à Paris fêter l'anniversaire de Michel en famille. Comme je devais rentrer à 7 heures du matin, Fernand avait dormi cette nuit-là non pas chez mon fils, mais rue Ganneron pour m'accueillir à mon arrivée. A peine dans l'appartement, Ringo s'est précipité dans la chambre et a sauté sur le lit de son père pour l'embrasser comme un fou. Il était heureux comme tout de le revoir. Quand le malheur est arrivé et que j'ai trouvé le courage de retourner dans notre appartement, Ringo n'a jamais voulu mettre ses pattes dans la chambre et est allé dormir dans le salon. Il savait que son père n'était plus là. Comme, moi non plus, je ne pouvais supporter la vue de nos deux lits jumeaux, je les ai vendus et remplacés par un grand lit et c'est à ce moment-là seulement que Ringo a accepté de revenir dans la chambre dormir au pied de mon lit. Deux ans après la mort de Fernand, il est devenu aveugle. Mon cœur se serrait quand je le voyais se cogner dans les meubles. J'ai appris à le guider et il ne me quittait plus d'une semelle, n'ayant confiance qu'en moi. Je lui ai fabriqué une sorte de petit escalier avec une valise et un fauteuil d'osier pour lui permettre de monter facilement sur mon lit. Il a tout de suite compris. La nuit, pour faire ses besoins dans la cuisine sur un papier journal, je l'entendais descendre et remonter, sans trébucher ni se cogner. Pour l'anniversaire de ses quinze ans, j'ai organisé une petite sauterie au théâtre, dans le foyer des artistes et tout le monde lui a offert des gâteaux secs. Ce fut sa dernière fête. Dans la nuit du 6 au 7 décembre, Ringo est tombé malade. J'ai aussitôt couru chez le vétérinaire qui m'a donné un traitement pour essayer de le sauver. Le soir, il était trop mal pour que je puisse l'emmener avec moi au théâtre et j'ai appelé quelqu'un pour le garder. Après mon départ, il a fait une chose bouleversante. J'ai l'habitude d'avoir, rangées dans l'entrée, une dizaine de chaussures. J'ai toujours mal aux pieds et je passe ma vie à changer de souliers. Ringo est allé les chercher un par un, les a mis en arc de cercle et s'est couché au milieu pour m'attendre. Je l'ai trouvé comme ça, entouré de mes chaussures quand je suis rentrée. Je l'ai pris dans mes bras et déposé sur mon lit pour lui donner ses médicaments, mais il avait déjà perdu conscience. A l'aube, j'ai couru à Vincennes, chez mon vétérinaire, le Dr Donès. Mais il était trop tard. Mon Ringo était dans le coma. On ne pouvait plus rien faire. Je refusais de le tenir dans mes bras pour la dernière piqûre. Je l'avais fait pour mon chien précédent. Il s'était brusquement raidi au dernier moment et j'en avais été bouleversée. Mais je regrette maintenant de n'en avoir pas eu le courage avec Ringo, car il est mort, tout doucement, sans le moindre tressaillement.

Sa disparition m'a laissée comme perdue. Je savais que tant qu'il était là, je réussirais à tenir le coup. Quand je suis rentrée dans l'appartement et que je n'ai rien entendu bouger, je n'ai pas pu supporter et je me suis sauvée. C'était comme si j'avais perdu mon mari une deuxième fois. J'ai téléphoné à mon fils pour lui apprendre la mort de Ringo et quand il m'a entendue pleurer, il a compris que j'étais en train de craquer. Il a aussitôt demandé à sa femme d'aller m'acheter un autre teckel à poils durs. C'était très gentil de sa part, mais on ne fait pas oublier aussi facilement quinze années de tendresse et d'attachement. Ma pauvre Tara, je ne l'ai pas accueillie à bras ouverts. C'était trop tôt pour que je puisse m'attacher à une nouvelle bête. Et puis, un jour, cette andouille de chienne a avalé une aiguille. Elle ne pouvait plus manger et s'est mise à dépérir. Moi, je ne savais pas ce qu'elle avait et, affolée, j'ai appelé en pleine nuit mon amie Josette. Je ne vous ai pas encore parlé de cette copine, mais c'est mon « SOS dépannage ».

Je l'ai connue à la naissance de Michel. Chaque fois que j'avais un problème, un gala imprévu, une tournée supplémentaire, pof, Josette quittait tout et venait s'installer chez moi s'occuper du bébé, du chien et des oiseaux. Et cette nuit-là, une fois de plus, elle a aussitôt répondu à mon appel. On a veillé Tara et le lendemain on l'a emmenée chez mon vétérinaire qui, en la passant à la radio, a découvert ce qu'elle avait avalé. Il l'a endormie et, très adroitement, avec une pince, a retiré l'aiguille. Du coup, Tara se remettant gaiement à vivre, j'ai commencé à m'intéresser à elle et à la prendre en affection. Ce sera sûrement ma dernière chienne et tout ce que je souhaite, c'est d'être capable de l'élever jusqu'au bout. Comme elle n'a que quatre ans et que, moi, je ne suis plus toute fraîche, je lui ai trouvé plein de marraines — Josette, bien sûr, est en tête de liste — pour qu'elle ne se trouve pas abandonnée et, ayant rédigé mon testament, je lui ai laissé de quoi ne manquer de rien.

Fortement ébranlée par la mort de mon Ringo et la pauvre Tara ne m'étant pas encore d'un grand secours, pour m'accrocher à quelque chose, je me suis jetée dans l'écriture. Fernand avait rédigé énormément de notes sur les souvenirs de sa vie d'artiste. Il voulait en faire un livre intitulé « Les Sardou de père en fils ». Mais autant il était à l'aise pour écrire dialogues et paroles de chansons, autant il avait du mal pour rédiger le récit de sa vie. Naturellement, ça le mettait dans des rognes noires et, pour se défouler, il s'en prenait à moi, m'accusant d'être incapable de l'aider. Moi, quand on me met au défi, l'envie de le relever me chatouille aussitôt. Mais je n'avais guère le temps de prouver à mon mari que je me sentais, au fond de moi, peut-être capable d'écrire un livre. Alors un soir, pour échapper à l'horrible impression de solitude, je me suis mise, à partir des notes de mon mari, à noircir de ma grande écriture des pages de papier blanc. Vous dire que ça n'était pas laborieux serait mentir, surtout que mon bras, avec sa rupture de coiffe, ne me facilitait pas le travail. Vingt fois, j'ai cru abandonner, mais un soir, au cours d'un dîner chez ma copine Ginette Garcin et son mari Robert Beauvais, j'ai fait rire tout le monde en racontant les histoires de Fernand. Un seul invité ne riait pas, un monsieur à la mine sévère, du genre pas facile à traire. C'était M. de Fallois des éditions Julliard. A la fin de la soirée, il m'a abordée pour me dire :

— Madame, venez me voir à mon bureau et continuez

votre livre « Les Sardou de père en fils ». Ne vous inquiétez pas, écrivez comme vous parlez.

Ça m'a plutôt interloquée, car on ne peut vraiment pas dire que mon langage soit très académique. Voilà pourquoi j'ai écrit mon premier bouquin et pourquoi je vous inflige mon second. Car j'y ai pris goût et si la vie de mon mari valait la peine d'être contée, peut-être que la mienne ne manque pas non plus d'intérêt. C'est une opinion toute personnelle et je ne vous oblige pas à la partager.

Ce premier exercice d'écriture n'ayant pas arrangé mes douleurs dans le bras, je suis allée me reposer à Cannes, en compagnie de mes petites-filles, Sandrine et Cynthia. Quand je pense que Sandrine va avoir dix-sept ans et qu'elle n'en avait que six à la mort de Fernand. Je me souviens du mot merveilleux qu'elle avait eu peu après la disparition de son grand-père. Elle m'avait apporté un dessin et m'avait dit en me le donnant : « Tiens Mamy, j'ai fait ce beau dessin pour Papy, tu lui enverras au ciel quand il fera du vent. » Et maintenant, c'est presque une femme. Chaque fois que je la revois pour les vacances, je suis éblouie et je pense toujours : « Ah, si Fernand la voyait ! »

En me baignant avec elles dans la mer, j'ai découvert que la natation me faisait le plus grand bien. Je ne sentais plus mes douleurs et au bout de deux semaines, je pouvais m'habiller sans problème. C'était une résurrection.

De retour de Cannes, pleine d'ardeur, je me remets au boulot. J'enchaîne émissions de télévision et petits rôles au cinéma et j'enregistre même un disque avec mon fils. Vous connaissez ce duo, écrit par Jean-Lou Dabadie, où je suis une mère du genre plutôt emmerdeur qui empoisonne la vie de son fils. Je me suis beaucoup amusée à enregistrer ça avec mon fils, mais n'allez pas croire que l'emmerdeuse de la chanson me ressemble. Je n'empoisonne nullement Michel, d'abord il ne se laisserait pas faire. Au contraire, je me fais un point d'honneur à l'ennuyer le moins possible.

Après ça, on m'a proposé de jouer dans un film avec Jerry Lewis. Je devais tenir le rôle de sa mère et être professeur d'aérobic. Moi, en prof de gym, c'était plutôt cocasse. Me voilà donc en train de me contorsionner de mon mieux pour assimiler les mouvements. Et je te remue et je te secoue ma pauvre carcasse qui craquait de partout. Une corrida terrible! Le pire était que toutes les séquences étaient tournées deux fois, l'une en français, l'autre en anglais. Un boulot du tonnerre, surtout que Mr. Lewis, tout gentil qu'il était, n'aurait sûrement pas apprécié de devoir tourner dix fois la même séquence parce que je bafouillais le texte. J'ai réussi à m'en sortir sans dommages. Mais, décidément, j'aurais tout fait dans ce métier. J'allais bientôt faire mieux encore.

En jouant *Knock* avec Robert Lamoureux, j'avais connu Jean Meyer qui en assurait la mise en scène. Je ne l'avais plus revu pendant dix ans. Puis, un beau jour, il m'avait donné un nouveau rôle dans *Brocéliande* de Montherlant. Juste après mon film avec Jerry Lewis, je reçois de lui un nouveau coup de téléphone. Il me propose cette fois, devinez quoi, je vous le donne en mille, de jouer dans *les Femmes savantes* le rôle de Bélise. Là, les bras m'en sont tombés. On rigole, on rigole, mais du classique, c'est quand même autre chose. C'est une autre école, une autre manière de dire qui n'est vraiment pas dans mes habitudes. Dans *Olive chez les nudistes,* je pouvais remplacer un mot par un autre, ça n'avait aucune importance. Mais là, des vers, c'était une autre paire de manches. Il ne s'agissait pas de faire rimer saucisson avec mortadelle. Pendant plusieurs jours et plusieurs nuits, je ne respirais plus. Je lisais et relisais *les Femmes savantes* et je me disais : « Non, non, non, ce n'est pas possible, tu n'y arriveras jamais ! » Je téléphonais sans arrêt à Meyer, qu'on appelait généralement Mémeye, pour lui avouer mes angoisses et avec la conscience professionnelle qui me caractérise, je lui répétais :

— Laissez-moi un grand moment et quand je sentirai que je peux jouer ce rôle, alors là, je vous enverrai mon contrat signé, mais pas avant !

Pour m'aider, il m'a indiqué une répétitrice, Nicole Cholet, et tous les deux jours, je répétais avec elle. « Ah, tout beau... » c'est ainsi que commençaient mes premiers vers. Je n'en dormais plus. Tous mes potes me téléphonaient pour prendre la température de mon moral : « Alors “ Tout beau ”, comment ça va ? » demandaient-ils en rigolant au bout du fil. Moi, je ne rigolais pas du tout. Ce qui me foutait le plus la trouille, c'était la scène où nous sommes tous au salon et où toutes nos conversations s'entrecoupent. J'avais une peur bleue de louper une réplique. L'angoisse à l'état pur ! Finalement, j'ai quand même renvoyé mon contrat signé et me voilà à Lyon au théâtre des Célestins. J'y avais joué en 1937 avec Alibert dans *Un de la Canebière* et quelques mois plus tôt dans *Brocéliande* de Montherlant. L'opérette, Montherlant et maintenant Molière, ma carrière suivait une courbe nettement ascendante. D'ici à ce que je joue *Phèdre,* y en avait pas pour longtemps !

Me voilà enfin sur scène, avec une très jolie robe que m'avait fait faire Mémeye et une charmante coiffure avec des fleurs dans les cheveux. J'avais l'air d'un caniche. Bélise est une vieille jeune fille, très fleur bleue, naïve ou plutôt timide, faisant l'enfant et minaudant à tout va. Tout ce que je ne sais pas faire et surtout tout ce que je ne suis pas. Là, c'était vraiment un rôle de composition !

Le rideau se lève, toujours dans ce silence effrayant. Ah, mes enfants, j'ai connu là la plus grande trouille de ma vie. Le public était surtout composé d'étudiants et de jeunes des écoles et je me disais : « Tu vas te faire virer comme une malpropre... Ça va être ta fête ! » L'expression « ne plus avoir un poil de sec » est bien faible pour exprimer ce que je ressentais. Je devais avoir les yeux d'une noyée. J'entre en scène comme une somnambule et je m'entends dire : « Ah ! Tout beau... » Mémeye, en coulisses, ne me quittait pas des yeux, prêt à voler à mon secours à la moindre bévue. Un miracle, je n'en ai commis aucune ! Enfin, je veux bien le croire. Quand le rideau est retombé, j'étais à ramasser à la petite cuiller. On aurait dit que j'avais travaillé dans les mines de sel.

On a donné une quinzaine de représentations et à chaque fois, j'ai connu la même trouille. Quelle aventure, mais quelle merveille ! Je découvrais la joie de jouer et de dire de beaux textes et j'enviais tous ces comédiens qui ont la chance de jouer dans ce merveilleux théâtre : la Comédie-Française. Je crois que, cette fois, mon mari pouvait vraiment être fier de moi. Jamais je ne remercierai assez Jean Meyer et sa femme Nounoune, qui me remontait inlassablement le moral, de m'avoir permis de connaître ce bonheur. Je n'avais qu'un regret, c'était de le découvrir si tard.

En mars 1985, mon patron, Jean-Michel Rouzière — je dis toujours mon patron en parlant de lui. Même quand je travaille pour d'autres, il reste mon patron — me propose de jouer dans la pièce de Sacha Guitry, *N'écoutez pas mesdames!* le rôle de Julie Bille en bois. J'avais vu la pièce à sa création en 1942 au théâtre de la Madeleine. C'était la première fois que je voyais jouer Sacha Guitry qui m'avait littéralement éblouie. Jeanne Fusier-Gir tenait le rôle de Julie Bille en bois. Elle était extraordinaire de vérité, d'une drôlerie phénoménale. Si quelqu'un m'avait dit ce jour-là que je jouerais ce rôle, je l'aurais traité de fou.

Et pourtant me voilà en train de répéter avec Pierre Dux et Micheline Boudet, deux comédiens de la Grande Maison. J'avais l'impression d'entrer à la Comédie-Française. Ils ont été adorables, se mettant à la portée de la saltimbanque inculte que je suis, sans être demeurée pour autant. Je ne me sentais d'ailleurs pas trop dépaysée car je retrouvais aussi de bons copains avec Micheline Dax, Jacques François, Jacques Jouhanneau et Pierre Mondy qui assurait la mise en scène et qui m'avait déjà dirigée dans *Féfée de Broadway.* Si j'ai pu être à la hauteur de ce rôle merveilleux, je dois dire que c'est bien grâce à Pierre Mondy. Quand je lui ai raconté ma jeunesse au Bal du Moulin-Rouge où ma mère dansait le quadrille et où j'avais moi-même dansé plus tard, il a merveilleusement utilisé mes souvenirs pour me faire entrer dans la peau de l'ancienne danseuse Julie Bille en bois, avec sa gouaille, sa malice et son grand cœur. Ça a tout de suite collé, sauf cette horrible angoisse qui grandissait chaque jour en moi à l'approche de la première. Pour la conjurer, je passais mon temps à faire tous les signes de croix de la terre et à toucher tous les bois que je rencontrais. Mais, une fois de plus, je m'en suis bien tirée parce que, au-dessus du public, mon mari me regardait. Pierre Mondy semblait l'avoir deviné car, à la fin du spectacle, il m'a murmuré :

— Fernand te voit, il est très fier de toi.

Mon fils l'était aussi. Après avoir eu le trac pour moi en me voyant entrer en scène, il est venu me féliciter dans ma loge, tout heureux de me voir enfin jouer autre chose qu'une ânerie. Ce succès tombait bien car, ce soir-là, je venais d'avoir cinquante ans de métier. Vous vous rendez compte ! Cinquante ans que je faisais l'andouille ! Pour célébrer ça, Michel avait organisé une petite fête chez Régine, avec tous les comédiens. J'étais vraiment très, très heureuse.

Malheureusement, comme le dit Françoise Dorin, il faut toujours payer « la facture ». La mienne m'est arrivée dans la nuit du 29 décembre 1985. Je jouais *N'écoutez pas mesdames !* depuis avril et faisais des émissions de télé et de radio. Tout allait pour le mieux. Je me sentais bien parfois un peu fatiguée, mais comme, dans la troupe, des plus jeunes que moi l'étaient aussi, il n'y avait pas de quoi s'inquiéter. D'ailleurs, je m'imposais régulièrement une visite médicale et le médecin m'affirmait que j'avais un cœur solide comme un roc. Sa seule recommandation était d'essayer de maigrir. Après tous mes régimes miracles qui n'aboutissaient qu'à des catastrophes, sauf une fois au cabaret, j'avais quand même réussi à stabiliser mon poids. Cela grâce à un docteur, client, qui un soir sur un coin de table m'avait griffonné un régime simple et raisonnable. Il consistait à prendre à chaque repas le même poids de nourriture : 125 g de viande, 150 de légumes et 100 de fruits. Le seul inconvénient, c'est qu'il vous faut tout peser. Au début du moins, car au bout de quelques semaines, vous finissez par avoir une balance dans l'œil. Mais à ce régime, j'avais perdu seize kilos et je ne pouvais pas faire mieux. J'aurais dû le continuer mais ce n'était pas le cas.

Donc, ce samedi 29 décembre, après avoir donné deux représentations en suivant, je rentre chez moi un peu fourbue. N'ayant pas très faim, je grignote juste un petit toast au saumon et avale un verre d'eau avant de me coucher. Je m'endors comme une bienheureuse. A 2 heures du matin, une douleur épouvantable me réveille, comme si j'avais reçu un énorme coup de poing à l'estomac. Je m'assieds sur mon lit, doutant que mon petit toast puisse me faire un tel effet. Je vais à la cuisine prendre un Alka-Seltzer. Aucun effet, au contraire, je sens une autre douleur sous le bras gauche et mes mâchoires se durcir. J'appelle aussitôt SOS Médecins et, vingt minutes plus tard, un toubib sonne à ma porte. Je lui ouvre et je lui raconte ce qui m'arrive. Immédiatement, il me fait allonger, me colle une piqûre et me donne à croquer un comprimé.

— Ne bougez pas, restez allongée, vous faites un infarctus !

Là, la foudre me serait tombée dessus, ça n'aurait pas été plus terrible. J'aurais pensé à tout, sauf à ça. Ma première réaction en apprenant cette nouvelle a été, non pas de prévenir mon fils, mais d'appeler mon patron. Le lendemain dimanche, on devait jouer en matinée, il fallait aussitôt prévenir une doublure. Le toubib était stupéfait par mon obstination. Ignorant qui j'étais et ce que je faisais, il ne comprenait pas pourquoi en pleine crise cardiaque je ne pensais qu'à appeler mon patron. Il n'avait jamais dû voir une employée modèle comme moi. Il a dû se dire « elle est complètement conne celle-là ». Elle va crever et elle appelle son patron.

— Ne bougez donc pas, je vais appeler votre patron, mais d'abord je vais appeler les pompiers car il faut vous hospitaliser d'urgence.

Tout tournait dans ma tête. Après avoir prévenu mon patron, j'ai demandé à ce brave docteur d'appeler la secrétaire de mon fils. Michel était aux sports d'hiver avec femme et enfants et en plus il n'avait pas le téléphone. Ensuite, je l'ai prié d'appeler Josette pour qu'elle vienne d'urgence s'occuper de Tara qui, couchée sur mon ventre, était prête à mordre les pompiers arrivés à sept pour m'emporter. Une fois toutes ces démarches terminées, on m'a transportée à l'Hôpital américain.

Une heure plus tard, j'étais en salle de réanimation. Joyeuse manière de passer les fêtes de fin d'année ! J'y suis restée quinze jours à me faire dorloter. Tout le monde s'est montré adorable avec moi. Mme Sacha Guitry m'a envoyé une somptueuse gerbe de fleurs. J'en étais très touchée et très fière. Quinze jours au lit, ça vous donne le temps de réfléchir, de se rendre compte que tout ce que l'on peut faire comme projets, tout ce qu'on a organisé avec la meilleure volonté du monde, tout cela peut être réduit à néant par un minuscule petit caillot de sang qui vient bloquer la pompe. Dieu merci, j'étais tombée du premier coup sur le bon toubib qui m'avait aussitôt fait la bonne piqûre. A quoi tient la vie ! Quand je pense que j'avais, paraît-il, le cœur solide comme un roc. Finalement, il faut croire que c'est vrai, puisque j'en suis sortie. Ma grande peur, c'était la rechute. Comme je faisais part de ma crainte à mon fils, il m'a coupée d'un « non » catégorique, en y mettant une telle force de persuasion, que je m'en suis retrouvée convaincue.

Après l'hôpital, j'ai eu droit à quatre mois de convalescence, avec surveillance médicale tous les mois. Au début, je n'osais pas marcher seule dans la rue, puis je me suis secouée en me disant que je n'étais pas la première à avoir eu un accident cardiaque et que je n'allais pas passer ma vie à me cailler le lait. Je prévoyais de repartir dans le Midi, quand mon patron m'a téléphoné pour me proposer de reprendre *N'écoutez pas mesdames !*. J'en mourais d'envie, mais avant d'accepter, il me fallait l'accord de mon médecin. Il me l'a donné après m'avoir examinée sous toutes les coutures et déclaré : « Madame Sardou, vous êtes une bonne nature. » Il faut croire qu'il a raison parce que pour pouvoir jouer en collant épais, robe baleinée et juponnée, la tête sous une perruque, par la canicule de l'été dernier, il faut vraiment être dotée d'une heureuse nature. Il faisait une telle chaleur sous les feux de la rampe du Palais-Royal qu'il y avait de quoi tomber raide. Je ne suis pas tombée, c'est l'essentiel !

Ayant repris une nouvelle fois un rythme de vie normal, j'ai retrouvé une envie perdue depuis longtemps : celle de déménager. Je voulais changer de quartier, me rapprocher de mon fils et de mes petits-enfants. J'ai donc mis en vente la rue Ganneron et recherché un autre logement. Je coche les petites annonces, je visite, mais ne trouve rien. Jusqu'au jour où Michel, en tournée, me téléphone de Limoges :

— Cesse de chercher un appartement, maman. Je viens d'acheter les deux étages au-dessus du mien. C'est pour toi.

J'étais folle de joie. Vous pensez, habiter juste au-dessus de mes petits-enfants ! Quoi de plus merveilleux pour une grand-mère ! Romain et Davy sont des garçons, sains, costauds, l'esprit éveillé et sans problème. Ils me stupéfient par leurs connaissances. Magnéto, ordinateur, minitel, ils savent tout faire marcher, alors que moi, c'est à peine si je sais appuyer sur un bouton pour allumer la télévision. Romain est passionné de musique classique. On discute de Wagner pendant des heures. Enfin, quand je dis on discute, c'est peut-être pas le mot juste. J'écoute surtout ce qu'il me dit, parce que sur Wagner, il en connaît bien plus que moi. Il adore aussi me faire répéter mes rôles. Il connaît par cœur *les Femmes savantes* et *N'écoutez pas mesdames!*. Je revis depuis que je n'ai qu'un étage à descendre pour aller embrasser mes petits-enfants et prendre un grand bol de jeunesse. Tout cela grâce à la générosité de mon fils et aussi, je ne l'oublie pas, grâce à la gentillesse de ma belle-fille. J'en connais beaucoup qui auraient déclaré à leur mari : « Avoir ta mère au-dessus de ma tête ? Pas question ! » Babette a accepté avec le sourire. Elle est jolie, douce, calme, intelligente surtout — quand on vit avec des phénomènes comme les artistes, il faut l'être pour les comprendre — mais ma belle-fille n'a rien d'une passive qui dit amen à tout. Bien au contraire, elle a du caractère et me fait la grâce de supporter le mien.

L'hôtel particulier où j'habite maintenant a été, il y a très longtemps, celui de l'Aga Khan père. Quand on est née dans une chambre de bonne sous les toits du Concert Mayol, il y a de quoi attraper la grosse tête ! Rassurez-vous, la p'tite grosse n'a jamais eu d'enflure de ce côté-là. Ses rondeurs naturelles lui suffisent. Avec le temps, j'ai d'ailleurs fini par m'y faire à ces rondeurs excessives. Elles m'ont aidée d'une certaine façon et m'ont donné ma petite personnalité, si toutefois j'en ai une. Pour cela, j'ai fait comme j'ai pu, peut-être pas toujours comme il aurait fallu, mais avec mon cœur, sans amertume, sans rancœur, sans regrets, très heureuse surtout d'avoir été Mme Fernand Sardou et très fière d'être la maman de Michel.

Enfin voilà... voilà où j'en suis, plus près bien sûr de la fin que du commencement, espérant encore décrocher un beau rôle dans une belle pièce, profitant de cet appartement que mon fils m'a donné et espérant pouvoir jouer la grand-maman gâteau le plus longtemps possible. Je ne suis vraiment pas pressée d'arriver au paradis — pourquoi irais-je d'ailleurs ! Mais ce dont je suis sûre, c'est que le jour où le Bon Dieu voudra de moi, en me voyant arriver, il dira : « Tiens, v'là la p'tite grosse ! »

Aubin Imprimeur
LIGUGÉ, POITIERS

Achevé d'imprimer en mars 1987
N° d'édition 11589 / N° d'impression L 22852
Dépôt légal, mars 1987
Imprimé en France